高等学校应用型"十二五"规划教材·经管类

个体私营经济管理

主　编　周　源
副主编　滕　昕　康晓玲
主　审　夏永林　宁艳丽

西安电子科技大学出版社

内 容 简 介

本书主要介绍了我国个体私营经济管理的基本理论、政策和实务,共分为两部分。第一部分为基础内容,包括个体私营经济概述和个体私营经济管理概述两章;第二部分为个体私营经济的各种具体管理,包括个体私营经济的登记管理、市场监督管理,合同、广告与商标的监督管理,公平交易行为的监督管理,税收管理,劳动管理和自我管理七章。

本书可作为高等学校工商管理专业本、专科大学生和远程教育以及工商管理干部培训的教材或参考资料,也可供有兴趣的读者自学参考。

图书在版编目(CIP)数据

个体私营经济管理/周源主编. —西安:西安电子科技大学出版社,2012.8
高等学校应用型"十二五"规划教材
ISBN 978–7–5606–2881–3

Ⅰ. ① 个…　　Ⅱ. ① 周…　　Ⅲ. ① 个体私营经济—经济管理—高等学校—教材
Ⅳ. ① F121.23

中国版本图书馆 CIP 数据核字(2012)第 168174 号

策　　划　李惠萍
责任编辑　李惠萍　吕妮娜
出版发行　西安电子科技大学出版社(西安市太白南路 2 号)
电　　话　(029)88242885　88201467　邮　　编　710071
网　　址　www.xduph.com　　　　电子邮箱　xdupfxb001@163.com
经　　销　新华书店
印刷单位　陕西华沐印刷科技有限责任公司
版　　次　2012 年 8 月第 1 版　　2012 年 8 月第 1 次印刷
开　　本　787 毫米×1092 毫米　1/16　印张 14.5
字　　数　341 千字
印　　数　1～3000 册
定　　价　25.00 元
ISBN 978 – 7 – 5606 – 2881 – 3 / F · 0074
XDUP 3173001–1

* * * 如有印装问题可调换 * * *

前　言

改革开放以来，个体私营经济已逐步发展成为我国社会主义市场经济的重要组成部分，成为推动我国经济社会发展的重要力量，且我国在个体私营经济管理的理论和实践上都有重大突破。在此形势下编写而成的本书，具有如下特点：

(1) **内容新颖**。改革开放30多年来，我国关于个体私营经济管理的政策法规发生了诸多重大变化，具体包括2007年出台的《劳动合同法》，2008年出台的《反垄断法》，2011年修订的《个体工商户条例》，以及个体工商户的登记、名称登记及验照办法，企业的登记、名称登记及年检办法，等等。但目前的同类教材基本出版于20世纪末，其内容与当前实际存在脱节等问题。为此，作者以马克思主义基本经济理论和我国发展有中国特色的社会主义理论为指导，结合我国关于发展个体私营经济的方针、政策、法律、法规的最新变化，以及最近的研究成果和最新资料编写了本书。

(2) **涉及面广泛**。当前，《个体私营经济管理》的同类教材主要是《工商行政管理》。与《工商行政管理》相比，本书的角度独到，内容广泛，它不仅包括工商行政管理的基本内容，而且还包括个体私营经济的其他重要管理内容，如税务、劳动监管及其自我管理等。

(3) **实用性强**。本书在理论和实践相结合的基础上突出了实用性。使用本书，学生既可以掌握个体私营经济管理的基本理论，同时还可熟悉个体私营经济管理的基本程序、所需材料等，具有较强的实用性。

(4) **形式多样**。本书除了重点介绍个体私营经济管理的基本理论外，还给出了可读性很强的案例和扩展阅读，以及一定的习题等内容，这有助于学生更好地理解和掌握本门课程。

本书由周源担任主编，由夏永林、宁艳丽担任主审。参加本书编写的人员还有滕昕、康晓玲，其分工是：周源负责第一、二、四、六、八、九章，宁艳丽负责第三章，滕昕负责第五章，康晓玲负责第七章。

本书在编写过程中，参考和引用了大量的文献资料和业内学者的研究成果，在此对原著作者表示衷心的感谢。本书的出版得到了西安电子科技大学网络与继续教育学院的资助，得到了西安电子科技大学出版社的支持，得到了网络与继续教育学院的范永武老师的大力帮助，尤其是得到了出版社编辑的精心编校，在此一并表示衷心的感谢。

本书虽然是作者历经一年时间精心编写而成的，但仍难免有错误和不当之处，恳请读者批评指正。

编　者

2012年6月

目　　录

第一章

个体私营经济概述

本章首先介绍个体经济的含义、特征、类型及其主要形式——个体工商户；其次介绍私营经济的含义、特征及其存在形式——私营企业；最后介绍个体私营经济的作用。

第一节 个体经济概述

一、个体经济的含义与特征

(一) 个体经济的含义

个体经济自产生以后广泛存在于人类历史的各个时期。个体经济是指在劳动者个人占有生产资料的基础上，以劳动者个人劳动为主，劳动所得由劳动者个人支配的一种小私有制经济形式。个体经济往往是个体劳动和个体经营的结合，其规模非常小、经营灵活、工具简单、操作方便，基本上无剥削。在我国以公有制为主体、多种所有制经济共同发展的基本经济制度中，社会主义公有制处于主体地位，而作为非公有制经济的重要形式——个体经济，是我国社会主义市场经济的重要组成部分，是推动我国经济社会发展的重要力量。

(二) 个体经济的基本特征

1. 生产资料归劳动者个人所有

个体经济中，生产资料归劳动者个人所有，这是个体经济区别于其他所有制经济形式的本质特征之一。

在公有制经济中，全民所有制经济的生产资料归全体劳动人民所有，集体所有制经济的生产资料归劳动群众集体所有，而个体经济的生产资料则完全由个体劳动者所有。

生产资料归劳动者个人所有使得个体经济也不同于私营经济。尽管个体经济与私营经济都是私有制，但个体经济是一种小私有制经济，它的生产资料归劳动者个人所有，是与私营经济有区别的。

(1) 从生产资料的内容看，个体劳动者的生产资料与消费资料并不截然分开，而私营经济中二者是明确分开的；

(2) 从生产资料的性质看，个体劳动者所有的生产资料是劳动者个人及家庭赖以谋生的条件，而私营经济中私人所有的生产资料是私营经济企业主雇佣工人占有剩余价值的重要条件；

(3) 从占有生产资料的形式看，个体劳动者是集生产资料的所有者与经营者于一身的，而私营经济中生产资料的所有权与经营权往往是相分离的；

(4) 从生产资料的具体形式看，个体劳动者占有的生产资料一般是小型的、简陋的、有限的，是与其个人或家庭小规模的生产经营相适应的，而私营经济的生产资料一般是大型的、复杂的、大量的，是与私营经济的生产经营相适应的。

在我国，虽然有些个体劳动者采用了一些较先进的劳动工具，但同其他所有制形式相比，个体劳动者占有的生产资料从总体上看仍然是落后的、小型的、少量的。如果个体劳动者的生产资料是大型的或是大量的，就必然会冲破个体经济的外壳，从而导致大量雇工，个体劳动者的性质就发生了变化。我国法律保障个体经济的生产资料所有权，同时规定个人的生产资料是有限度的，有些生产资料不允许个人所有，如矿藏、水资源归国家专有，土地、森林归国家或集体所有，个体劳动者不能取得所有权。

2. 以个人劳动为基础

个体经济是一种个人的劳动与个人的生产资料相结合的生产方式，因而以个人劳动为基础是个体经济的又一本质特征。以个人劳动为基础是指主要依靠个体劳动者个人或家庭成员的劳动从事生产经营活动，但并不排斥偶尔的、临时的或长期性的请帮手和带学徒，关键是不超过一定量的界限。这个界限要求个体劳动者本人及家庭成员的劳动量必须占总劳动量的主要部分。在一定量的范围内，请帮手、带学徒具有辅助性和相互换工的特点，并不同于雇工剥削。

个体经济以个人劳动为基础的这一特征，既有别于社会主义公有制经济，又不同于其他私有制经济。个体经济区别于公有制经济的是劳动形式，社会主义全民所有制经济和集体所有制经济采用联合劳动或集体劳动的方式，而个体经济采用个人或家庭劳动的形式。个体经济区别于私营经济的是劳动的本质，私营经济中私营企业主的劳动在整个生产活动中微不足道，他们凭借生产资料的所有权来获得剩余价值，因此私营经济是他人劳动被无偿占有的私有经济；而个体经济中个体经营者依靠或主要依靠自己的劳动从事生产经营活动，因而个体经济是个体经营者自己劳动的私有经济。

3. 劳动报酬由劳动者个人支配

劳动报酬由个人支配，是指扣除了国家规定应缴纳的税、费以后的那部分收入，可以由劳动者个人自由支配。个体劳动者的劳动报酬主要包括劳动产品、商品销售收入和劳务收入。个体经济中，个体生产者用自己的原料、自己的劳动资料、自己或家庭成员的劳动制造出来的产品，自然地属于自己，根本不需要自己去占有。因此，个体劳动者用自己的劳动与自己的生产资料相结合创造的劳动报酬必然由自己支配。如果个体劳动者不仅能支配自己的劳动所得，而且能大量支配他人的劳动所得，那么这个个体劳动者及其个体劳动的性质就都发生了变化。

个体经济和私营经济的分配形式是有着根本区别的。个体劳动者的劳动所得是自己的劳动创造的，他不仅能支配自己在必要劳动时间创造的劳动报酬，而且能支配自己在剩余劳动时间创造的劳动报酬。私营经济中，企业主的劳动在总劳动中是微乎其微的，但企业主可以自由支配的生产经营所得却不主要是由他自己的劳动创造的，而是占有雇佣工人在剩余劳动时间创造的剩余劳动价值；雇佣工人可以获得自己的劳动所得，但仅得到他自己在必要劳动时间创造的那部分劳动所得，而在剩余劳动时间创造的劳动所得将被企业主占有，因而雇佣工人作为劳动者并不能完全支配其劳动所得。

个体经济和社会主义经济的分配形式——按劳分配也是不同的。按劳分配是以社会主义公有制为前提的，劳动群众共同占有生产资料，共同运用生产资料，以付出的劳动为尺度，取得等量的报酬。而个体经济是小私有制经济，采取个人或家庭的劳动方式，所以根本无须与他人进行按劳分配，只能根据其劳动的数量与质量，直接地在社会上取得劳动收入。

个体经济的上述三个特征从不同方面刻画了个体经济，它们是密不可分的。通过对个体经济特征的分析，我们可以看出它是有别于其他经济形式的，它具有两重属性：既是劳动者经济，又是小私有者经济。这表现在生产资料所有权上，生产资料既归劳动者所有，又归私人所有；表现在分配关系上，劳动产品既归劳动者自己，又归劳动者私人占有。因此说，个体经济具有劳动者占有和私人占有这两重属性。

(三) 个体经济的经营特点

1. 经营的分散性

经营的分散性是由个体经济的小规模经营所决定的。个体经济多为一人经营或家庭经营，由于受资金与能力的限制，一般是小本经营，力量薄弱，不可能大规模地生产或经营。个体经济经营的分散性表现在以下三个方面：

(1) 地域分布的分散性。它不像企业那样集中在城镇地区，而是散落在城市和乡村的各个角落，遍及城市、村寨、山区、海岛，适应了我国人口众多、幅员辽阔、农业生产分散、交通不便利的特点，给城乡居民生活带来了极大的便利。

(2) 经营方式的分散性。我国个体经济的经营方式有三种，都带有很大的分散性。第一种是固定型，即有固定经营场所的个体经济，散布在城镇、村寨设立的固定市场中。第二种是半固定型，以这种方式从事经营的个体户，多是由于行业的特点或自身条件的限制而没有固定的店面和铺面，只有相对固定的营业点，如在集贸市场设点，在城市街头摆摊等。第三种是流动型，以这种方式从事经营的个体户，既没有固定的铺面、店面，也没有相对固定的营业点，由于经营活动的需要，往往采用走街串巷、走村串寨、服务上门、送货到家等形式。

(3) 经营活动的分散性。个体经济根据实际情况往往大量分散地设立经营网点，如一人一点，或一户一点，来更好地为社区居民服务。

2. 经营的多样性

当前，个体经济涉及的行业多，且在各行业内生产经营的品种也多，这是由个体劳动者的生产经营能力与技术差异大决定的，也是由社会需求的多样化决定的。个体经济经营的多样化，特别是有些个体经营的行业正是国有、集体经济不经营或很少经营的行业，对满足广大人民群众在衣、食、住、行等各个方面的需要发挥了重要作用。

3. 经营的灵活性

个体经济是小本经营，能力有限，必须采取灵活的经营方式，才能适应其生存需要。其经营的灵活性主要表现在：

(1) 经营品种的灵活性。个体经营者资金少，规模小，一般都是小批量生产和购销，因此它能根据市场的变化，及时地调整生产经营品种，取得良好的经济效益。

(2) 经营时间的灵活性。个体经营者的经营时间十分灵活，许多经营者根据社会需要，积极参加了早市、晚市、夜市的经营活动；还有些经营者没有固定的营业时间，不分早晚，昼夜营业，只要顾客上门就热情接待。

(3) 经营方式的灵活性。个体经营者经营的商品可随着季节的变化和消费习惯的不同，在一定范围内灵活经营；销售数量上可多可少，可以拆整买零，也可以批量销售；价格上可以随行就市、有高有低，许多商品可以议价销售。

二、个体经济的类型

(一) 完整的个体经济与不完整的个体经济

个体经济可以根据其完整性划分为完整的个体经济与不完整的个体经济。完整的个体经济是指具有个体经济完整的质的规定性和量的规定性，充分具备个体经济的三个基本特征。目前，我国的城乡劳动者个体经济就是这种完整形态的个体经济。不完整的个体经济是指只具有个体经济部分质的规定性与量的规定性。具体来说，这种个体经济一部分生产资料归个体劳动者自己所有，一部分归他人所有；个体劳动者既为自己劳动，也为他人劳动；既有凭个人劳动得到的报酬，又有来自个体劳动以外的其他收入。这种不完整性可以是一个方面不完整，也可以是几个方面都不完整。目前，不完整的个体经济形态主要有下列几种：

(1) 家庭农副业生产经营；

(2) 职工业余时间接受来料加工或提供劳务；

(3) 农场、矿区及家在城郊、农村的职工，业余时间从事农副业生产。

(二) 商品经济型的个体经济与非商品经济型的个体经济

根据是否具有商品经济性质划分为商品经济型的个体经济与非商品经济型的个体经济。商品经济型的个体经济是指从事商品生产、商品交换或为社会提供劳务的个体经济。这种商品经济型的个体经济还可细分成下列几个类型：

(1) 商品生产，如从事工业、建筑业、手工业等生产经营活动；

(2) 商品交换，如从事农副产品销售、日用工业品销售、废旧物资回收等商业活动；

(3) 交通运输，如利用人力、畜力和机动力等手段从事公路、水路运输活动；

(4) 饮食修理等服务业，如从事饮食、修理等服务活动；

(5) 其他服务，如从事文印、摄影、卫生医疗等活动。

随着我国社会主义市场经济的发展，城乡个体劳动者积极从事商品经济活动，商品经济型的个体经济已经成为我国社会主义经济建设中的重要力量。非商品经济型的个体经济是指不参加商品交换的个体经济，也就是处于自然经济形态的自给自足的个体经济。在我国漫长的奴隶社会、封建社会里，绝大部分的个体经济都是这种非商品经济型的个体经济。当前，我国仍存在有非商品经济型的个体经济，它们主要存在于我国边远地区、边疆少数民族地区等生产力极为落后、商品交换极不发达的地区。

三、个体工商户

个体工商户，即通常所讲的个体户，是指在国家法律允许的范围内，依法核准登记的从事工商业经营的个体生产经营单位。它是个体经济的主要存在形式。

（一）个体工商户的法律特征

1. 个人独资经营

个体工商户是由公民个人出资独自经营的。具体来说，① 个体工商户的资金完全来自公民个人或者其家庭；② 个体工商户完全由出资的公民个人或家庭独自生产经营。个体工商户不存在资金所有权和生产经营权分离的情况，个体劳动者既是唯一的资金所有者，又是全权经营者。

2. 个体工商户的合法资格来源于国家授权

公民个人或家庭从事个体工商业的资格必须经过国家的特别授权，即必须经国家登记机关——工商行政管理机关核准登记，发给营业执照，个体工商户才算取得了合法资格。那些未经核准登记、擅自从事生产经营活动的人是不合法的。

3. 由享有特殊权利能力的公民组成

个体工商户是由享有特殊权利能力的公民组成的生产经营单位。权利能力就是依法享有权利和承担义务的能力。

个体工商户的权利能力具有如下特点：

(1) 个体工商户的权利能力就是公民的权利能力。个体工商户不是法人，它本身并不能与自然人分离，不能独立于自然人，其权利能力与依法从事工商业经营的公民的权利能力是完全统一的。

(2) 个体工商户又不同于一般的公民，它是由公民组成的生产经营单位，其享有的权利能力，不仅包括一般公民的权利能力，还包括公民在工商业领域内依法从事生产经营活动的权利能力。

(3) 个体工商户要在国家法律允许的范围内行使自己的权利能力。我国有关法规赋予了个体工商户广泛的权利和应承担的义务，工商行政管理机关依据国家法律，经核准登记赋予每个个体工商户具体的权利能力；个体工商户必须在核准登记的范围内从事生产经营活动。

4. 以个人或家庭财产承担债务

个体工商户独资经营、自负盈亏，其债务由个人财产或家庭财产承担。个体工商户的个人财产或家庭财产是指除生活必需品外的全部个人或家庭财产。个体工商户承担债务的方式从性质上讲属于无限责任，与法人承担债务的有限责任是截然不同的。

（二）个体工商户的构成形式

我国个体工商户主要有以下三种构成形式：

1. 由个体劳动者个人构成

此种形式是一人生产或经营，一般从事规模小，独立性、技术性较强的行业。如修自行车、修鞋、修钟表眼镜、修日用电器、理发、照相、弹棉花、磨刀剪、缝纫、编织等等，一般都采用这种形式。

2. 由个体劳动者的家庭构成

此种形式多以家庭中的一人为主，其余家庭成员部分或全部参加生产或经营，如我们常见的夫妻店、兄弟店、连家铺等。与个体劳动者的单独经营相比，这种形式可以进行适当分工，如主要经营者外出进货或联系业务，其店铺还能照常营业。比如，客运交通、小吃店等常采用这种形式。

3. 由个体劳动者及少量帮手、学徒构成

此种形式主要由掌握某项技术的单个劳动者进行经营，并根据需要雇请少量的帮手和学徒协助其进行生产经营活动。1987 年 8 月 5 日国务院发布的《城乡个体工商户管理暂行条例》规定：个体工商户可以根据经营情况请一二个帮手；有技术的个体工商户可以带三五个学徒。2011 年 3 月 30 日国务院颁布的《个体工商户条例》取消了对个体工商户从业人员人数的限制，同时增加规定：个体工商户申请转变为企业组织形式，符合法定条件的，登记机关和有关行政机关应当为其提供便利。

第二节　私营经济概述

一、私营经济的含义与特征

(一) 私营经济的含义

一般地讲，私营经济是指生产资料属于私人所有、以雇佣劳动为基础、以追求利润为目的、生产经营成果归生产资料所有者占有和支配的一种私有制经济形式。广义的私营经济可以存在于不同的社会经济形态之中，资本主义经济就是典型的私营经济。在我国以公有制为主体、多种所有制经济共同发展的基本经济制度中，社会主义公有制处于主体地位，而作为非公有制经济的重要形式——私营经济，是我国社会主义市场经济的重要组成部分，是推动我国经济社会发展的重要力量。

(二) 私营经济的基本特征

1. 生产资料归私人所有

生产资料归私人所有是指，私营经济的一切生产资料都归私营经济的投资者私人所有。这是私营经济的本质特征之一。私营经济的投资者可以是自然人，也可以是法人；既可以是一个自然人或一个法人，也可以是若干个自然人或法人。投资者依法享有归属于自己的生产资料的完全所有权，包括所有权、占有权、支配权、使用权、收益权、处分权以及法律许可的其他一切权利。生产资料属于私人所有，决定了私营经济的基本属性——私有制经济，这是它与社会主义公有制经济最重要的区别。

私营经济属于私有制经济，但它与生产资料归个人或家庭所有的个体经济又是不同的。

对于私营经济组织来说，其生产资料的所有权并不局限于某个个人或家庭，它可以同时有若干不同投资者，这些投资者可以是个人也可以是企业法人，其资金的来源、渠道和金额都有了较大幅度的提高，因而它所拥有的生产资料也不再是"小的、简陋的、有限的"，生产经营规模上也总是要大于个体经济，且可以采用更为先进、发达的技术和生产工具从事社会化大生产，取得比个体经济高得多的劳动生产率。

2. 以雇佣劳动为基础

以雇佣劳动为基础，是指私营经济的生产经营活动主要是依靠雇工来完成的，这是私营经济的又一本质特征。雇佣劳动是雇佣关系中的劳动，即劳动者由于不占有生产资料而拥有劳动力，为获得生活资料，通过出售自己的劳动力而向生产资料所有者提供的劳动。私营经济中，私营业主由于占有较多的生产资料，单靠其自身的劳动已经无法完成其生产经营活动，于是就要通过买卖劳动力来大量雇工。可见，私营经济的生产经营活动主要是依靠雇工来完成的，是以雇佣劳动为基础的，而生产资料所有者即雇主自己的劳动所占比重很小，甚至有些雇主根本不参加任何形式的劳动。

私营经济通过雇佣劳动者能更加充分地利用其所掌握的生产资料，从而创造出更多的利润。实现利润最大化、追求资本的不断增殖是私营经济的生产经营目的。为了这一目的，私营经济的经营者不断扩大资本和生产规模，推进社会化大生产和分工协作，推动更大市场的形成，直至在世界范围内购买生产资料和销售产品。可以说，私营经济是一种层次更高、更为进步的经济形式。

3. 生产经营成果由生产资料所有者支配

私营经济组织取得的生产经营成果包括私营业主通过劳动和管理取得的生产经营成果，以及雇佣劳动者在必要劳动时间和剩余劳动时间创造的劳动成果。这些生产经营成果都由生产资料所有者支配，这是由生产资料的所有权决定的。具体来说，私营经济组织雇佣的劳动者由于没有生产资料的所有权，只能取得在必要劳动时间内创造的劳动成果，即工资；而私营经济组织的所有者获得其通过劳动和管理取得的生产经营成果，还凭借生产资料所有权，按投资比例或约定比例分配劳动者剩余劳动时间创造的劳动成果，即剩余价值或利润。

私营经济的分配方式与个体经济、公有制经济在性质上有着根本的差别：个体经济的经营成果归个体劳动者直接占有和支配；社会主义公有制经济以按劳分配为基础，经营成果归联合劳动者共同占有和支配，两者都不存在剥削；而在私营经济的分配过程中，劳动者的劳动成果被生产资料所有者无偿占有，存在明显的剥削关系。

上述三个特征是私营经济的本质特征。

4. 私营经济是规模经济

规模经济是指，给定技术的条件下，某产品的平均成本随着产量的增加而不断下降的经济状况。反之，如果平均成本是不断上升的，则称之为规模不经济。私营经济可通过投入更多的资金和雇佣更多的劳动力来扩大生产经营规模，降低生产成本，获得规模经济，在竞争中得以更好的生存，乃至获得更多的利润。从历史上看，特别是工业革命后，私营经济的所有者更加不满足于现状，不断开拓，通过追加资本和扩大生产规模将其生产伸向世界的各个角落。可以说，私营经济的发展史，就是一部不断追加资本和扩大生产规模的历史。

二、私营经济的存在形式——私营企业

(一) 私营企业的含义和特征

私营经济的基本存在形式是私营企业。一般来说，私营企业是指企业资产属于私人所有、以雇佣劳动为基础、从事生产经营活动并实行独立核算的营利性经济组织。根据上述概念，私营企业有如下主要特征：

1. 以营利为目的并独立核算

私营企业是从事生产经营活动并实行独立核算的营利性经济组织。私营企业作为一个企业，应当具有企业的全部特征，如独立性、自主性、逐利性、平等性等。

2. 资产属于私人所有

生产资料归私人所有是一切私有制经济的本质特征。私营企业赖以生存和发展的物质基础，包括各种动产和不动产，如厂房、机器、设备、生产工具、原材料、资金、技术等，全部或主要是由私营企业主私人所有，且私营企业主对其所有的生产资料享有完全的所有权，即所有、占有、支配、使用、收益、处分等权利，还享有对企业的经营管理权。

3. 以雇佣劳动为基础

私营企业主要依靠雇佣工人的劳动来从事生产经营活动，而不是企业主(投资者)自己的个人劳动。私营企业主也许会亲自参加劳动，特别是私营企业的创业初期，所有者一般都会亲自从事企业管理或生产劳动，但他的劳动量在企业的全部经营活动中不占主要地位，雇工才是私营企业的劳动主体。

4. 自行支配经营成果

私营企业的生产经营成果由私营企业所有者支配。私营企业所有者是生产资料的所有者，有权决定生产经营成果的分配。

(二) 私营企业的基本类型

根据私营企业的投资者人数、组织形式和承担民事责任的不同，我国私营企业有独资企业、合伙企业和有限责任公司三种基本类型。

1. 独资企业

独资企业指由一个投资者进行投资，并由该投资者控制和经营的企业。它是人类历史上最古老、最简单的企业形式，也是现代经济中最为普遍的企业形式。

独资企业的法律特征主要有：

(1) 投资者是一个人，并且只限于一个人。独资企业的投资者和经营者均集中在一人身上，其投资、经营决策不受其他人的干涉和制约，是责、权、利的高度统一。

(2) 独资企业投资者对企业债务负无限责任。独资企业是投资者一人投资兴办的企业，企业的一切事务由投资者一人决定，因而投资者也要自己承担全部的经营后果。投资者对其创办的独资企业的负债负全责，并以其个人的全部财产予以清偿。

(3) 独资企业属于自然人企业，不具有法人资格。法律上，独资企业的财产与投资者的个人财产没有明确的界限，同时独资企业缺乏健全的组织机构、管理制度和企业章程，不具备取得法人资格的条件。因此，独资企业属于自然人性质的企业，不具有企业法人财

产，其经营债务由投资者以自己的全部私人财产承担无限责任，而不能仅以企业财产对经营债务承担有限责任。

独资企业的经营特点有：家族性、世袭性、传统性；企业的规模较小、资本较少、雇工数量有限、劳动分工简单、技术水平不高、经营范围较单一，企业内部几乎不存在规范的管理机构。

独资企业的优点有：开办手续简单，便于迅速创立和终止；投资者自主决策，自主经营，制约因素较少；对市场信息反应灵敏，经营灵活；投资者可以独占企业利润，发展的内在动力充足。

独资企业的缺点在于：资本小、力量弱，难于从事更大规模的经营活动，抵御风险的能力差；缺乏监督和制约，投资者个人的经营决策容易出现失误；由于企业主要承担无限责任，往往有许多后顾之忧，难以放开经营；独资企业还具有不稳定性，其生存与消亡完全取决于企业主的意愿、素质和经营状况。

2. 合伙企业

合伙企业是指两个以上的自然人、法人和其他组织依法在中国境内按照合伙协议设立的共同经营、共负盈亏的企业。合伙企业包括普通合伙企业和有限合伙企业。普通合伙企业由普通合伙人组成，合伙人对合伙企业债务承担无限连带责任。有限合伙企业由普通合伙人和有限合伙人组成，普通合伙人对合伙企业债务承担无限连带责任，有限合伙人以其认缴的出资额为限对合伙企业债务承担责任。法律规定，国有独资公司、国有企业、上市公司以及公益性的事业单位、社会团体不得成为普通合伙人，也就是说，它们只能成为有限合伙人。

合伙企业具有以下主要法律特征：

(1) 生命有限。合伙企业比较容易设立和解散。合伙人签订了合伙协议，就宣告合伙企业成立。新合伙人的加入，旧合伙人的退伙、死亡、自愿清算、破产清算等均可造成原合伙企业的解散以及新合伙企业的成立。

(2) 责任无限。合伙企业不是法人企业，对债权人承担无限责任。按照合伙人对合伙企业的责任，合伙企业可分为普通合伙企业和有限合伙企业。普通合伙企业的合伙人均为普通合伙人，都对合伙企业的债务承担无限连带责任。有限合伙企业的合伙人中至少有一人是普通合伙人，对企业的经营活动负无限责任，而其他合伙人可以作为有限合伙人，以其出资额为限对企业债务承担偿债责任。

(3) 相互代理。合伙企业的经营活动，由合伙人共同决定，合伙人有执行和监督的权利。合伙人可以推举负责人，该负责人和其他人员的经营活动，由全体合伙人承担民事责任。换言之，每个合伙人代表合伙企业所发生的经济行为对所有合伙人均有约束力。因此，合伙人之间较易发生纠纷。

(4) 财产共有。合伙人投入的财产，由合伙人统一管理和使用，不经其他合伙人同意，任何一位合伙人不得将合伙财产移为他用。只提供劳务，不提供资本的合伙人仅分享部分利润，而无权分享合伙财产。

(5) 利益共享。合伙企业在生产经营活动中所取得、积累的财产，归合伙人共有，如有亏损则亦由合伙人共同承担。损益分配的比例，应在合伙协议中明确规定；未做规定的，可按合伙人出资比例分摊，或平均分摊。以劳务抵作资本的合伙人，除另有规定外，一般不分摊损失。

与其他企业形式相比，合伙企业的优点有：

(1) 与独资企业相比，合伙企业的优点在于投资者人数较多，资金来源增加，有利于扩大经营规模、分散经营风险。

(2) 合伙人的利益与合伙企业经营状况密切相关，因此合伙企业的合伙人往往比公司企业的经理人员具有更强的责任感，有利于改善企业的经营状况和提高企业的市场竞争能力。

合伙企业的缺点主要有：

(1) 合伙企业的合伙人数及其资金仍相对较少，导致合伙企业的经营活动仍受到合伙资本数额小的制约。

(2) 每个合伙人都有权参加经营决策和管理，相互牵制，难以迅速统一决策，削弱了企业的经营灵活性和市场应变能力。

(3) 合伙人中任何一个合伙人出现变化，如意见分歧、撤回投资、合伙人死亡等，都可能给合伙企业带来较大影响，因此，合伙企业往往不太稳定。

(4) 合伙企业不具有法人资格，一般来说，合伙人对企业债务负无限连带责任，因而承担的风险较大。

3. 有限责任公司

有限责任公司是指投资者以其出资额对公司负责，公司以其全部资产对公司债务承担责任的企业。有限责任公司是公司型企业的基本类型之一。

有限责任公司的法律特征为：

(1) 有限责任公司的投资者即股东，仅以其出资额为限对公司债务承担有限责任。

(2) 有限责任公司可以依法取得法人资格，其股东资格既可以是法人，也可以是自然人。在我国，对有限责任公司的股东人数有规定，我国《公司法》规定为2～50人。

(3) 有限责任公司不能公开募集股份，不能发行股票。有限责任公司的股东有各自的股份及股份的权利证书，即股单。股单与股票不同，股票是一种有价证券，可以在市场上买卖；而股单仅是一种权利证书，它不能买卖。

(4) 有限责任公司股东转让股份有严格的限制。股份不得随意转让，如遇特殊情况，需转让部分股份的，必须经公司全体股东一致同意，由公司批准，并在公司登记。

(5) 有限责任公司可以依法取得法人资格，这是有限责任公司与独资企业、合伙企业的最显著的区别。

同独资企业、合伙企业相比，有限责任公司的优点有：

(1) 有限责任公司突破了单个资本、小额合伙资本的限制，有效地集中了分散的、单个的小资本，因此生产经营规模更大。

(2) 资本由分散到集中经营使得企业组织更加完善，企业的管理进一步制度化、专门化、科学化。

(3) 以出资额为限承担有限责任解除了投资者的后顾之忧，降低了投资风险，进一步鼓励和激发了投资者的积极性。

（4）法人地位的确立，一方面使企业解脱了自然人的束缚，成为独立的有生命的主体，另一方面也使企业实现了两权分离，即资产的终极所有权和法人财产权的分离，终极所有权和经营权的分离。这种分离使企业形成了相互制衡的公司治理结构，从而保证了企业行为的规范化和长期化，同时也使企业享有充分的经营自主权，真正成为经济主体。

有限责任公司的缺点有：

（1）同独资企业、合伙企业相比，有限责任公司的设立条件和注册资本都要求较高，关于公司章程的规定更严格，且设立的程序比较复杂；

（2）与股份有限公司相比，有限责任公司的投资者人数有限，因此限制了资金和企业规模的进一步扩大。

三、个体经济与私营经济的比较

个体经济与私营经济都属于私有经济，它们在基本属性上有许多共同之处，如生产资料都归私人所有，生产经营成果归生产资料所有者所有，但二者也存在着许多差异，这些差异分别体现在性质和经营上。

（一）性质上的差异

1. 生产资料的归属不同

个体经济中，个体经营者既是所有者也是劳动者，生产资料的所有权既归投资者所有也归劳动者所有；私营经济中，生产资料所有权归投资者所有，而劳动者不享有生产资料的所有权。

2. 劳动性质不同

个体经济中，个体劳动者的劳动是将自己的劳动力与其所有的生产资料相结合，这是一种为自身利益而进行的自愿劳动。私营经济中，绝大部分劳动来自于雇工。由于雇工不占有生产资料，为了生存被迫为雇主劳动，其剩余劳动则被雇主无偿占有，因而雇工的劳动是被迫的雇佣劳动，不是为自身利益而进行的自愿劳动。

3. 劳动成果的归属不同

个体经济中，劳动成果是个体经营者将自己拥有的生产资料与自己的劳动相结合创造出来的，这种劳动成果自然归属于劳动者本人。私营经济中，生产经营成果是雇主的生产资料与雇工的劳动相结合创造出来的，但却归生产资料的所有者——雇主占有和支配。雇工只能获得必要劳动时间创造的劳动成果，而剩余劳动时间创造的劳动成果则被雇主无偿地占有。

（二）经营上的差异

1. 经营身份不同

个体经济只能以自然人的身份从事生产经营活动。而私营经济既可以自然人身份从事生产经营活动，也可依法取得法人资格，以企业法人的身份从事生产经营活动。

2. 经营规模不同

个体经济由于投入的资金数额较少，依靠个人和家庭成员从事生产经营，其经营规模较小。私营经济从总体上看具有资金数额较大、雇工人数多的特点，其经营规模相对个体经济较大。

3. 经营组织形式不同

个体经济由公民个人或其家庭进行生产经营，有时会有少量的雇工或学徒，谈不上有什么组织形式，即使有也很简单。而私营经济有独资企业、合伙企业、有限责任公司三种形式，其中有限责任公司是现代市场经济中一种先进的组织形式，其组织结构、内部分工、管理制度都是个体经济所无法比拟的。

4. 经营目的不同

个体经营者从事生产经营的目的主要是为了解决个人和家庭的生存问题，追求个人生活的富裕。而私营企业作为营利性的经济组织，其生产经营的目的是追求更多的利润和财富的积累。

5. 承担的经营责任不同

个体工商户是自然人性质的市场主体，对其经营债务承担无限责任。而私营企业既有自然人性质的市场主体，也有企业法人性质的市场主体——有限责任公司，对其经营债务承担有限责任。

第三节　个体私营经济的作用

改革开放以来，个体私营经济适应了现阶段我国生产力发展水平，与国有经济、集体经济相互促进、共同发展，已经成为我国国民经济的重要组成部分，在促进生产力发展、完善生产关系方面发挥了积极作用。但是，个体私营经济在存在和发展的同时不可避免地会带来一定的消极影响。因此，要正确对待和处理个体私营经济在国民经济发展中的积极和消极作用，才能更好地促进国民经济的健康发展。

一、个体私营经济的积极作用

（一）在发展生产力方面的积极作用

1. 适应我国现阶段多层次、不平衡的生产力状况，促进了社会生产力的发展

生产力的发展离不开与之相适应的生产关系。改革开放初期，我国生产力表现为：现代化的大生产、发达的商品经济与传统的自然分工的小生产自然经济和半自然经济同时并存；部分现代化工业与大量落后于现代化水平几十年甚至上百年的工业并存；较发达的城市经济与落后的传统农村农业经济并存；部分经济比较发达的地区与广大不发达及贫困地区并存；少数具有世界先进水平的科学技术与科学技术水平普遍不高、文盲半文盲人口仍占很大比重的状况并存……这些状况反映了我国生产力发展水平总体还较低，多层次、不平衡的状况。这就决定了我国所有制结构的复杂性和多样性，而个体私营经济正是适应了这一生产力现状，利用自身的力量，将社会闲散的资金、简单适用的技术、富余的劳动力等生产要素有效地聚合起来，积极发展社会需要的各项生产，极大地促进了我国社会生产力的发展。1989 年个体私营经济年产值为 656 亿元，2001 年年产值达到 2.6 万亿元，增长了 38 倍；2008 年年产值为 5.18 亿元，约增长了 79 倍；个体、私营经济对 GDP 的贡献率 1989 年为 0.57%，2001 年为 20.46%，2008 年为 40%，20 年平均每年增长近 2 个百分点。

2. 填补公有制经济的不足，满足多样化的市场需求，方便人民生活

在我国，公有制经济作为国民经济的主体，在发展社会生产、满足人民生活需要方面发挥着主导作用，但是公有制经济的经营特点决定了它很难充分满足市场的多样化需求，所以大力发展个体私营经济在填补市场空白、满足多样化的市场需求、方便人民生活等方面起到了积极作用。

(1) 改革开放前，我国第三产业发展缓慢，商业、饮食业、服务业、修理业网点稀少，导致"吃饭难"、"住宿难"、"购物难"、"修理难"、"理发难"等一系列问题，给人民生活带来极大的不便，个体私营经济的发展彻底改变了这一状况。1990 年，我国零售业、饮食业、服务业网点达 1186 万个，是 1978 年的 9.5 倍，其中个体经营网点占全社会网点总数的 84.8%。

(2) 有些行业，如日用小商品、传统手工艺品、地方土特产品、风味小吃等，公有制经济较少涉及，个体私营经济可凭借其技术上的专项优势和经营上的便利条件填补公有制经济的不足，满足人民群众的需要。

(3) 个体私营经济的经营时间通常很灵活，弥补了公有制工作时间固定的不足。个体私营经济一般营业时间较长，甚至全天营业，顾客因某些特急需要而深夜登门，他们也能热情提供服务。一些商业、饮食业的个体工商户还根据市场需求调整营业时间，开设"早市"、"夜市"等，极大地方便了上早班、赶夜班的职工。为了能在日益激烈的市场竞争中生存，个体私营经济往往会根据市场需求灵活经营，为消费者提供尽可能多的经营或服务项目。这不仅丰富了商品市场，也提供了多样化的社会服务，极大地方便了城乡居民的生活。

3. 拓宽了就业渠道，创造了大量就业岗位

我国是一个人口众多、劳动力资源极其丰富的国家，存在着巨大的就业压力。个体私营经济的发展为广大劳动者提供了新的就业渠道，减轻了国家负担。到 2011 年底，个体私营经济从业人员近 1.8 亿人，其中全国个体工商户从业人员 7900 多万人，私营企业从业人员 1.04 亿人，大大缓解了城乡就业压力。同时，还在很大程度上改变了传统的就业观念，自谋职业、自我创业已成为一种时尚，使更多的人能够安居乐业，有力地促进了社会的稳定。

4. 富裕了群众，增加了国家财政收入

个体私营经济的发展增加了一条富国富民之路。一方面，人民群众通过从事个体私营经济，增加了收入，改善了生活；另一方面，个体私营经济在创造物质财富的同时，还以缴纳税收、费用等各种形式，增加了国家财政收入。如 1981—1989 年，全国个体经济(包括私营经济)累计向国家纳税 422.9 亿元；1990—1993 年，纳税总额达 824.4 亿元；1999 年，纳税 830 多亿元，占全国税收的 7.8%；2006 年，缴纳工商税收 4690 亿元，占全国税收总额的 13.5%。除税收外，个体工商户、私营企业还向国家缴纳了各种其他费用。

此外，个体劳动者、私营企业主还经常为扶贫、救灾、希望工程等各种社会公益事业慷慨解囊，为社会作出了巨大贡献。

(二) 在完善生产关系方面的积极作用

1. 促进了我国基本经济制度的形成和完善

个体私营经济的发展适应了我国现阶段多层次、不平衡的生产力状况，促进了以公有制为主体、多种所有制经济共同发展的基本经济制度的形成和完善。个体私营经济已经由原来计划经济条件下的可有可无转变为社会主义市场经济的重要组成部分，成为推动我国经济社会发展的重要力量。

2. 促进了我国市场经济体制的建立和完善

个体私营经济成为我国推动市场化改革的重要力量，促进了社会主义市场经济体制的建立和完善，培养了一批适应市场经济发展要求的经营型人才。个体私营经济与市场有着天然的联系，其要素的取得和产出的效益都要通过市场来实现，接受价值规律、供求规律等市场竞争法则的考验。它打破了公有制"皇帝的女儿不愁嫁"的局面，在市场竞争中表现出来的灵活竞争机制，逐渐被社会所认同，并在国有企业转制中发挥了示范作用。另外，它的发展还为我国培养和造就了一大批懂技术、会经营、善管理的适应市场经济发展要求的经营型人才。个体私营经济的发展对我国市场机制的发育和市场体系的完善起到了强有力的推动作用，加快了我国社会主义市场经济体制建立和完善的步伐。

3. 推动了我国经济社会的发展和进步

个体私营经济大量进入原来人们不太情愿从事的行业和领域，其经营者由起补充作用转变成为社会主义事业的主要建设者之一，推动着社会的发展和进步。

二、个体私营经济的消极影响

个体私营经济虽然在我国社会主义现代化事业中发挥了巨大的积极作用，但是其私有性质决定了个体私营经济的微观利益必然与国家和人民大众的宏观利益存在矛盾，不可避免地为国家和社会带来了一些消极影响。

1. 盲目发展，造成社会资源的浪费

个体私营经济是私有制经济，这决定了其微观利益必然与国家和人民大众的宏观利益存在矛盾。对私人最优的决策并不一定在宏观上最优，例如某些地方涌现的不符合行业、方向和规模要求的小煤窑、小油井、小砖窑等。这些私人实体虽然能给个人带来一定的财富，也能给地方政府带来一定的收入，但由于其技术简单、形不成规模、不能有效开采能源，所以浪费了宝贵的资源，有些地方甚至出现了对资源的掠夺性使用和对生态环境的破坏等现象。这些都对国民经济的持续、稳定和协调发展产生了不利影响。

2. 违法经营，扰乱社会主义市场经济秩序

个体私营经济生产经营的主要目的是获取利润。一些经营者唯利是图，不惜损害其他经营者、消费者和国家的利益，从事各种违法经营活动，如制售假冒伪劣产品、走私贩私、经销非法出版物、侵犯他人的企业名称专用权和注册商标专用权、诋毁他人商业信誉、窃取他人商业秘密、欺行霸市、强买强卖、无照经营、超范围经营，以及侵犯雇工合法权益等。这些行为严重扰乱了社会主义市场经济秩序，破坏了社会主义经济的健康发展。

3. 偷税漏税，减少了国家财政收入

个体私营经济实体为追求私利，偷漏税行为相当普遍，且手法多种多样。如不建帐、建假帐、开假发票、虚报营业额、私下成交、办"假集体"或者打着待业青年、残疾人的招牌享受国家的减免税待遇等，造成国家税源的大量流失。

4. 收入偏高和来源不正，形成新的社会分配不公

我国实行按劳分配和按生产要素分配相结合的政策，允许和鼓励一部分人先富起来。按生产要素分配，少数个体工商户和大量的私营企业主收入偏高，年收入达到几十、几百、几千万甚至上亿，是普通劳动者平均工资的成百上千倍，收入悬殊过大。同时，这些高收入中，有很大一部分是通过非法渠道获得的，如坑蒙拐骗、违法经营、偷税漏税等。个体私营经济收入偏高，甚至来源不正，引起了社会成员特别是广大劳动者的不满，极大地影响了我国社会的稳定。

5. 经营手段和生活方式不当，败坏了社会风气

个体私营经济为了争原料、争资金、争能源、争市场、争人才，在生产经营活动中大量使用了如请客送礼、贿赂、给高额回扣等不恰当的手段，拉拢腐蚀了一批意志薄弱的国家工作人员和企业负责人。同时，一些个体私营业主富起来后，大肆挥霍浪费，甚至吃喝嫖赌、大搞封建迷信活动，严重败坏了社会风气，影响了社会主义精神文明建设。

针对存在的上述问题，国家必须运用经济的、行政的、法律的手段，加强对个体私营经济的引导和管理，以充分发挥其积极作用，限制其消极影响，使个体私营经济得以健康发展。正确对待和处理个体私营经济存在的消极因素，必须着重抓住以下几个环节：

(1) 加强国家对个体私营经济发展的行业、方向、规模及其资源利用、环境保护、内部管理等方面的引导和规范。

(2) 强化市场监督管理和行政执法职能，保护合法经营，打击违法经营，为个体私营经济与其他各种经济成分的公平交易、平等竞争创造良好的社会环境。

(3) 加强税收征管，加大对偷税漏税甚至暴力抗税的查处和打击力度。

(4) 通过完善税制和加强税收征管调节偏高收入，如完善个人所得税法、开征遗产税、赠与税等。

(5) 引导个体工商户、私营企业选择正确的经营方式和消费方式，倡导积极健康的生活方式和消费风气，促进物质文明和精神文明同步协调发展。

名词解释

个体经济　个体工商户　私营经济　私营企业　独资企业　合伙企业　有限责任公司

复　习　题

1. 个体经济的基本特征有哪些？
2. 个体经济的经营特点有哪些？
3. 个体工商户的法律特征有哪些？

4. 私营经济的基本特征有哪些？

5. 私营企业的主要特征有哪些？

6. 独资企业的法律特征有哪些？

7. 合伙企业的法律特征有哪些？

8. 有限责任公司的法律特征有哪些？

9. 个体经济与私营经济在性质和经营上的差异分别是什么？

10. 个体私营经济的积极作用有哪些？

11. 个体私营经济的消极影响有哪些？如何正确对待和处理这些消极影响？

扩展阅读

《个体工商户条例》修订的必要性、指导思想和过程

2011 年 3 月 30 日，《个体工商户条例》(以下简称《条例》)经国务院第 149 次常务会议通过，于 2011 年 11 月 1 日起开始施行。这一《条例》的颁布实施是我国个体经济发展中的一件大事，充分表明了党和政府对发展个体经济的高度重视，为个体工商户发展提供了一个更加宽松的法制环境，对推动我国个体经济持续健康发展有着重大意义。

一、修订的必要性

在党和国家鼓励、支持和引导个体私营经济发展方针、政策的指引下，我国个体经济得到了迅速发展，其地位从有益的、必要的补充，到国民经济的组成部分，成为我国社会主义市场经济发展的重要推动力量。在扩大社会就业、促进经济发展、方便人民生活、维护社会和谐稳定等方面发挥了重要的作用。截至 2011 年 6 月底，全国已有个体工商户 3600 万户，资金 1.5 万亿元，从业人员 7333.95 万人。

1987 年，国务院颁布了《城乡个体工商户管理暂行条例》(以下简称《暂行条例》)。《暂行条例》在规范个体工商户的经营活动、促进个体经济的健康发展、保护个体工商户的合法权益以及推动我国社会主义市场经济体制建设等方面发挥了巨大的作用，这部行政法规的历史地位不能低估。同时，也应当看到，随着我国改革开放的逐步深化，以及行政管理的法治化进程不断推进，使《暂行条例》在许多方面显现出了不适应的情况。这主要表现在以下三个方面：

(1) 20 多年间国家鼓励、支持和引导个体经济发展的一系列方针、政策，如放宽主体资格和经营范围的限制、取消收取个体工商户管理费等，没有得到体现；

(2) 个体工商户开业、变更、注销登记的程序规定不够规范；

(3) 对个体工商户的管理措施需要进一步完善。

二、修订的指导思想

(1) 深入贯彻落实科学发展观，充分体现党的十七大提出的"坚持两个毫不动摇"的精神，体现党和国家关怀、扶持社会弱势群体的态度，进一步贯彻《国务院关于鼓励支持

和引导个体私营等非公有制经济发展的若干意见》(国发〔2005〕3号，以下简称国务院"非公36条"），立足于促进发展、扩大就业、服务民生。

(2) 充分体现改革开放以来个体工商户管理的经验和成果，推动个体工商户管理的制度化、规范化、程序化、法治化建设，努力做到监管与发展、服务、维权、执法"四个统一"。

(3) 强化政府推进个体经济发展的服务职能，为个体经济的发展创造宽松的法律政策环境。

三、修订的过程

整个修订过程从2008年8月到2011年4月，历时两年零八个月。2008年8月上旬，在国务院决定自2008年9月1日起停止征收个体工商户管理费后，国务院法制办即要求国家工商总局尽快启动《暂行条例》的修订工作。总局领导高度重视《暂行条例》的修订工作，周伯华局长、钟攸平副局长分别多次做出指示、批示，要求抓紧做好。总局个体司承担了《条例》修订的起草、调研、论证等工作，也向中央有关部门(发改委、财政部、商务部、公安部、工信部、人力资源部、税务总局等)和各地工商局征求了意见。经过认真地研究和修改，形成《送审稿》。2008年12月29日经总局局务会议通过后，于12月30日上报国务院。

2009年1月至3月中旬，国务院法制办将总局的《送审稿》送中央相关部门、部分省及社会团体征求意见。4月1日和5月14日，国务院法制办工交商事司召集总局个体司、法规司的同志参与《个体工商户条例》研究、修改工作，形成了《法制办1稿》。

2009年7月21日，国务院法制办将《法制办1稿》挂在网上，向全社会公开征求意见。这次网上公开征求意见，社会反响很大，共提交了修改意见8000余条，其中有效意见4164条，总局个体司对这些意见进行了梳理、归类，划分为27类，并提出了修改意见。

2009年12月底，国务院法制办工交商事司会同总局个体司，对《法制办1稿》进行了修改，形成了《法制办2稿》。

2010年，国务院法制办就《法制办2稿》在中央机关再次征求意见，并会同总局对条例中的一些问题进行了多次调研，对一些主要问题(如雇工人数、流动商贩、个体协会、登记机关、转企升级、会计账簿、税收征管、社会保险等)进行了深入研究。根据中央机关部委反馈回来的意见和调研掌握的情况，经修改后，于2010年底，形成了《法制办报送稿》，并报国务院办公厅。

2011年3月30日，国务院第149次常务会议原则通过了《法制办报送稿》，并提出了修改意见，按照国务院常务会议的要求，法制办与总局于4月2日进行了最后一次的协商修改，形成了目前的《个体工商户条例》。4月16日温家宝总理签署了国务院第596号令，予以公布。

资料来源：杨力军. 对《个体工商户条例》的理解、认识与思考[J]. 工商行政管理，2011(21).

第二章

个体私营经济管理概述

　　本章首先介绍了个体私营经济管理的概念、职能和必要性；其次介绍了我国个体私营经济的管理体制；最后介绍了个体私营经济管理的原则、方法和特点。

第一节　个体私营经济管理的概念与职能

一、个体私营经济管理的概念

　　对个体私营经济的管理有内部管理和外部管理。内部管理是指个体私营经济实体为获得利润，对其自身的生产经营事务进行的计划、组织和安排，属于生产经营管理的范畴；外部管理是指国家为维护社会经济秩序对个体私营经济的存在和发展所进行的指导、规范和管理，属于宏观调控和监督管理的范畴。本书所指的就是这种外部管理。因此，个体私营经济管理是指，为了促进个体私营经济的健康发展，由国家有关部门和社会组织对个体工商户和私营企业的生产经营活动从外部进行的一系列组织、协调、监督、控制等管理活动的总称。

　　对于这一概念，应当注意以下几个要点：

　　1. 个体私营经济管理的目标

　　个体私营经济作为社会主义市场经济的重要组成部分，对于发展社会生产力、方便人民生活、扩大劳动就业、增加财政收入等都具有积极作用。同时，作为一种私有制经济，它们又不可避免地会带来盲目发展、违法经营、偷税漏税、社会分配不公等不利于社会主义经济发展的消极因素，这不仅会严重损害社会主义市场经济秩序，而且将危及个体私营经济自身的生存和发展。因此，为了充分发挥个体私营经济的积极作用，限制其消极影响，促进个体私营经济的健康发展，国家必须从维护国家和社会整体利益、全局利益的立场出发，对个体私营经济进行必要的调控、监督和管理。可见，个体私营经济管理的目标就是为了促进个体私营经济的健康顺利发展。

　　2. 个体私营经济管理的主体

　　个体私营经济管理主要是由国家对个体私营经济进行调控、监督和管理的。因此，国家是对个体私营经济进行管理的最基本、也是最重要的主体。《中华人民共和国宪法》规定：国家保护个体经济、私营经济等非公有制经济的合法权利和利益。国家鼓励、支持和引导非公有制经济的发展，并对非公有制经济依法实行监督和管理。这为国家对个体私营经济的管理提供了最高的法律依据。

国家对个体私营经济的管理是通过授权政府有关部门实施具体管理来实现的。根据《个体工商户条例》、《私营企业暂行条例》及其他有关法律、法规的规定，工商行政管理机关是个体私营经济的行政主管机关，依法确认个体工商户和私营企业从事生产经营的合法资格，并对其生产经营活动进行日常的监督管理工作，查处违法经营行为。同时，国家还授权物价、税务、卫生、技术监督、人力资源和社会保障等部门从各自的特定职能出发，对个体私营经济实行专项管理。无论哪一类管理部门，在管理活动中都必须从维护国家和社会整体利益出发，忠实地执行国家的有关法律、法规和政策。

个体私营经济的管理主体除国家外，还有一部分社会组织也承担着某些特殊的管理职能。我们这里所指的主要是个体私营企业协会等社团组织，它们作为沟通党和政府与个体工商户、私营企业的桥梁和纽带，主要承担着促进个体私营经济加强自我管理的职能，成为我国现行的个体私营经济管理体制中特殊的管理主体。

3. 个体私营经济管理的客体

个体私营经济管理是对个体工商户、私营企业的生产经营活动所进行的管理，更确切地说，是从个体私营经济的外部对个体劳动者和私营企业的市场行为所实施的宏观调控和监督管理。对于个体私营经济管理的客体，应当注意以下两点：

(1) 个体私营经济管理的对象不是个体劳动者、私营企业主作为一般公民所从事的各种社会活动和私人活动，而是个体工商户、私营企业作为商品生产经营者所从事的以营利为目的的生产经营活动。

(2) 前面就已经提到，本书涉及的个体私营经济管理主要是从外部对个体工商户和私营企业的生产经营活动，如市场交易和竞争行为等进行管理，而不是对其在组织内部所实施的生产经营行为进行管理。

4. 个体私营经济管理的职能

个体私营经济管理是由有关管理主体对个体工商户和私营企业的外部市场行为所进行的组织、协调、监督、控制、服务，也就是说，个体私营经济管理的基本职能主要包括组织职能、协调职能、监督职能、控制职能和服务职能。具体内容，我们将在后面作进一步的阐述。

二、个体私营经济管理的职能

个体私营经济管理是由国家有关部门对个体私营经济的存在和发展进行组织、协调、监督和控制的过程。概括起来，个体私营经济管理的职能主要包括五个方面：组织职能、协调职能、监督职能、控制职能和服务职能。

(一) 组织职能

国家对个体私营经济的组织职能主要是通过一定的组织体制、结构、方式和程序，对个体私营经济实施有效监督管理。组织职能的实现需要一个科学分工、紧密协作、运行良好高效的监管系统，需要各级监管部门对个体私营经济主体及其行为的监管进行精心组织、周密安排、科学实施。为推动个体私营经济健康发展，国家在具体组织个体私营经济的生产经营活动时，要注意社会经济的需求、地区行业特点以及个体私营经济自身的特点和要求。

(二) 协调职能

国家对个体私营经济的协调职能是指国家针对市场交易和市场竞争中出现的各种利益冲突和矛盾，依法调节个体私营经济主体之间、个体私营经济主体与其他经济成分的市场主体之间、个体私营经济主体与消费者之间的经济利益关系，使矛盾得以缓解，推动经济正常发展。为使个体私营经济主体与其他各种经济成分的市场主体公平交易、平等竞争、相互促进、共同发展，国家在个体私营经济管理中应当注意协调以下矛盾和冲突：

(1) 协调个体私营经济自身内部的矛盾和冲突；

(2) 协调个体私营经济与其他经济成分之间的矛盾和冲突；

(3) 协调个体私营经济与消费者之间的矛盾和冲突；

(4) 协调国家有关部门之间的管理关系。

(三) 监督职能

监督就是监察和督导。它是按照事先确定的某种标准，对管理对象的行为和状态进行检查和察看，督促其按照预定的目标发展。国家对个体私营经济的监督职能是指国家有关部门依据国家的法律法规和方针政策，对个体私营经济主体的市场经济行为进行监察和督导，保护合法经营，反对不正当竞争及垄断行为，制止和打击各种违法、违章行为，以维护市场经济秩序。

国家对个体私营经济的监督主要包括：个体工商户和私营企业是否依法设立；个体工商户和私营企业是否依法开展生产经营活动，是否公平交易、平等竞争；个体工商户和私营企业是否依法履行应尽义务；依法查处个体工商户和私营企业的违法经营活动，取缔非法经营等等。

监督职能分事前监督、事中监督和事后监督。事前监督，是事情未发生前就进行的监督，起到预防的作用。例如，举办相关法律法规学习班，进行宣传教育，并就学习效果进行检查和考核，就是一种很好的事前监督。事中监督是对个体私营经济主体在市场活动中日常行为的监督，起到纠错和完善的作用。事后监督是事情发生后的监督管理，主要是通过事后的监督执法处理，如教育、处罚、赔偿等，弥补受害者损失，同时惩戒违法违章者，起到补救的作用。

(四) 控制职能

控制是指管理主体运用一定的措施和手段使管理对象处于某种理想状态的行为。国家对个体私营经济管理的控制职能是指，国家有关部门根据社会经济形势和发展计划，依据法律法规的规定和政策要求，采取必要的手段和措施，对个体私营经济的发展趋势进行宏观调控，对其生产经营活动进行管理，以纠正其偏差，使之朝着健康的方向发展。

个体私营经济管理的控制职能有宏观控制和微观控制两个方面。

(1) 宏观控制。国家通过有关法律法规和方针政策，对个体私营经济的发展方向从宏观上进行引导、调节、约束和规范，促使其布局合理、结构优化，社会经济效益显著，并在地域行业上均衡、稳定、协调发展。

(2) 微观控制。国家通过有关部门对个体工商户和私营企业的登记注册、查证验照、年度检验、日常监督检查、行政执法等，对个体私营经济的发展从经营规模、经营项目、经营范围、经营方式、经营手段、经营作风等方面加以控制，保护合法经营，制止和取缔非法经营，从而促进个体私营经济健康发展。

(五) 服务职能

国家对个体私营经济的服务职能是指国家有关部门为繁荣市场、活跃经济、发展生产，对个体私营经济主体提供非营利性的扶助活动。服务职能主要体现在两个方面：一是政策、法规的宣传教育服务；二是市场信息的提供和法规咨询服务。

三、个体私营经济管理的必要性

(1) 个体私营经济管理是国家实现其经济管理职能的需要。

国家是阶级统治的工具，具有经济管理等多种统治职能。现阶段，我国实行以公有制为主体、多种所有制经济共同发展的基本经济制度，国家不仅要对社会主义公有制经济加强管理，而且还要对包括个体私营经济在内的各种非公有制经济的发展进行引导和规范，保证社会经济秩序的健康运行。

(2) 个体私营经济管理是国家加强宏观调控的需要。

在社会主义市场经济条件下，为保证各种所有制经济平等竞争、相互促进，国家必须对社会经济生活中包括个体私营经济在内的各种所有制经济进行统一、规范的调控和管理。国家加强对个体私营经济的管理，既有利于国民经济的健康运行，也可以使个体私营经济在国家的宏观调控和引导下，保持正确的发展方向，不断发展、壮大和完善。

(3) 个体私营经济管理是建立和完善社会主义市场经济体制的需要。

建立和完善社会主义市场经济体制是我国经济体制改革的目标，而良好的市场经济秩序是社会主义市场经济建立和完善的必要条件。但这种良好的市场秩序是不会自动形成的，市场经济秩序的建立和维护需要国家法律法规予以规范和组织，需要国家有关部门的监督、控制、引导和协调。因此，为了建立和维护良好的市场经济秩序，促进社会主义市场经济体制的正常运行，国家必须对包括个体私营经济在内的各种经济主体依法管理，对其市场交易和竞争行为加强规范。

(4) 个体私营经济管理是个体私营经济自身健康发展的需要。

个体私营经济是社会主义市场经济的重要组成部分，对发展社会生产、方便人民生活、改善生产关系具有积极作用，但它们作为私有制经济，具有强烈的逐利性，如果不加强规范和管理，往往会产生盲目发展、浪费资源、破坏环境、违法经营、偷税漏税、败坏社会风气等严重的社会问题，影响个体私营经济甚至国民经济的健康发展。因此，为保证个体私营经济的健康发展，充分发挥个体私营经济的积极作用，限制其消极作用，国家就必须加强对个体私营经济的引导、扶持、规范和管理。

案 例

一条短信引起装饰界轩然大波，苦于无人监管

一、群发短信引起轩然大波

2011 年，很多购置新房的市民为了能在 2012 年春节前入住，大多选择在当年秋季装修房子。某市装饰行业的商家也正打算抓住这个商机拉动一下业绩。然而，在 8 月 12 日前后，不少装饰行业人士的手机上接到一条群发短信，内容大意是：看看外来装饰公司怎样杀人不见血！一套房子装修预算 5 万多元，结算变成了 11 万元。这还不算带我到瓷砖店和木地板店买主材拿的 20% 回扣。买了 6 万多元就被拿了 1.2 万元回扣，要不是主材店店员说出来，我还被蒙在鼓里。

短信一出，立即在装修界引起轩然大波，不少人认为"这几个商家掉钱眼里，太缺德了"，也有不少人对此将信将疑，认为有可能是其他商家发的诬陷短信。

二、三家当事公司齐齐喊冤

为了摸清事件真相，8 月 16 日，记者首先来到短信所指的装饰公司，该公司总设计师余先生一见到记者就喊冤："这是有人故意攻击我们外来装饰公司！"

余先生告诉记者，这条短信有三个明显的破绽，"内容不仅是假的，还带有攻击性。"余先生说，一是短信开头就说外来公司，这明显是有针对性的，去年也有人采用同样的方式攻击过另一家外来装饰公司；二是短信所提到的两家建材商都属中高端品牌，预算 5 万元的装修合同，客户不会选择中高端品牌建材；三是在一般情况下，如果顾客对装饰公司不满意，都会首先向装饰公司反映，但他们并未接到任何投诉。

随后，记者来到某木地板销售门店，该店工作人员告诉记者，之前他们很少与这间装饰公司合作，现在一起搞推介会，仅仅是为了"抱团"增长业绩。"但目前还没有接到订单，就被人指名道姓的给说了，实在冤枉。"

而短信中提到的瓷砖专卖店老板也向记者分析，如果客户选用他们公司的瓷砖，单瓷砖的费用就要五六万元，一个装修预算 5 万元的房子，不可能选择中高端品牌的瓷砖。"这条短信编得'很没有水平'。如果短信继续传下去，我会选择报警，通过法律手段维权。"

三、装饰行业苦于无人监管

市装饰行业协会秘书长在接受记者采访时说："短信内容是否真实无法查证。但如果真有人收取 20% 的回扣，这是非常可怕的事情，会直接损害到本市装修界的整体形象。"

据了解，目前该市的装饰公司和建材商家，大大小小多达 600 家，仅装饰公司就有 200多家，但装饰行业却苦于没有统一的监管部门和规范的行业标准，一直以来都是鱼龙混杂。"混乱"主要有三个方面：一是预算、结算金额差距大，部分装饰公司为了拉生意，通过低预算接单，然后在装修过程中一步步增加装修项目，6 万的合同到结算时变成 10 万，10万变 20 万；二是装修过程中偷工减料、以次充好；三是装饰公司与建材商联手宰客，装饰公司会推荐顾客向指定建材商买材料，以达到拿取回扣的目的。

一名业内人士告诉记者，"拿回扣"早已是行业内的潜规则。在装修界，回扣一般有

两种，一种是建材商给装饰公司的人工补贴，"就几百元辛苦费，也是合情合理的。"还有一种就是固定比例的回扣，由双方事先商定，比例在全款的 10% 至 15% 之间，最后"出的钱"有的全部由顾客出，有的则由建材商从盈利部分补贴一些。而大部分顾客对此毫不知情，因为在统一的"规则"下，客户通过横向对比，会发现价格差不多，"即使有顾客发现被宰，普遍采取忍让的态度，事情也就不了了之了。"

不少业内人士指出，市民现在买套房子不容易，装修时如果还到处是陷阱，那么市民就会不信任装饰行业，最后利益受损的还是商家自身。

上述情况表明，对于新兴的装饰行业，要想让其健康有序发展，建立起行业诚信，单靠业内人员自律是不够的，还需要政府部门研究新问题、新情况，进行组织协调，确定一个监管部门，制定相应的法规和行业标准，来规范市场秩序。

资料来源：练海林，王磊. 一条短信引起装饰界轩然大波，苦于无人监管[OL][2011-8-23]. http://www.meizhou.cn/news/1108/23/11082300018.html.

第二节　个体私营经济管理体制

一、改革开放后的个体私营经济管理体制

(一) 新中国个体私营经济管理体制演变

个体私营经济管理体制是指国家对个体私营经济管理的基本制度和组织形式，包括管理机构的设置和职责权限的划分等内容。在我国，随着国家对个体私营经济政策的变化，个体私营经济管理体制也经历了一个逐步形成和完善的演变历程。

建国初期，负责管理个体、私营工商业的中央管理机构是政务院财经委员会下设的中央私营企业局，而地方则为各大中城市设立的工商局。1952 年 11 月，中央私营企业局与中央外资企业局合并为中央工商行政管理局，各地工商局更名为工商行政管理局，管理全国的个体、私营工商业。

社会主义改造完成以后，由于私营工商业基本消失，只有少量个体手工业和小商小贩存在，国家对个体工商业实行业务归口管理，即按各自的行业划归主管部门。如个体手工业由第二轻工业局(有些地方叫地方工业局或手工业局)管理，个体商贩由国营百货公司管理，个体饮食业则由国营饮食服务公司管理。工商行政管理局主要是协助和配合有关业务主管部门，参与对个体工商户的管理，而且仅限于政策的管理。例如，制定发展个体工商业的方针政策，划定个体工商户的经营范围和活动方式等。另外，还通过某些行业组织，如个体手工业联合会、个体摊贩联合会等，对本行业个体工商户的生产经营活动进行协调和处理。这些联合会受归口管理部门和工商行政管理局的领导和业务指导。

十一届三中全会以后，个体经济恢复发展，私营经济也开始重新萌芽和产生，原来因十年内乱而瘫痪的管理机构也逐渐开始恢复工作。但由于社会主义商品经济的发展和市场经济体制的逐步确立，原先的归口管理体制已不能适应形势的需要，必须以新的管理体制代之。随着经济体制改革的推进，我国逐步建立了一个由行政监督管理、专项管理和自我管理组成的新的综合管理体制。

(二) 改革开放后的个体私营经济管理体制

具体而言，改革开放后逐步形成的个体私营经济管理新体制主要由三大部分所构成：工商行政管理机关对个体私营经济的行政监督管理；国家有关职能部门对个体私营经济的专项管理；个体劳动者和私营企业自身群众性组织(个体私营企业协会等)的自我管理。它们相互分工、有机配合，形成了对个体私营经济综合协调、分级管理的现行体制。

与传统体制相比，新体制主要有以下特点：

(1) 国家管理与群众管理相结合；

(2) 综合管理与行业管理、专项管理相结合；

(3) 行政管理与经济管理相结合；

(4) 充分尊重个体私营经济的经营自主权，没有计划体制下的那种行政主管部门。

新体制对于充分调动各方面的积极性，促进个体私营经济的持续发展发挥了重要作用，但是也存在着一些问题，如各管理部门之间职责不清，职能重叠、交叉，管理关系尚未完全理顺；在监督管理和行政执法中还存在不少薄弱环节，出现了大量无照经营、超范围经营、偷工减料、掺杂使假、欺行霸市、哄抬物价、强买强卖等问题，严重干扰了市场经济秩序的正常运行。此外，虽然个体私营经济被赋予了国民待遇，但在管理的实践中还存在着个体私营经济与公有制、外资经济的不公平待遇，侵犯、损害个体工商户与私营企业合法权益的事件时有发生。因此，必须按照社会主义市场经济体制的客观要求，坚持和完善以公有制为主体、多种所有制经济共同发展的基本经济制度，进一步深化改革，促进现行个体私营经济管理体制日臻完善，充分调动社会各方面的积极性，鼓励、支持和引导个体私营经济的持续健康发展。

二、 个体私营经济的综合性行政监督管理

(一) 工商行政管理机关个体私营经济管理的职责

现阶段，我国对个体私营经济的行政监督管理主要是由工商行政管理机关来承担的。工商行政管理机关作为个体私营经济的行政监督管理部门，担负的是综合性行政监督管理，这既不同于国有、集体企业的上级主管部门，又不同于政府有关职能部门的专项管理。为管理好个体私营经济，引导其健康发展，工商行政管理机关必须根据国家方针，制定或参与制定有关个体私营经济的法律、法规、规章和办法并组织贯彻实施，促进个体私营经济的健康发展；及时掌握个体私营经济中出现的新情况、新问题，研究其发展趋势，为国家修定发展个体私营经济的方针政策提供决策依据和政策建议；从总体规模、地区分布、行业结构、经营行为等方面规范个体私营经济的有序发展；严格依法管理，强化行政执法，并注意协调与国家有关部门之间的关系，维护个体私营经济的合法权益。

工商行政管理机关对个体私营经济进行行政监督管理的具体职责主要包括：

(1) 办理个体工商户、私营企业的开业登记、变更登记、重新登记、注销登记，依法确认和管理其从事生产经营活动的合法资格；

(2) 依照规定，监督个体工商户、私营企业按核准登记事项和政策法规要求从事生产经营活动，规范其市场经营行为；

(3) 保护合法经营，制止和查处违法经营活动，维护社会主义市场秩序；

(4) 制止对个体工商户、私营企业的不合理摊派，维护个体私营经济的合法权益；

(5) 指导个体私营企业协会的工作。

(二) 工商行政管理机关个体私营经济管理的组织机构

工商行政管理机关对个体私营经济的管理是由国家工商行政管理总局、地方各级工商行政管理局和工商行政管理所共同承担的。按照所属层次的不同，对个体私营经济进行管理的工商行政管理机关的组织机构大致可分为以下五个层次。

1. 中央决策层

个体私营经济管理的中央决策层即国家工商行政管理总局。它对个体私营经济管理的主要任务是：调查研究个体私营经济发展与管理情况，参与制定个体私营经济发展政策，制定或参与制定有关个体私营经济的法律、法规及监督管理办法；统一布署个体私营经济管理工作，总结、推广个体私营经济管理的经验，开展个体私营经济管理的信息交流；协调国家有关部门对个体私营经济的管理；对省、自治区、直辖市工商行政管理局的个体私营经济工作给予业务上的指导；指导个体私营企业协会的工作。

2. 指导层

个体私营经济管理的指导层，即省、自治区、直辖市工商行政管理局，承上启下，独立开展本辖区的工商行政管理工作。它对个体私营经济管理的主要任务是：调查研究本管辖区域内个体私营经济发展与管理情况，参与制定有关政策措施，结合本地实际制定或参与制定有关个体私营经济的地方性法规、规章及监督管理办法；贯彻执行国家有关个体私营经济发展的方针、政策、法律、法规；贯彻国家工商行政管理总局及省、自治区、直辖市人民政府对个体私营经济管理工作的统一布署；研究本地区个体私营经济发展与管理中存在的问题；及时向国家工商行政管理总局输送信息；对下一级工商行政管理部门的管理工作给予业务上的指导；指导同级个体私营企业协会的工作。

3. 协调层

个体私营经济管理的协调层即省辖市、地区级工商行政管理局。它对个体私营经济管理的基本任务在于上传下达，协调有关管理关系，主要包括：将国家和上级管理部门对个体私营经济管理的政策、法规精神及时转达给下级工商行政管理部门，并指导下级部门结合当地实际予以执行；调查研究本管辖区域内个体私营经济的发展与管理情况及存在的问题，搜集、整理有关个体私营经济的信息、资料和统计数据，及时传递给上级工商行政管理部门，接受上级部门的业务指导；在上传下达中协调国家政策、法规与各地具体实际之间的关系，协调上、下级管理部门之间的关系；指导同级个体私营企业协会的工作。

4. 执行层

个体私营经济管理的执行层即县一级的县、市、区工商行政管理局。它对个体私营经济管理的主要任务是：具体落实国家和上级管理部门制定的方针、政策、法律、法规及管理办法、管理措施；对辖区内的个体工商户和私营企业办理登记注册并监督管理；调查研究并向上级汇报本辖区个体私营经济发展与管理中的新情况、新问题；统计上报个体私营经济的各种信息；指导同级个体私营企业协会的工作。

5. 操作层

个体私营经济管理的操作层是指县级工商行政管理局的派出机构——工商行政管理所。在个体私营经济管理工作中，工商行政管理所处于管理第一线，是工商行政管理的最基层单位，担负着直接受理、初审本辖区内个体工商户和私营企业的登记申请，并对其进行日常监督管理的任务。

三、个体私营经济的专项管理

除工商行政管理机关对个体私营经济进行综合性的行政监督管理外，我国对个体私营经济的管理还涉及许多的其他政府职能部门。这些职能部门按照各自特定的职能和权限，分别从某个方面或某几个方面对个体私营经济的发展进行业务指导、帮助和监督管理。我们把这些职能部门称作个体私营经济的专项管理机关，它们对个体私营经济实施各项专项管理。这些部门主要包括：

(一) 物价部门

物价部门是对整个市场价格进行管理的专门机构，包括对个体私营经济实体的产品和服务价格进行管理。它的主要任务是：

(1) 执行国家价格法律、法规、规章和方针、政策；

(2) 制定价格改革计划，促进个体私营经济发展；

(3) 对价格进行调控，制定定价目录和管理办法，公布政府指导价和政府定价，审定、调整列名管理的商品价格、服务价格及中介服务收费，引导和规范经营者的自主定价行为，指导行业价格自律；

(4) 负责指导行业和经营者加强内部价格管理，推行商品和服务收费明码标价制度；

(5) 对价格进行监督检查，制止价格垄断、价格欺诈、价格暴利和低价倾销等不正当竞争；受理价格违法行为的举报、投诉，依法查处价格违法行为，实施行政处罚；负责不服价格行政处罚的行政复议工作；

(6) 监测、分析、预报市场价格动态和变化趋势，及时反映市场物价方面的重要情况和问题，并提出政策建议；

(7) 调查分析农副产品等商品和服务的成本和流通费用。

(二) 税务部门

税务部门是我国税收管理的专门机构，它对个体私营经济进行的税务管理主要包括：

(1) 运用税收杠杆促进个体私营经济的健康发展；

(2) 根据国家有关法律法规进行税务登记和税收管理；

(3) 根据国家规定的税种、税目、税率和征收方法征收税款；

(4) 查处不按规定办理税务登记和偷、漏、逃税的个人和企业，实施行政处罚。

(三) 公安部门

公安部门是进行治安管理以及对特种行业进行专项管理的专门机构，它对个体私营经济进行的管理主要包括：

(1) 审查批准从事特种行业经营的个体工商户和私营企业；

(2) 掌握并处理危害国内安全和社会治安的情况，让个体私营经济在安定的社会环境中健康发展；

(3) 预防、制止和侦查违法犯罪活动，处置治安事故和骚乱，保护正当经营的个体劳动者、私营企业主的人身安全、财产安全等合法权益；

(4) 维护交通安全和交通秩序，处理交通事故；

(5) 组织实施消防工作，实行消防监督；

(6) 依法管理户政、国籍、入境出境事务；

(7) 负责公共信息网络的安全监察工作。

(四) 交通部门

交通部门是对从事交通运输行业的个体私营经济进行专项管理的专门机构，它对个体私营经济进行的管理主要包括：

(1) 拟订并监督实施公路、水路、民航等行业规划、政策和标准；

(2) 拟订并监督实施物流业发展战略和规划，拟订有关政策和标准。

(3) 制定并监督实施道路、水路运输有关政策、准入制度、技术标准和运营规范；

(4) 指导城乡客运及有关设施规划和管理工作，指导出租汽车行业管理工作；

(5) 负责汽车出入境运输、国际和国境河流运输及航道有关管理工作；

(6) 承担水上交通安全监管责任，如负责水上交通管制、船舶及相关水上设施检验、登记和防止污染、水上消防、航海保障、救助打捞、通信导航、船舶与港口设施保安及危险品运输监督管理等工作，依法组织或参与事故调查处理工作；

(7) 提出公路、水路固定资产投资规模、方向、政策等，拟订并监督实施公路、水路有关规费政策；

(8) 承担公路、水路建设市场监管责任，如拟订并监督实施公路、水路工程建设相关政策、制度和技术标准；

(9) 促进交通运输信息化建设，监测分析运行情况，并向社会发布有关信息。

(五) 卫生部门

卫生部门是对从事食品、药品、医疗器械、化妆品等生产经营的个体工商户和私营企业进行专项管理的专门机构，它对个体私营经济进行的管理主要包括：

(1) 研究拟定卫生工作的法律、法规和方针政策，起草卫生、食品安全、药品、医疗器械相关法律法规草案，制定卫生、食品安全、药品、医疗器械规章，依法制定有关标准和技术规范；

(2) 提出国家基本药物目录内药品生产的鼓励扶持政策，提出国家基本药物价格政策的建议；

(3) 制定食品安全标准，负责食品及相关产品的安全风险评估、预警工作，制定食品安全检验机构资质认定的条件和检验规范，统一发布重大食品安全信息；

(4) 监督管理医疗机构的医疗服务，制定医疗机构医疗服务、技术、医疗质量和采供血机构管理的政策、规范、标准，建立医疗机构医疗服务评价和监督体系；

(5) 查处食品等安全重大事故的责任。

(六) 技术监督部门

技术监督部门是我国主管产品质量、计量和标准化管理的专门机构，它对个体私营经济在质量和计量方面管理的主要任务是：

(1) 执行质量技术监督方面的法律法规和方针政策；

(2) 负责质量宏观管理工作，推进产品质量诚信体系建设；组织实施国家质量振兴纲要，推进名牌发展战略，会同有关部门组织实施重大工程设备质量监理制度；组织重大产品质量事故调查，监督管理产品防伪工作；

(3) 负责产品质量安全监督工作，负责产品质量安全监督抽查、地理标志产品保护工作，管理工业产品生产许可证；负责产品质量仲裁的检验、鉴定；开展质量安全专项整治，依法查处产品质量违法行为，按分工打击假冒伪劣违法活动；组织协调打假活动；

(4) 负责食品、食品相关产品及化妆品生产加工环节的质量安全监督管理工作；

(5) 执行国家标准和行业标准，监督标准的贯彻执行，负责进出口设备、引进技术项目的标准化审查，归口管理组织机构代码和商品条码工作；

(6) 负责计量工作，推行法定计量单位和国家计量制度，组织实施量值传递和强制检定以及计量校准工作，负责规范和监督商品量的计量行为；

(7) 负责质量认证工作，监督管理强制性认证产品；

(8) 对特种设备的安全进行监察、监督。

(七) 城建部门

城建部门是主管城市建设和城市管理的专门机构，它对个体私营经济进行的管理主要包括：

(1) 执行党和政府有关城市建设和城市管理的方针、政策、法规，起草或制定工程建设、城市建设、城市管理、村镇建设、建筑业、市政公用事业、建设市场、老城改造、房屋拆迁等文件。

(2) 制订并组织实施城市建设、村镇建设、建筑业、市政公用事业的发展战略；

(3) 管理建筑行业，规范建筑市场，管理建筑行业各类企业资质，负责建筑工程质量和安全生产，统一管理建设监理、工程造价、建筑市场监察等工作；

(4) 执行国家城市房屋拆迁法律、法规，负责城市房屋拆迁许可管理和拆迁经营服务企业资质管理，负责房地产经营开发企业资质管理；

(5) 执行有关建设工程勘察设计咨询的行业政策和技术标准，负责建设工程初步设计审批和施工图设计审查。

(八) 市容部门

市容部门是主管市容市貌的专门机构，它对个体私营经济的管理主要包括：

(1) 负责制订城市容貌管理规划；

(2) 指导、协调、督促、检查市容和环境卫生管理工作，会同公安、工商等有关部门做好市容和环境卫生协调工作；

(3) 负责城市园林绿化的管理工作，城区办理砍伐、移植树木的审批手续，园林绿化施工单位的资质审批，城市花卉生产、销售、展览的行业管理，参与城市园林规划、建设单位的资格审定；

(4) 负责垃圾场和废弃物的管理工作，落实有关建筑垃圾管理法律法规，负责建筑垃圾清运公司资质认定；

(5) 查处影响和破坏市容市貌、城市绿地以及乱倒垃圾的违法行为；

(6) 负责行政复议和应诉工作。

(九) 人力资源和社会保障部门

人力资源和社会保障部门是对个体私营经济所需的劳动力、人力资源等，以及医疗、养老等社会保障问题进行管理，并提供服务的部门。它对个体私营经济的管理主要包括：

(1) 统筹人才市场与劳动力市场，加快建立统一规范的人力资源市场，促进劳动力和人力资源在各类经济成分间进行合理流动、有效配置；

(2) 进行劳动监察，调解仲裁劳动纠纷，切实维护个体私营经济中劳动者的合法权益；

(3) 促进劳动者在个体私营经济中的就业，为个体私营经济提供社会保障服务，并监督其社会保障工作。

此外，还有一些政府职能部门，如土地管理、环境保护、文化教育、烟草专卖等部门，也承担着对个体私营经济的某些专项管理职能。各管理机关应当从促进个体私营经济发展的大局出发，各司其职，各负其责，与工商行政管理机关密切配合，更好地实现国家对个体私营经济的管理。

四、个体私营经济的自我管理

个体私营经济的自我管理是个体劳动者和私营企业通过自我管理组织——个体私营企业协会和行业协会等而开展的自我教育、自我管理和自我服务。自我管理的目的主要有：

(1) 弥补国家管理力量的不足，沟通党和政府与个体工商户、私营企业之间的联系；

(2) 协助政府制定和实施行业发展规划、产业政策、行政法规和有关法律，引导、规范本行业个体私营经济的发展；

(3) 通过开展政策法规宣传、职业道德教育等活动，推动经营者增强法制意识、强化自我约束；

(4) 通过多种形式的自我服务，帮助经营者排忧解难，协调处理交易纠纷，维护自身的合法权益。

自我管理是个体私营经济管理的一个重要组成部分，对于进一步完善个体私营经济管理体制、促进个体私营经济的健康发展具有积极作用。

第三节　个体私营经济管理的原则、方法和特点

一、个体私营经济管理的原则

在社会主义初级阶段，国家对个体私营经济的管理必须遵循以下原则：

(一) 为发展社会主义市场经济服务

(1) 以"三个有利于"为标准，促进个体私营经济的长期稳定发展。

十四大报告强调："判断各方面工作的是非得失，归根到底，要以是否有利于发展社会主义社会的生产力，是否有利于增强社会主义国家的综合国力，是否有利于提高人民的生活水平为标准。"对个体私营经济的管理也要以"三个有利于"为标准，解放思想，排除干扰，在坚持公有制主体地位的前提下，积极促进包括个体私营经济在内的多种经济成分和多种经营方式的共同发展。

(2) 为个体私营经济创造公平竞争的市场环境。

虽然个体私营经济已获得了巨大发展，但在实际经济运行中，与公有制经济，甚至外资经济相比，个体私营经济在税收、信贷、经营场地、原料供应、产品销售等方面都受到不同程度的限制或歧视，妨碍了个体私营经济进一步的发展。因此，国家有关部门应当从发展社会主义市场经济出发，为各种经济成分创造公平竞争的政策环境和市场环境。

(3) 切实采取措施，维护个体私营经济的合法权益。

受传统观念的束缚，社会上有些单位和个人对个体工商户和私营企业采取歧视的态度，且侵犯个体劳动者和私营企业合法权益的行为时有发生，大大挫伤了一部分投资者和经营者的生产积极性，影响和干扰了个体私营经济的正常发展。国家有关部门应当采取切实有效的措施，维护个体私营经济的合法权益，制止侵犯个体劳动者和私营企业合法权益的行为，保障个体私营经济的长期稳定发展。

(二) 因地制宜、分类指导

个体私营经济应当在哪些地区、哪些行业发展，发展到多大规模，不是人们的主观愿望可以决定的，而是由个体私营经济的特点以及社会经济发展和人民群众生活的客观需要决定的；同时由于个体私营经济在发展中容易出现盲目投资、重复经营、浪费资源、破坏环境等问题，因此国家应结合个体私营经济的特点，坚持一切从实际出发，实行因地制宜、分类指导，调节和引导个体私营经济的发展。

(三) 依法管理、加强监督

社会主义市场经济是一种法制经济，对个体私营经济的管理也必须以国家有关法律、法规为依据，实行依法管理。当前，在对个体私营经济的管理中，还存在着执法人员在执法中违法违章的行为，这会严重挫伤个体私营经济经营者的积极性。因此，管理部门要坚持依法管理、依法行政，切实地促进个体私营经济的健康发展。

社会主义市场经济条件下，随着个体私营经济的迅速发展和国家政策的进一步放宽，个体工商户、私营企业的数量越来越多，规模越来越大，涉及的行业更加广泛，经营更加灵活，行为也更加复杂。这对个体私营经济管理工作提出了更高的要求，管理难度也加大了。因此，国家有关部门应认真研究个体私营经济中出现的新特点、新问题，加强监督管理，维护市场秩序。

(四) 协调配合、综合治理

个体私营经济管理涉及到众多的国家管理机关，如工商行政管理、物价、税务、公安、交通、卫生、技术监督、城建、市容等部门。这些部门都从各自的职能出发，担负着一部分个体私营经济管理的职责和任务。这种管理体制容易存在职能交叉、重叠，政出多门，各行其事，职责不清的问题，因此，实践中必须以国家有关法律、法规为依据，在政府的统一领导下，既分工明确、划清职责、各司其职、各负其责，又相互支持、相互协调，实行齐抓共管、综合治理。

二、个体私营经济管理的方法

国家对个体私营经济的管理职能必须通过一定的方式、手段来实现，这就是个体私营经济管理的方法。具体而言，个体私营经济管理的方法主要包括法律方法、行政方法、经济方法、思想教育的方法等。

(一) 个体私营经济管理的法律方法

个体私营经济管理的法律方法是运用法律等手段，按照相关法律法规对个体私营经济的生产经营活动进行调控和管理的方法。前面谈到个体私营经济管理的原则时指出，市场经济条件下，个体私营经济的管理必须以国家的有关法律、法规为依据实行依法管理，因此，随着我国社会主义市场经济体制的建立和完善，法律方法的地位和作用将日益突出。

法律方法所依据的法律法规既包括全国人大、国务院制订和发布的有关法律法规，也包括地方立法机构制订的有关地方性法规。这些法律法规规定了管理主体和管理对象的权利和义务，为管理活动和经营活动提供了明确的法律依据。

法律方法具有稳定性、规范性、权威性、强制性等特点。运用法律方法管理个体私营经济，有利于保证国家意志的贯彻执行，实现管理的科学化、法制化、规范化，防止过度滥用行政方法可能带来的官僚主义、长官意志、徇情枉法等不良现象。

(二) 个体私营经济管理的行政方法

个体私营经济管理的行政方法是行政机关依靠行政权威，运用命令、指示、规定等行政性文件，直接对个体私营经济的生产经营活动进行组织、指挥、控制、监督和协调的方法。与法律方法相比，行政方法具有较强的灵活性、适应性、针对性和一定的权威性和强制性。但是在当前我国法制观念还相对淡薄的时期，其行政的权威性和强制性常常超过法律方法，因此行政方法在统一意志、统一行动、快速达到管理目的方面更加有效。

在个体私营经济管理中，行政方法是运用得极为广泛的一种方法，地位十分突出。它主要通过以下方式来实现管理：

(1) 管理部门在自己的职责权限内制订和发布各种行政性的指示、文件、规章、制度；

(2) 监督个体工商户、私营企业遵照执行这些规章制度；

(3) 查处违反这些规定的生产经营行为。

行政方法对于规范个体工商户、私营企业的经营行为，促使其自觉守法经营，并对各种违法经营行为及时采取措施予以防范和制约，从而为促进个体私营经济健康发展发挥了重要作用。但单纯运用行政方法往往会带来如下弊端：割断横向的经济联系、以长官意志代替科学的分析和决策、压制个体私营经济主体的活力和积极性、命令传递中出现信息失真和迟滞，甚至徇情枉法等。因此，在运用行政方法管理个体私营经济时，必须加强调查研究，按照客观经济规律的要求，并与其他管理方法有机结合起来，相互取长补短，才能切实搞好对个体私营经济的管理，取得最佳的管理效果。

(三) 个体私营经济管理的经济方法

个体私营经济管理的经济方法是按照客观经济规律的要求，通过经济利益的激励和约束，运用一定的经济杠杆来组织和调节个体私营经济活动，调整与个体私营经济有关的各种经济利益关系的方法。经济方法主要是通过经济利益的激励和约束来保证管理目标的实现。运用经济方法管理个体私营经济，是对法律方法和行政方法的必要补充，也是社会主义商品经济和市场经济发展的客观要求。

与法律方法和行政方法相比，经济方法具有显著的利益性、间接性、客观性、多样性等特征。在个体私营经济管理中，有时候不必要使用法律方法，而使用行政方法又会显得过于粗暴和直接，易挫伤个体私营经济主体的积极性，这时候国家可运用经济手段和经济杠杆来影响、调节、控制个体工商户和私营企业的经营行为，从物质利益上给予激励或约束，从而间接引导个体私营经济的健康发展。

(四) 个体私营经济管理的思想教育方法

个体私营经济管理的思想教育方法，是指管理部门采取各种适当形式，对个体工商户和私营企业主进行社会主义、集体主义和爱国主义教育，党和国家的各项方针、政策、法律、法规的宣传教育，以及职业道德教育，从而提高其政治思想觉悟、法制意识及商业道德和职业道德，促进个体私营经济健康发展的方法。与其他方法相比，思想教育方法具有长期性、针对性、间接性、事前性，以及缺乏权威性、强制性和利益性等特点。

在个体私营经济管理中，思想教育方法虽然并不直接对个体工商户、私营企业的生产经营活动实施管理和控制，但它在促进个体私营经济的健康发展中具有无可替代的重要作用。例如，一项新法规发布了，管理机关通过大量的宣传教育使得个体工商户、私营企业主了解了这项法规，且让他们知道如果不遵守这项法规将会受到严厉的惩处，那么绝大多数人肯定会自觉遵守这项法规，这样通过经营者们的自我管理就已实现了管理者的管理目标，达到了无为而治的最佳效果。

实际中，个体私营经济的综合管理部门——工商行政管理机关，和专项管理部门，如公安、交通、市容、卫生、技术监督等部门，在管理个体私营经济时往往以行政方法为主，结合运用法律方法和思想教育方法，并辅之以一定的经济方法。而像物价、税务、人力资源与社会保障这类专项管理部门，则往往采取行政方法和经济方法并重，并结合运用法律方法和思想教育方法来进行管理。

三、个体私营经济管理的特点

目前，我国对个体私营经济的管理，主要呈现出以下几个特点：

(一) 管理主体的多元性

在我国，个体私营经济行政管理体制中，对个体私营经济的管理是由众多的部门和机构共同完成的，其中既有综合性行政监督管理机关，又有专项管理部门，呈现出管理主体多元化的特征，导致管理部门各自从本部门、本地区的利益出发进行管理，彼此间缺乏统一协调，引起管理主体之间的矛盾、摩擦或推诿扯皮，造成有的事大家争着管、有的事谁都不肯管的现象。因此，需要各部门之间合理分工、有机配合、相互协作、齐抓共管、综合治理，共同做好个体私营经济的管理工作。

(二) 管理对象的复杂性

个体私营经济管理对象非常复杂，这主要表现在：

(1) 经营人员的构成复杂。个体私营经济的经营者最初由城镇待业青年、农村富余劳动力、社会闲散人员、刑满释放人员、劳教解除人员等构成，后来离退休人员、停薪留职人员以及在职人员等也都加入到这一群体当中，使其构成相当复杂。

(2) 经营思想复杂。个体工商户、私营企业以营利为目的从事生产经营活动，有的经营者想通过诚实劳动和合法经营发家致富，而有的经营者则想通过违法经营牟取暴利，还有些经营者不仅偷税漏税，而且将非法牟取的暴利大肆挥霍浪费，过着腐朽的生活；有的经营者把它作为一种谋生的手段，小富即安、见好就收；还有经营者则把它作为一种事业，不断开拓进取，朝着更高的目标努力；也有经营者致富不忘国家、不忘社会，除依法纳税外，还主动帮助和带动更多的人实现共同富裕。可见，个体私营经济从业人员的经营思想是千差万别、各不相同的，管理部门对那些问题比较严重的从业人员要加强引导和教育，帮助他们提高思想觉悟，增强法制意识，树立起良好的商业道德和职业道德，促进个体私营经济的健康发展。

(3) 经营行为复杂。个体私营经济的经营范围非常广，包括工业、商业、饮食业、服务业、修理业、建筑业、交通运输业以及文化、艺术、教育、技术开发、信息咨询、经纪业务等各行各业，经营项目和经营品种也复杂多变。他们既有合法经营，又有违法经营，还有钻国家政策、法律空子的投机经营。这些都体现了个体工商户、私营企业经营行为的复杂性。

管理对象的复杂性使得管理难度加大，也对管理主体提出了更高的要求。有关部门应不断提高自身的管理水平，针对不同管理对象的特点，有针对性地加强管理工作。

(三) 管理内容的广泛性

个体私营经济管理的内容极为复杂，主要包括：

(1) 行政管理，如对个体工商户、私营企业进行登记发照、网点布局、划行归市、行为规范等。

(2) 经济管理，如对个体工商户、私营企业的税收、信贷、财务、保险等方面的管理。

(3) 技术性管理，如对个体工商户和私营企业从业人员的技术培训、技术考核、技术资格的认定、技术咨询与指导等。

(4) 事务性管理，如对个体工商户、私营企业的经营场地、环境卫生等方面的管理，以及个体私营经济组织和个人的评先选优，乃至计划生育等。

(5) 经营纠纷的管理，如对个体工商户、私营企业与其他经营者、消费者之间的交易纠纷、经济合同纠纷、商标或专利纠纷等进行调解、仲裁和管理。

(6) 思想教育管理，如对个体私营经济经营者进行政治思想、政策法规以及职业道德等方面的教育活动。

管理内容的广泛性要求，在管理个体私营经济时，各管理部门应当相互协调配合，统筹兼顾，抓住重点，突出难点，进行全方位的管理。

(四) 管理方法的综合性

管理个体私营经济的方法除了法律方法、行政方法、经济方法、思想教育方法以外，还可以辅助以自我管理的方法、舆论导向的方法、社会监督的方法、系统管理的方法等。在个体私营经济管理过程中，既可以单独使用某一种方法，也可以交替使用或综合协调运用几种不同的管理方法,体现出管理在方法上的综合性。但无论运用哪一种方法进行管理,都应当从实际情况出发,以国家有关法律、法规为依据,尊重客观经济规律的要求,并坚持管理与服务相结合、管理与教育相结合、扶持鼓励与查处打击相结合,引导个体私营经济的健康发展。

(五) 管理职责的相对集中性

虽然个体私营经济的管理主体众多,管理内容极其广泛,但从总体上看,管理个体私营经济的职责相对集中于工商行政管理机关。与物价、税务、公安、交通等专项管理部门相比,工商行政管理机关是对个体私营经济进行综合性行政监督管理的机关,承担着依法确认个体工商户和私营企业的经营资格、规范市场经营行为、协调交易纠纷、维护市场秩序、反不正当竞争等多方面的职责,还兼有指导个体私营企业协会进行自我管理的职能。因此,工商行政管理机关在个体私营经济管理体制中有着特殊的地位和作用,其管理工作的好坏直接关系到个体私营经济的发展状况,关系到国家管理目标的实现。工商行政管理机关必须切实担负起国家赋予的各项管理职责,与其他部门协调配合,进一步强化市场监督和行政执法职能,为促进我国个体私营经济的健康发展作出应有的贡献。

名词解释

个体私营经济管理　个体私营经济管理体制　个体私营经济管理的法律方法　个体私营经济管理的行政方法　个体私营经济管理的经济方法　个体私营经济管理的思想教育方法

复 习 题

1. 理解个体私营经济管理这一概念,需要注意哪几个要点?
2. 个体私营经济管理的职能主要有哪些?
3. 工商行政管理机关对个体私营经济进行行政监督管理的具体职责主要包括哪些?
4. 工商行政管理机关的组织机构可分为哪五个层次?
5. 个体私营经济自我管理的目的主要有哪些?
6. 个体私营经济管理的原则有哪些?
7. 个体私营经济管理的方法包括哪些?
8. 个体私营经济管理的特点有哪些?

扩展阅读

《个体工商户条例》修订的主要内容(一)

一、关于条例的名称

改革开放初期,我国对城镇与农村的个体工商户实行了有差异的管理政策。在城镇方面,大量的知青返城和新增加的待就业人群,给城市管理带来了巨大的压力。为了解决这一问题，1979 年 3 月，国家工商行政管理局在向国务院提出的报告中，提出了"可以根据当地市场的需要，批准一些有正式户口的闲散劳动力从事修理、服务和手工业的个体劳动，但不准雇工"的建议。1979 年 4 月，国务院批转这个报告，从而为我国个体工商业的恢复开了个口子。从 1981 年到 1983 年，国务院先后下发了由国家工商行政管理局起草或参与起草的《国务院关于城镇非农业个体经济若干政策性规定》和《国务院关于城镇非农业个体经济若干政策性规定的补充规定》。

在农村方面，随着家庭联产承包责任制的推行，农业获得了连年丰收，出现了卖粮难和农村剩余劳动力的问题。1984 年，国务院出台了《关于农村个体工商业的若干规定》。国务院的几个文件，对全国城镇及乡村个体经济发展与管理的主要方面做出了政策性规定，建立起了改革开放初期发展个体经济的政策框架。1986 年《民法通则》颁布后，国务院决定统一城乡个体经济政策，制定城乡一体管理的个体工商户管理条例。1987 年 8 月，国务院颁布了《城乡个体工商户管理暂行条例》(以下简称《暂行条例》)。经过 20 多年的发展，我国的社会环境、法制环境以及人们的思想观念都发生了巨大变化，保留条例名称中的"城乡"、"暂行"字样，已无必要。

为了进一步突出发展、扶持的理念，突出这部行政法规作为个体工商户主体法的法律地位，经与法制办仔细研究，2011 年新颁布的条例，名称中不再使用"管理"字样，最终定名为《个体工商户条例》(以下简称《条例》)。

二、关于立法目的

《条例》第一条表明了这部条例的立法目的，即"为了保护个体工商户的合法权益，鼓励、支持和引导个体工商户健康发展，加强对个体工商户的监督、管理，发挥其在经济社会发展和扩大就业中的重要作用，制定本条例"。核心是"鼓励、支持和引导发展"，目的是促进经济发展和扩大就业。

三、关于个体工商户的定义

《民法通则》的第二章公民(自然人)第四节第二十六条，对个体工商户作了定义："公民在法律允许的范围内，依法经核准登记，从事工商业经营的，为个体工商户。个体工商户可以起字号。"第二十七条规定："个体工商户的合法权益，受法律保护。"第二十九条规定："个体工商户的债务，个人经营的，以个人财产承担；家庭经营的，以家庭财产承担。"

《暂行条例》第二条规定："有经营能力的城镇待业人员、农村村民以及国家政策允许的其他人员，可以申请从事个体工商业经营，依法经核准登记后为个体工商户。"

经过 20 多年的发展，个体工商户的基本概念已经为社会公众所知晓，《条例》在个体工商户的基本概念上，沿袭了《民法通则》和《暂行条例》，未作大的调整。但是取消了《暂行条例》对可以从事个体经营的人员范围的限制，即取消了"城镇待业人员、农村村民以及国家政策允许的其他人员"，在第二条规定为："有经营能力的公民，依照本条例规定经工商行政管理部门登记，从事工商业经营的，为个体工商户。个体工商户可以个人经营，也可以家庭经营。"

从《民法通则》的规定看，个体工商户属于自然人范畴，个体工商户的这一本质属性，决定了个体工商户作为一种主体,与其他主体有着很大的差异:① 个体工商户是绝对主体,而组织(公司、合伙企业、个人独资企业)是相对主体(从参与社会活动的角度看,这些组织是主体;但是,对于创设这些组织的自然人来讲,这些组织是客体,不是主体)。例如:可以说我是一个个体户,但不能说,我是一个公司,可以说我办了一个公司或我和我的朋友办了一个公司;② 个体工商户具有身份的特征,是自然人这种主体一种特定的身份(如医生、会计师、教师、公务员等),而其他主体不具有这种特征。

但是,同时也应当看到,个体工商户与其他经济组织主体也有相同的财产属性(如,这是一个个体户,开饭馆的,表明其身份属性;这个饭馆是一个个体户,表明其财产属性)。

四、关于雇工人数限制问题

《暂行条例》第四条第二款规定:"个体工商户可以根据经营情况请一二个帮手;有技术的个体工商户可以带三五个学徒。"《条例》放开了对个体工商户聘用帮手学徒的人数限制,在第二十条规定为:"个体工商户可以根据经营需要招用从业人员。"这是《条例》的一大特点,有利于推动个体经济的发展,有利于缓解当前严峻的就业压力,有利于保增长、保稳定、保民生。不放开,工商部门也难以监管。目前,实际上也存在着所谓"个体大户"。对于"个体大户",应当是政策引导而不是强制规范,如通过国家对微小型企业的扶持与支持,在税收、产业政策、行业准入等方面积极引导。

五、关于可以从事个体经营的人员范围

《暂行条例》的第二条对可以从事个体经营的人员范围做了一定的限制,规定"有经营能力的城镇待业人员、农村村民以及国家政策允许的其他人员,可以申请从事个体工商业经营,依法经核准登记后为个体工商户。"自 2004 年《行政许可法》实施后,工商总局已经通过实施《个体工商户登记程序规定》的方式,在实际上已经放开了可以从事个体经营的人员范围限制。《条例》规定为:"有经营能力的公民,依照本条例规定经工商行政管理部门登记,从事工商业经营的,为个体工商户。"

对于什么样的自然人可以从事经营活动(不含通过创设组织的方式),也就是,从事商事活动的自然人的法定条件是什么?目前,在我国尚没有在法律理论层面解决。由于没有制定《商法典》,法律没有规定从事商事活动的自然人的法定条件,《民法通则》所规定的民事主体的能力制度是否可以完全适用,存在不同意见。在我国,不仅法律没有就这一问题作出说明,就是商法学说和司法判例也没有对这样的问题作出说明,少有商法学家对这样的问题进行探讨,几乎没有司法判例涉足这样的案例。在我国,有关从事商事活动的自然人的法定条件仍然基本上处于法律上的空白状态。

关于"有经营能力"的问题,有些同志反映不好把握,比较容易理解和操作的是"有完全民事行为能力"。相比较,目前的"有经营能力",在范围上较"有完全民事行为能力"有所扩大,从鼓励更多的人参与个体经营,更多的人通过个体经营实现就业的角度看,这种范围上的扩大是必要的,可以适当地扩大到 16~18 岁的公民,以及限制民事行为能力人,以保障部分残疾人就业。在没有《商法典》对商人条件作出明确规定的前提下,这一理论问题始终困扰着我们。但是,实践早已走在了理论的前头,对于个体工商户来讲,更多的

是实践问题，而不是理论问题。实际上，在《暂行条例》实行的 24 年间，工商部门用实践回答了这个问题。除放开了可以从事个体经营的人员范围限制外，新老条例在"有经营能力"的表述上是一致的。

六、关于个体工商户可以从事的行业

《暂行条例》第三条对个体工商户可以从事的行业做出了规定，包括：工业、手工业、建筑业、交通运输业、商业、饮食业、服务业、修理业及其他行业，叫八大行业。但是 20 多年来，我国国民经济行业的划分逐步细化，并出现了许多新行业，同时在现实生活中，个体工商户所从事的行业也超出了《暂行条例》的规定。同时，国务院"非公 36 条"也要求降低准入门槛，提出了"允许非公有制资本进入法律法规未禁入的行业和领域"，因此，《条例》第四条规定为："国家对个体工商户实行市场平等准入、公平待遇的原则。申请办理个体工商户登记，申请登记的经营范围不属于法律、行政法规禁止进入的行业的，登记机关应当依法予以登记。"从行业进入的角度看，第二款的规定更多地是体现国务院的一种态度、一种要求，即要求各部门、各地方不得对个体工商户采取歧视政策。实际上对于工商部门来讲，《条例》第十一条关于前置许可的规定具有实质性和可操作性。

七、关于促进个体经济发展的措施

《暂行条例》第十四、十五条在个体工商户经营用地、原材料供应等方面规定了保障措施。这些保障措施对促进个体经济的发展发挥了重要作用。目前绝大部分原材料、燃料、货源均可以从市场上获得，而目前制约个体经济发展的因素主要是个体工商户经营用地保障和资金的支持。

《条例》更加突出了鼓励、支持、引导个体经济发展的理念，强化了政府的服务职责。单独增加了一条即第六条：地方各级人民政府和县级以上人民政府有关部门应当采取措施，在经营场所、创业和职业技能培训、职业技能鉴定、技术创新、参加社会保险等方面，为个体工商户提供支持、便利和信息咨询等服务。工商部门是政府的职能部门，要充分发挥职能作用，在地方政府的领导下，积极为个体经济的发展创造条件，如参与地方发展规划的制定、技术项目的引进等。

对于资金的支持，《条例》第十九条第二款规定：金融机构应当改进和完善金融服务，为个体工商户申请贷款提供便利。对于个体工商户经营用地的保障，《条例》第十八条规定：地方各级人民政府应当将个体工商户所需生产经营场地纳入城乡建设规划，统筹安排。个体工商户经批准使用的经营场地，任何单位和个人不得侵占。保留了《暂行条例》的写法。

八、关于个体工商户行为的规制(法律责任)

《暂行条例》第十九条规定了七项个体工商户不得从事的活动，这七项活动，有的已经有专门的法律进行规制(如出售不符合卫生标准的、有害人身健康的食品)，有的在市场经济条件下难以界定(如投机诈骗、哄抬物价)。《条例》对个体工商户违法行为的监管，突出了两个特点：一是以人为本，以教育引导为主，处罚为辅。对社会危害不大的未依法办理变更登记、未亮照经营等违法行为，首先是责令限期改正，逾期未改正的，处以罚款直至吊销营业执照；二是对比企业，设立了与个体工商户经营规模、违法行为影响后果相适应的处罚额度，其中最高罚款额度为 4000 元。《条例》删去了《暂行条例》中的"个体工商户设立后无正当理由超过六个月未开业的，或者开业后自行停业连续六个月以上的，工商行政管理机关可以吊销营业执照"及第二十四条的第一项"在经营活动中强买强卖；偷工减料，以次充好，短尺少秤，掺杂使假的"。目前，《条例》规定的由工商部门对个体工商户违法行为进行处罚的有四项：提交虚假材料；伪造、涂改、出租、出借、转让营业执照；登记事项发生变更未办理变更登记的；不办理验照的。《个体工商户登记管理办法》规定了对于不亮照经营的管理措施。应当注意的是，"最高罚款额度为 4000 元"，仅指对个体工商户违反本条例规定的处罚，并不是指个体工商户所有违法行为的处罚，如果个体工商户违反了其他法律、法规的规定，应当按照相应的规定予以处罚。

九、关于个体劳动者协会

《条例》第一次在行政法规层面明确了个体劳动者协会的组织性质、法律地位以及与工商部门的关系。《条例》第七条规定：依法成立的个体劳动者协会在工商行政管理部门指导下，为个体工商户提供服务，维护个体工商户合法权益，引导个体工商户诚信自律。个体工商户自愿加入个体劳动者协会。

资料来源：

[1] 杨力军. 对《个体工商户条例》的理解、认识与思考[J]. 工商行政管理，2011(21).

[2] 杨力军. 对《个体工商户条例》的理解、认识与思考(续)[J]. 工商行政管理，2011(22).

[3] 杨力军. 对《个体工商户条例》的理解、认识与思考(续)[J]. 工商行政管理，2011(23).

第三章

个体私营经济的登记管理

本章首先介绍了个体私营经济的准入制度和名称登记制度；然后分别介绍了个体工商户、自然人企业和公司的营业登记管理；最后介绍了个体工商户和私营企业的年度检验。

第一节　个体私营经济准入制度和名称登记制度

一、个体私营经济准入制度

个体私营经济准入制度是指国家为了规范个体私营经济的生产经营行为，依法确认个体工商户和私营企业取得合法生产经营的资格，使其合法进入市场的制度，包括取得生产经营资格的条件和程序，以及对生产经营资格的审核等。理解个体私营经济准入制度需要注意以下几个问题：

(1) 个体私营经济准入管理的主体是国家。具体说是国家授权的主管机关，包括审批经营许可证等前置性手续的业务主管机关和核准登记注册颁发营业执照的工商行政管理局。法律规定，我国工商行政管理部门设立个体私营经济监督管理机构，专门负责个体工商户、私营企业的生产经营资格登记注册事务，并审核其合法经营资格。

(2) 个体私营经济准入管理的对象是个体工商户和私营企业。

(3) 实行个体私营经济准入制度的目的是建立和维护市场经济秩序，规范个体私营经济体的生产经营行为。

具体包括规范个体私营经济进入和退出市场的行为，规范个体私营经济的生产经营范围、项目，以及规范个体私营经济的市场交易行为等。

(4) 个体私营经济准入登记是民事主体的资格登记，是赋予公民从事生产经营活动资格的一种确认活动。

工商行政管理局负责的个体私营经济登记有两种登记形式：一是营业登记，适用于自然人(个体工商户)、自然人企业和不具备法人资格的公司分支机构。如果公民的营业登记注册获得核准，工商行政管理局要给其颁发"营业执照"，证明其获得了营业资格。二是法人登记，适用于私营法人企业。法人登记具有法人登记和营业登记两种法律效力。如果私营企业的法人登记注册获得核准，工商行政管理局要给其颁发"企业法人营业执照"，证明其获得了企业法人资格。

（5）个体私营经济准入登记管理是一种行政执法活动。不经注册登记进入市场从事生产经营活动，是一种非法活动。工商行政管理部门对个体私营经济的首要管理就是个体私营经济的登记注册管理，其他管理如市场管理、合同管理、商标管理、广告管理、公平交易执法等都是随之而展开的管理工作。个体私营经济准入登记管理的效果直接影响到其他管理的效果和市场经济秩序的正常运行。

二、个体工商户的名称登记

个体私营经济实体的名称是个体工商户或私营企业区别于其他个体工商户或企业或组织的标志，是自个体私营经济实体依法设立或变更之日起即享有的名称权。个体私营经济实体的名称实质上是一种人身权，又是一种知识产权，个体私营经济实体对其名称享有独占权，具有专用性和排他性，法律保护其不受任何侵犯。

2009年4月1日起，我国《个体工商户名称登记管理办法》正式施行。根据这一管理办法，个体工商户可以使用名称，也可以不使用名称。但是，如果个体工商户决定使用名称，只准使用一个名称，且必须向登记机关提出申请，经核准登记后才能使用。

(一) 登记机关

国家工商行政管理总局主管全国个体工商户名称的登记管理工作，省、自治区和直辖市工商行政管理局负责本地区个体工商户的名称登记管理工作，县(市)工商行政管理局以及大中城市工商行政管理分局是个体工商户名称的登记机关。登记机关可以委托工商行政管理所以登记机关名义办理个体工商户名称登记。登记机关有权纠正已登记注册的不适宜的个体工商户名称。

(二) 命名规则

个体工商户的命名规则包括：

（1）一户个体工商户只准使用一个名称；

（2）个体工商户名称由行政区划、字号、行业、组织形式依次组成；

（3）个体工商户名称中的行政区划是指个体工商户所在县(市)和市辖区名称；

（4）行政区划之后可以缀以个体工商户经营场所所在地的乡镇、街道或者行政村、社区、市场名称；

（5）经营者姓名可以作为个体工商户名称中的字号使用；

（6）县级以上行政区划不得用作字号，但行政区划的地名具有其他含义的除外。

（7）个体工商户名称中的行业应当反映其主要经营活动内容或者经营特点，其行业表述应当参照《国民经济行业分类》的中类、小类行业类别名称或具体经营项目。

（8）个体工商户名称组织形式可以选用"厂"、"店"、"馆"、"部"、"行"、"中心"等字样，但不得使用"企业"、"公司"和"农民专业合作社"等字样。

个体工商户的名称不得含有下列内容和文字：

（1）有损于国家、社会公共利益的；

(2) 违反社会公序良俗，不尊重民族、宗教习俗的；

(3) 可能对公众造成欺骗或者误解的；

(4) 外国国家(地区)名称、国际组织名称；

(5) 政党名称、党政军机关名称、群众组织名称、社团组织名称及其简称、部队番号；

(6) "中国"、"中华"、"全国"、"国家"、"国际"字词；

(7) 汉语拼音、字母、外国文字、标点符号；

(8) 不符合国家规范的语言文字；

(9) 法律、法规禁止的其他内容和文字。

(三) 名称登记

1. 名称登记

个体工商户首次申请办理名称登记有两种情况：一是经营范围涉及登记前置许可的，应当申请名称预先核准。申请人应当以登记机关核准的名称报送有关部门办理前置审批手续。二是经营范围不涉及前置许可，可以申请名称预先核准，也可以与个体工商户设立一并申请办理。登记机关办理名称预先核准，不得收取费用。

申请个体工商户名称预先核准，应当由申请人或申请人委托的代理人向经营场所所在地的登记机关提交以下材料：

(1) 个体工商户名称预先核准申请书；

(2) 经营者的身份证明；

(3) 经营者委托代理人办理的，还应当提交委托书和代理人的身份证明。

受理个体工商户名称预先核准申请后，登记机关应当当场作出核准登记或者驳回申请的决定。核准登记的，应当发给《个体工商户名称预先核准通知书》；驳回申请的，应当发给《个体工商户名称驳回通知书》，并当场向申请人说明驳回的理由。受委托办理个体工商户名称登记的工商行政管理所，依法不能当场作出决定的，应当在 5 日内作出核准或驳回的决定。

预先核准的个体工商户名称保留期为 6 个月。保留期满，申请人仍未办理个体工商户设立或者变更登记的，预先核准的名称自动失效。申请人可以在保留期期满日前 1 个月内向登记机关书面申请延期，经登记机关批准保留期可以延长 6 个月。预先核准的个体工商户名称在保留期内，不得转让，不得用于经营活动。

2. 名称变更登记

名称变更登记有两种情况：

一是自愿变更，如个体工商户自愿决定变更名称的，应当向其登记机关申请名称变更登记。

二是必须变更，如果个体工商户名称中含有应当经过行政许可方可经营的项目，因行政许可被吊销、撤销或者期限届满不得再从事该项经营活动的，应当自行政许可被吊销、撤销或者期限届满之日起 30 日内向原登记机关申请名称变更登记。

(四) 名称核准原则

两个及两个以上申请人向同一登记机关申请登记相同个体工商户名称的，登记机关依照申请在先原则核定。

在同一登记机关管辖区域内个体工商户名称申请有下列情形之一的，不予核准登记：

(1) 与已登记注册或已预先核准的企业、个体工商户名称相同；

(2) 与其他企业变更名称未满 1 年的原名称相同；

(3) 与被吊销营业执照未满 3 年的企业或者被吊销营业执照未满 1 年的个体工商户名称相同；

(4) 与注销登记未满 1 年的企业名称相同。

(五) 违规处罚

个体工商户在使用名称时，其名称牌匾可以适当简化，但不得对公众造成欺骗或者误解。个体工商户名称使用方面有下列行为之一的，由工商行政管理机关责令改正；情节严重的，处 1000 元以下罚款：

(1) 因经营范围涉及的登记前置许可被撤销不得再从事某项业务，但其名称又表明仍在开展该项业务，未在规定期限内申请名称变更登记的；

(2) 擅自使用他人已经登记注册的市场主体名称或者有其他侵犯市场主体名称权行为的。

(六) 争议处理

个体工商户因名称与他人发生争议，可以向工商行政管理机关申请处理，也可以向人民法院起诉。具体争议解决程序，参照适用《企业名称登记管理实施办法》的有关规定。

三、私营企业名称登记

2004 年，国家工商行政管理总局修订了《企业名称登记管理实施办法》，并于同年 7 月 1 日正式实施。这一办法适用于工商行政管理机关登记注册的私营法人企业和不具有法人资格的私营企业的名称。

(一) 登记机关

工商行政管理机关对私营企业名称实行分级登记管理。

1. 国家工商行政管理总局的职责

国家工商行政管理总局主管全国私营企业名称登记管理工作，并负责核准下列私营企业名称：① 冠以"中国"、"中华"、"全国"、"国家"、"国际"等字样的；② 在名称中间使用"中国"、"中华"、"全国"、"国家"等字样的；③ 不含行政区划的。

2. 地方工商行政管理局的职责

地方工商行政管理局负责核准下列私营企业名称：

(1) 除国家工商行政总局负责核准的企业名称外，地方工商部门核准冠以同级行政区划的企业名称。其中，市辖区名称与市行政区划连用的企业名称，由市工商行政管理局核准；省、市、县行政区划连用的企业名称，由最高级别行政区的工商行政管理局核准。

(2) 具备下列条件的企业法人，可以将名称中的行政区划放在字号之后，组织形式之前：使用控股企业名称中的字号和该控股企业的名称不含行政区划。

各级工商行政管理机关应当依法核准登记私营企业名称，超越权限核准的私营企业名称应当予以纠正。

(二) 命名规则

私营企业应当依法选择自己的名称，并申请登记注册。私营企业自成立之日起享有名称权。私营企业的命名规则包括：

(1) 一户企业只准使用一个名称；

(2) 企业名称一般应当由行政区划、字号、行业、组织形式四个要素依次组成；

(3) 企业法人名称中不得含有其他法人的名称，企业名称中不得含有另一个企业名称，企业分支机构名称应当冠以其所从属企业的名称；

(4) 企业名称应当使用符合国家规范的汉字，不得使用汉语拼音字母、阿拉伯数字；

(5) 企业名称需译成外文使用的，由企业依据文字翻译原则自行翻译使用，不需报工商行政管理机关核准登记；

(6) 除国务院决定设立的企业外，企业名称不得冠以"中国"、"中华"、"全国"、"国家"、"国际"等字样，如果在企业名称中间使用"中国"、"中华"、"全国"、"国家"、"国际"等字样的，该字样应是行业的限定语；

(7) 企业名称中的行政区划是本企业所在地县级以上行政区划的名称或地名，市辖区的名称不能单独用作企业名称中的行政区划；

(8) 经国家工商行政管理总局核准，符合下列条件之一的企业法人，可以使用不含行政区划的企业名称：国务院批准的；国家工商行政管理总局登记注册的；注册资本(或注册资金)不少于5000万元人民币的；国家工商行政管理总局另有规定的；

(9) 企业名称中的字号应当由2个以上的字组成；行政区划不得用作字号，但县以上行政区划的地名具有其他含义的除外；企业名称可以使用自然人投资人的姓名作字号；

(10) 企业名称中的行业表述应当是反映企业经济活动性质所属国民经济行业或者企业经营特点的用语；企业名称中行业用语表述的内容应当与企业经营范围一致；企业经济活动性质分别属于国民经济行业不同大类的，应当选择主要经济活动性质所属国民经济行业类别用语表述企业名称中的行业；企业名称中不使用国民经济行业类别用语表述企业所从事行业的，应当符合以下条件：企业经济活动性质分别属于国民经济行业5个以上大类；企业注册资本(或注册资金)1亿元以上或者是企业集团的母公司；与同一工商行政管理机关核准或者登记注册的企业名称中字号不相同。

(11) 企业为反映其经营特点，可以在名称中的字号之后使用国家(地区)名称或者县级以上行政区划的地名，上述地名不视为企业名称中的行政区划。

(12) 企业名称中不得含有有损国家和社会公共利益、可能对公众造成欺骗或误解的内容和文字，不得含有政党名称、群众组织名称、社会团体名称和部队番号，以及外国国家(地区)名称、国际组织名称。

(三) 企业名称的登记

1. 名称预先核准

我国规定，设立公司、设立须报审批的企业，其经营范围中有须报经审批项目的，应当申请名称预先核准。设立其他企业也可以申请名称预先核准。名称预先核准应当由全体出资人、合伙人、合作者(以下统称投资人)指定的代表或者委托的代理人，向有名称核准管辖权的工商行政管理机关提交企业名称预先核准申请书。申请书上应当载明企业的名称(可以载明备选名称)、住所、注册资本、经营范围、投资人名称或者姓名、投资额和投资比例、授权委托意见(指定的代表或者委托的代理人姓名、权限和期限)，并由全体投资人签名盖章。申请书上还应当粘贴指定的代表或者委托的代理人身份证复印件。

企业办理名称预先核准有直接和间接两种方式。

(1) 直接方式，即企业直接到工商行政管理机关办理企业名称预先核准。如果企业直接到工商行政管理机关办理名称预先核准，工商行政管理机关应当场对申请预先核准的企业名称作出核准或者驳回的决定。予以核准的，发给《企业名称预先核准通知书》；予以驳回的，发给《企业名称驳回通知书》。

(2) 间接方式，即企业通过邮寄、传真、电子数据交换等方式申请企业名称预先核准。

企业名称预先核准与企业登记注册不在同一工商行政管理机关办理的，登记机关应当自企业登记注册之日起 30 日内，将有关登记情况送核准企业名称的工商行政管理机关备案。

2. 名称变更登记

企业变更名称，应当向其登记机关申请变更登记。企业申请变更的名称有两种情况。

(1) 企业登记和企业名称核准在同一工商行政管理机关的，即企业申请变更的名称属登记机关管辖的，由登记机关直接办理变更登记。

(2) 企业登记和企业名称核准不在同一工商行政管理机关的，企业登记机关应当对企业拟变更的名称进行初审，并向有名称管辖权的工商行政管理机关报送企业名称变更核准意见书。核准意见书上应当载明原企业名称、拟变更的企业名称(备选名称)、住所、注册资本、经营范围、投资人名称或者姓名、企业登记机关的审查意见，并加盖公章。有名称管辖权的工商行政管理机关收到企业名称变更核准意见书后，应在 5 日内作出核准或驳回的决定。核准的，发给《企业名称变更核准通知书》；驳回的，发给《企业名称驳回通知书》。登记机关应当在核准企业名称变更登记之日起 30 日内，将有关登记情况送核准企业名称的工商行政管理机关备案。

公司名称预先核准和公司名称变更核准的有效期为 6 个月，有效期满，核准的名称自动失效。企业名称变更登记核准之日起 30 日内，企业应当申请办理其分支机构名称的变更登记。

企业被撤销有关业务经营权，而其名称又表明了该项业务时，企业应当在被撤销该项业务经营权之日起 1 个月内，向登记机关申请变更企业名称等登记事项。

(四) 企业名称的使用

企业使用名称要注意：① 企业使用名称，应当遵循诚实信用的原则；② 预先核准的企业名称在有效期内，不得用于经营活动，不得转让；③ 企业变更名称，在其登记机关核准变更登记前，不得使用《企业名称变更核准通知书》上核准变更的企业名称从事经营活动，也不得转让；④ 企业应当在住所处标明企业名称；⑤ 企业的印章、银行账户、信笺、法律文书所使用的企业名称，应当与其营业执照上的企业名称相同。

(五) 监督管理与争议处理

1. 监督管理

各级工商行政管理机关对在本机关管辖地域内从事活动的企业使用企业名称的行为，依法进行监督管理。已经登记注册的企业名称，在使用中对公众造成欺骗或者误解的，或者损害他人合法权益的，应当认定为不适宜的企业名称予以纠正。

2. 争议处理

企业因名称与他人发生争议，可以向工商行政管理机关申请处理，也可以向人民法院起诉。企业请求工商行政管理机关处理名称争议时，应当向核准他人名称的工商行政管理机关提交以下材料：① 申请书；② 申请人的资格证明；③ 举证材料；④ 其他有关材料。其中，申请书应当由申请人签署并载明申请人和被申请人的情况、名称争议事实及理由、请求事项等内容。委托代理办理该事项的，还应当提交委托书和被委托人资格证明。

工商行政管理机关受理企业名称争议后，应当按以下程序在 6 个月内作出处理：

(1) 查证申请人和被申请人企业名称登记注册的情况；

(2) 调查核实申请人提交的材料和有关争议的情况；

(3) 将有关名称争议情况书面告知被申请人，要求被申请人在 1 个月内对争议问题提交书面意见；

(4) 依据保护工业产权的原则和企业名称登记管理的有关规定作出处理。

第二节 个体工商户的营业登记管理

一、登记管理机关

工商行政管理部门是个体工商户的登记管理机关。国家工商行政管理总局主管全国的个体工商户登记管理工作；省、自治区、直辖市工商行政管理局和设区的市(地区)工商行政管理局负责本辖区的个体工商户登记管理工作；县、自治县、不设区的市工商行政管理局以及市辖区工商行政管理分局为个体工商户的登记机关(以下简称登记机关)，负责本辖区内的个体工商户登记；登记机关可以委托其下属工商行政管理所(以下简称工商所)办理个体工商户登记。

二、登记的条件与类别

(一) 登记的条件

根据 2011 年实施的新《个体工商户条例》及其他有关法规规定，个体工商户进行营业登记时，须具备一定的条件。

1. 人员条件

新《个体工商户条例》关于申请设立个体工商户的身份限制，从"有经营能力的城镇待业人员、农村村民以及国家政策允许的其他人员"扩大为"有经营能力的公民"。因此，除法律特别规定外，所有有经营能力的中国公民，均可依法登记从事个体工商户经营。

2. 场地条件

要有相对固定的生产经营场所，如有自有场地的产权证明或合法的房屋租赁协议。

3. 经营范围条件

新《个体工商户条例》放宽了经营范围。原来规定的个体工商户的经营范围为，在国家法律和政策允许的范围内的工业、手工业、建筑业、交通运输业、商业、饮食业、服务业、修理业及其他行业。新条例根据国务院已有的政策规定，明确国家对个体工商户实行市场平等准入、公平待遇的原则，个体工商户申请登记的经营范围不属于法律、行政法规禁止进入的行业的，登记机关应依法予以登记。

4. 其他条件

某些特定行业的经营，如食品加工、木材加工、建筑设计装修、饭馆旅店、烟草经营、药品经营、农机修理、文化娱乐、开矿、易燃易爆物品经营等，须有政府业务主管部门审批的经营许可证以及经营合格证或技术合格证等，才可向工商行政管理机关申请登记注册。

(二) 登记类别

个体工商户需要进行的登记主要包括开业登记、变更登记、注销登记。

1. 开业登记

开业登记是指公民为获取从事生产经营活动的合法资格，向工商行政管理机关申请登记注册开办个体工商户的手续。

2. 变更登记

变更登记是指由于多种原因使得已注册登记的经营事项发生变更，个体工商户到原登记主管机关办理变更经营事项的登记手续。凡经营地点、经营范围、组织形式、经营字号以及家庭经营的成员发生变化，都必须办理变更登记。

3. 注销登记

注销登记是指由于某些原因导致个体工商户不再从事原生产经营活动，个体工商户按规定要向原登记主管机关就其停止生产经营活动的起因和时间等事项进行申报，以求获得核准的登记手续。个体工商户办理注销登记手续的原因包括：

① 自身无力经营；

② 违法经营被吊销营业执照；

③ 因不正当手段获得登记的。

无论出于何种原因，个体经营实体在办理注销登记手续后，不得再从事个体工商业经营活动。

三、登记程序

(一) 开业登记程序

1. 递交申请

一个要申请设立个体工商户的公民，作为申请人，应该向登记机关——经营场所所在地的工商行政管理部门，递交经营者签署的《个体工商户开业登记申请书》及相应证明文件。

2011 年 11 月实施的《个体工商户登记管理办法》规定，公民申请个体工商户开业需提交的证明文件有：

(1) 经营者的身份证复印件；

(2) 经营场所使用证明；

(3) 申请登记的经营范围中有法律、行政法规和国务院决定规定必须在登记前报经批准的项目，应当提交有关许可证书或者批准文件复印件，如健康证、经营许可证、经营合格证等，这些批准文件已经提前从主管部门获得；

(4) 委托代理人办理的，还应当提交经营者签署的《委托代理人证明》及委托代理人身份证复印件；

(5) 家庭经营的，提交居民户口簿或者结婚证复印件作为家庭成员亲属关系证明，同时提交其他参加经营家庭成员的身份证复印件；

(6) 名称预先核准的，提交名称预先核准通知书；

(7) 国家工商总局规定提交的其他文件。

2. 受理申请

登记机关对提交的证明文件进行初步审核，其主要工作是确定申请人是否属于受理范围：

(1) 是否属于个体工商户登记注册范围，只有从事经营活动的市场主体才需要到工商行政管理机关进行登记；

(2) 是否属于党政机关工作人员经商，我国严禁党政机关工作人员经商；

(3) 是否属于本工商行政管理机关的管辖范围，登记机关只受理本辖区的个体工商户的登记；

(4) 提交的材料是否齐全；

(5) 是否符合登记机关的其他规定。

经初步审查，对于材料齐全、符合法定形式的，登记机关应该接收申请材料，予以受理；否则，不予受理，并根据有关法律法规予以解释和指正。

3. 审查

登记机关收到申请材料后，根据经营者签署的《个体工商户开业登记申请书》进行进一步的深入审查。具体审查过程包括程序性审查、实质性审查和实地调查三个方面的工作。

一是程序性审查，主要是审查提交的文件证明的时效性、权威性。

二是实质性审查，主要是审查文件证明材料的真实性和合法性，审查申请人是否符合登记注册的条件，申请登记的事项是否属实，是否符合国家政策法律法规的要求。具体审查内容有：经营者身份(姓名和住所)、组织形式(个人经营和家庭经营)、经营范围(参照《国民经济行业分类》中的类别标准，登记个体工商户的经营范围)，经营场所(个体工商户营业所在地的详细地址，个体工商户经登记机关登记的经营场所只能为一处)，以及具体登记事项(资金数额、字号名称、经营方式)。

三是实地调查，是指登记机关工作人员为进一步核实申办事项而深入到现场所进行的实地调查。根据法定条件和程序，需要对申请材料的实质性内容进行核实、不能当场予以登记的，登记机关应当指派两名以上工作人员进行核查，并填写申请材料核查情况报告书。

4. 决定

一般来说，个体工商户的登记审查相对简单，如果申请人提交的申请材料齐全、符合法定形式，登记机关应当当场予以登记，并发给申请人准予登记通知书。需要对申请材料的实质性内容进行核实、不能当场予以登记的，自受理登记申请之日起15日内，登记机关在审核后应作出是否准予登记的决定。予以登记的，发给申请人准予登记通知书。不予登记的，应当发给申请人不予个体工商户登记通知书。

5. 发照

登记机关在发给申请人准予个体工商户登记通知书的10日内，应当发给申请人个体工商户营业执照。

营业执照是登记机关代表国家核发给营业单位和个人准许其营业的凭证，具有法律效力。它由国家工商行政管理总局统一制定，由各级工商行政管理机关颁发。营业执照分为四种：

(1)《企业法人营业执照》，是企业法人取得法人资格和合法经营权的凭证；

(2)《营业执照》，是不具备法人条件的企业或经营单位，以及企业法人所属的分支机构、个体工商户取得合法经营权的凭证；

(3)《中华人民共和国企业法人营业执照》，是外商投资企业取得中国法人资格和合法经营权的凭证；

(4)《中华人民共和国营业执照》是外商投资企业设立的分支机构取得合法经营权的凭证。

工商行政管理部门发给个体私营企业的是《企业法人营业执照》和《营业执照》。

个体工商户和企业都必须悬挂营业执照。除登记机关依照法定程序可以扣缴或者吊销营业执照外，其他任何单位和个人都不得收缴、扣押、毁坏，也不得伪造、涂改、出借、转让、出卖和擅自复印营业执照。根据国家规定，个体工商户和企业需要向有关部门提交执照复印件的，应经原登记机关同意并在执照复印件上加盖登记机关的公章。营业执照遗失，必须登报声明作废，并及时向登记机关报告，申请补发营业执照。

(二) 变更登记程序

在领取营业执照后个体工商户登记事项变更的，应当向登记机关申请办理变更登记。如果字号名称、经营人员、经营场所、经营范围、组织形式等原登记内容改变，个体工商户要向登记机关递交材料申请变更，然后依照开业登记的手续(经过受理、审查、决定、发照的程序)办理变更登记。申请材料齐全、符合法定形式的，应当场受理并予以登记，发给申请人准予登记通知书；需要对申请材料的实质性内容进行核实的，受理之日起15日内作出是否准予登记的决定。予以登记的，发给申请人准予变更登记通知书，并换发营业执照，在换发的营业执照上加盖"换"字章。

申请变更登记应该递交的申请材料包括：

(1) 经营者签署的《个体工商户变更登记申请书》；

(2) 经营者的身份证复印件；

(3) 经营场所变更的，提交新经营场所使用证明；

（4）经营范围变更的，申请登记的经营范围中有法律、行政法规和国务院决定规定必须在登记前报经批准的项目，应当提交有关许可证书或者批准文件复印件；

（5）组织形式从个人经营变更为家庭经营的，提交居民户口簿或者结婚证复印件作为家庭成员亲属关系证明，同时提交其他参加经营家庭成员的身份证复印件；

（6）家庭经营个体工商户增加家庭成员的，提交居民户口簿或者结婚证复印件作为家庭成员亲属关系证明，同时提交新加入经营家庭成员的身份证复印件；

（7）变更名称且办理名称变更预先核准的，提交名称变更预先核准通知书；

（8）法律、行政法规和国务院决定规定变更必须报经批准的，提交有关的批准文件或者许可证复印件；

（9）委托代理人办理的，还应当提交经营者签署的《委托代理人证明》及委托代理人身份证复印件；

（10）国家工商总局规定提交的其他文件；

（11）变更登记涉及营业执照记载事项的，应当缴回营业执照正本和所有副本并换发变更后的营业执照。

（三）注销登记程序

个体工商户不再从事经营活动的，应当到登记机关办理注销登记。个体工商户要向登记机关递交材料申请注销，然后经过受理、审查、决定、收照的程序办理注销登记。

申请注销登记应该递交的申请材料包括：

（1）经营者签署的《个体工商户注销登记申请书》；

（2）经营者的身份证复印件；

（3）委托代理人办理的，还应当提交经营者签署的《委托代理人证明》及委托代理人身份证复印件；

（4）营业执照正本和所有副本；

（5）国家工商总局规定提交的其他文件。

申请材料齐全、符合法定形式的，应当场受理并予以登记，发给申请人准予登记通知书；需要对申请材料的实质性内容进行核实的，受理之日起 15 日内作出是否准予登记的决定。予以登记的，发给申请人准予注销登记通知书，并收缴其营业执照。

第三节　自然人私营企业的营业登记注册

自然人私营企业有自然人私营独资企业和自然人私营合伙企业两种形式，下面介绍这两类企业的营业登记注册。

一、登记注册的条件

（一）人员条件

关于人员条件，包括投资者和员工的条件。

（1）投资者条件：除法律特别规定外，所有具有完全民事行为能力的自然人均可申请设立自然人企业。自然人独资企业的投资者是一个自然人，合伙企业的投资者必须两人以上(有限合伙企业由二个以上五十个以下合伙人设立；但是，法律另有规定的除外)。

(2) 员工条件：个人独资企业要有必要的员工，且应当依法与员工签订劳动合同，保障员工的劳动安全，按时、足额发放员工工资，还应当按照国家规定参加社会保险，为职工缴纳社会保险费。

(二) 资金条件

资金条件是成立企业的首要条件。无论是设立独资企业还是合伙企业，投资人都要有一定数量的实际缴纳的出资额，才能办理营业登记。但因行业和地域的不同，全国尚未就出资额形成统一的标准，由各地登记机关视当地具体情况而定。

(三) 经营场地条件

经营场地条件包括固定的经营场地和经营设施条件。固定的经营场地可以是投资者的自有房屋，也可以是投资者出资租用的房屋(租期一般在一年以上)。前者，投资者须出示产权证明；后者，投资者须出示其与房屋所有者签订的书面租用协议。经营设施条件因行业范围和经营商品类别而有所不同，具体可由有关部门在办理企业设立登记的过程中予以实地审查核实确定。

(四) 经营范围条件

只要企业申请登记的经营范围不属于法律、行政法规禁止进入的行业，登记机关均应依法予以登记。

(五) 企业名称

我国法律规定，企业要办理设立登记，必须要有企业名称的，应在设立登记前要先到登记机关办理名称预先核准，并获得名称预先核准通知书。企业申请的名称应当符合名称登记管理的有关规定，并与其责任形式及从事的营业相符合。

(六) 其他条件

从事法律、行政法规规定须报经有关部门审批的业务，应当在申请设立登记时提交有关部门的批准文件，如经营许可证和有关合格证等。合伙企业需要有合伙人签订的合伙协议书。

二、登记注册的类别

企业登记注册的类别主要有设立、变更和注销登记。

(一) 设立登记

独资企业和合伙企业为取得从事生产经营活动所需要的合法资格，应依照国家法律法规的要求，持相应文件、证明等材料，到其经营场所所在地的登记机关申请办理设立登记，并领取营业执照。

(二) 变更登记

由于已经登记注册的经营事项发生变化，如企业名称、企业负责人、经营地址、经营范围、经营方式、注册资金、合伙人等变化，独资企业或合伙企业依法律法规要求到原登记机关办理变更登记。对于因分立、合并但续存的企业在申请变更登记时，登记机关如果准予变更，应换发其营业执照。

（三）注销登记

注销登记是指已经登记注册的独资企业和合伙企业，因各种原因终止营业活动而按国家法律法规要求必须办理的相应登记手续。通常，导致企业终止经营活动而办理注销登记的主要原因有：

① 企业主动歇业；
② 企业资不抵债，无法继续经营；
③ 企业分立、合并而被撤销，或转让给他人；
④ 企业被吊销营业执照；
⑤ 经法院裁定终止营业。

无论哪种原因终止经营活动，均需向登记机关交回营业执照及其副本，办理注销登记。

三、登记注册的程序

（一）设立登记程序

1. 递交申请

投资人欲申请设立企业，应该向登记机关——企业所在地的工商行政管理部门，递交申请设立登记的材料。企业应提交的主要材料包括：设立登记申请书、申请人身份证明(合伙企业要有合伙人身份证明)、场地使用证明、验资证明、合伙协议书等。

具体来说，设立独资企业需提交的证明文件有：

(1) 投资人签署的《个人独资企业设立登记申请书》；
(2) 企业名称预先核准通知书；
(3) 申请人身份证原件和复印件；
(4) 职业状况承诺书；
(5) 企业住所证明：租房协议书、产权证明、居改非证明等；
(6) 法律、行政法规规定设立个人独资企业必须报经有关部门批准的，提交批准文件；
(7) 从事的经营范围涉及法律、行政法规规定必须报经审批项目的，提交有关部门批准文件；
(8) 如委托他人代理，应提供投资人的委托书及代理机构的营业执照复件、代理人资质证书。

个人独资企业设立申请书应当载明下列事项：

① 企业的名称和住所；
② 投资人的姓名和居所；
③ 投资人的出资额和出资方式，投资人以个人财产出资或者以其家庭共有财产作为个人出资的，应当在设立申请书中予以明确；
④ 经营范围及方式。

设立合伙企业应提交的主要材料有：

(1) 全体合伙人签署的《合伙企业设立登记申请书》。

(2)《指定代表或者共同委托代理人的证明》，由全体合伙人签署，其中合伙人为自然人的由本人签字，自然人以外的合伙人加盖公章。

(3) 全体合伙人签署的合伙协议。

(4) 全体合伙人的主体资格证明或者自然人的身份证明，其中，合伙人为自然人的，提交居民身份证复印件；合伙人是企业的，提交营业执照副本复印件；合伙人为事业法人的，提交事业法人登记证书复印件；合伙人为社团法人的，提交社团法人登记证复印件，合伙人为农民专业合作社的，提交农民专业合作社营业执照副本复印件；合伙人为民办非企业单位的，提交民办非企业单位证书复印件。

(5) 全体合伙人签署的对各合伙人认缴或者实际缴付出资的确认书。

(6) 主要经营场所证明，其中自有房产提交产权证复印件，租赁房屋提交租赁协议原件或复印件以及出租方的产权证复印件，以上不能提供产权证复印件的，提交其他房屋产权使用证明复印件。

(7) 全体合伙人签署的委托执行事务合伙人的委托书，执行事务合伙人是法人或其他组织的，还应当提交其委派代表的委托书和身份证明复印件。

(8) 合伙人以实物、知识产权、土地使用权或者其他财产权利出资，经全体合伙人协商作价的，提交全体合伙人签署的协商作价确认书；经全体合伙人委托法定评估机构评估作价的，提交法定评估机构出具的评估作价证明。

(9) 法律、行政法规规定设立特殊的普通合伙企业需要提交合伙人的职业资格证明的，提交相应证明。

(10)《企业名称预先核准通知书》。

(11) 经营范围中有法律、行政法规或者国务院决定规定在登记前须经批准的项目的，如矿产开采、易燃易爆品、二废污染、饮食食品加工、交通运输、工程建筑、旅店、印刷、医药、计量器修造、农用种子、文化娱乐等，提交有关批准文件；注意，这些批准文件要在申请设立登记前就已经从行业主管部门处获得。

(12) 其他有关文件证书。

上述需要由全体合伙人签署的文件，合伙人是自然人的，由本人签字；合伙人是法人或其他组织的，由其法定代表人(负责人)签字并加盖公章。

2. 受理申请

登记机关对提交的证明文件要进行初步审核，其工作如同个体工商户的登记，主要是确定申请登记单位是否属于受理范围：

(1) 是否属于企业登记注册范围，只有从事经营活动的市场主体才需要到工商行政管理机关进行登记；

(2) 是否属于党政机关经商办企业，我国严禁党政机关经商办企业；

(3) 是否属于本工商行政管理机关的管辖范围；

(4) 提交的材料是否齐全；

(5) 是否符合登记机关的其他规定。

经初步审查，对于材料齐全、符合法定形式的，登记机关应该接收申请材料，予以受理；否则，不予受理，并根据有关法律法规予以解释和指正。

3. 审查

登记机关收到申请材料后，就进入审查阶段。这一阶段是企业注册登记程序的中心环节，包括程序性审查、实质性审查和实地调查三个方面的工作。一是程序性审查，主要是审查企业提交的文件证明的时效性、权威性。二是实质性审查，主要是审查文件证明材料的真实性和合法性，审查申请企业是否符合登记注册的条件，申请登记的事项是否属实，是否符合国家政策法律法规的要求。具体审查内容有：企业名称、企业住所、企业负责人或投资者条件，企业从业人员用工证明、身份证明和技术证明，企业注册资金是否来源合法、足额到位等。三是实地调查，是指登记机关工作人员为进一步核实申办事项而深入到现场所进行的实地调查，包括调查企业住所、经营场地、设备、规模、环境等，以证实其申请登记事项的真实性。我们知道，个体工商户的审查也有上述三个方面的审查，但是相比个体工商户的审查，登记机关对企业的审查更加严格。

4. 决定

登记机关在经过进一步审查后，须及时作出准予注册登记或不予注册登记的决定。对于个人独资企业的设立申请，登记机关应当在收到设立申请文件之日起 15 日内，作出核准登记或者不予登记的决定。对于合伙企业的设立申请，登记机关应当自受理申请之日起 20 日内，作出是否登记的决定。

5. 发照

登记机关对符合规定条件的做出予以登记后，一般会在 10 个工作日内核发营业执照，证明其申请人具有合法经营资格和经营地位，标志企业的正式成立以及可以合法开展其生产经营活动。个人独资企业营业执照的签发日期为个人独资企业成立日期。合伙企业的营业执照签发日期，为合伙企业成立日期。对不符合规定条件的，不予登记，并应当给予书面答复，说明理由。

(二) 变更登记程序

1. 个人独资企业变更登记程序

个人独资企业登记事项，如企业名称、企业住所、经营范围和方式、投资人姓名和居所、出资额和出资方式等发生变更，应当在作出变更决定之日起 15 日内向原登记机关申请变更登记。

个人独资企业申请变更登记，应当首先向登记机关提交下列材料：

(1) 投资人签署的《个人独资企业变更登记申请书》。

(2) 根据变更事项，提交相应的文件：名称变更的，需提交企业名称预先核准通知书；住所变更的，需提交租房协议、产权证明、居改非证明；出资额和出资方式变更的有两种情况：出资方式由个人财产出资变更为家庭共有财产出资的，须由全体家庭成员在《个人独资企业变更登记申请书》上签名；出资方式由家庭共有财产变更为个人财产出资的，应登报公告；投资人变更的，要递交转让协议、继承文件；新投资人户籍证明、身份证明(参照设立部分)；债权债务的承担情况；公告材料；法律、行政法规规定投资人变更必须报经有关部门批准的，提交有关部门的批准文件；经营范围变更的，经营范围涉及法律法规规定必须报经审批项目的，提交有关部门批准文件。

(3) 营业执照正、副本。

(4) 如委托他人代理，应提交投资人的委托书及代理机构的营业执照复印件、代理人的资质证书。

收到上述申请变更登记的材料后，经审查资料齐全合法，登记机关应当受理，且应在收到规定的全部材料之日起 15 日内进行进一步审查，并作出准予变更登记或者不予变更登记的决定。予以变更登记的，应当进行变更登记，其中变更登记事项涉及营业执照变更的，登记机关应当换发营业执照。不予变更登记的，应当给予书面答复，并说明理由。

2. 合伙企业变更登记程序

合伙企业登记事项发生变更的，执行合伙事务的合伙人应当自作出变更决定或者发生变更事由之日起 15 日内，向原企业登记机关申请变更登记。

合伙企业申请变更登记，应当首先向登记机关提交下列材料：

(1) 执行事务合伙人或者委派代表签署的《合伙企业变更登记申请书》。

(2) 《指定代表或者共同委托代理人的证明》，由全体合伙人签字(盖章)，并粘贴指定代表或者委托代理人的身份证复印件。

(3) 全体合伙人签署的变更决定书，或者合伙协议约定的人员签署的变更决定书。

(4) 变更相关登记事项还需提交下列文件：名称变更的，要提交企业名称变更预先核准通知书，其中法律、行政法规和国务院决定规定公司名称变更必须报经批准的，还要提交有关的批准文件或者许可证书复印件；主要经营场所变更的，应当在迁入新经营场所前申请变更登记，并提交新经营场所使用证明；合伙企业变更经营场所跨企业登记机关辖区的，应当在迁入新经营场所前向迁入地企业登记机关申请变更登记经营场所证明；自有房产提交产权证复印件；租赁房屋提交租赁协议原件或复印件以及出租方的产权证复印件；以上不能提供产权证复印件的，提交其他房屋产权使用证明复印件；执行事务合伙人变更的，应提交全体合伙人签署的委托执行事务合伙人的委托书；执行事务合伙人是法人、其他组织委派的，还应提交继任代表的自然人身份证明复印件和继任委派书；经营范围变更的，经营范围中有法律、行政法规或者国务院决定规定在登记前须经批准的项目的，提交有关批准文件；企业类型变更的，应当办理企业名称变更；普通合伙企业变更为特殊的普通合伙企业的，提交由国家有关部门或授权机构颁发的各合伙人的职业资格证明；合伙协议修改的，应当提交由全体合伙人签名、盖章的新修改的合伙协议或者依据设立登记时合伙协议的约定作出的修改合伙协议的决议；新合伙人入伙的，提交新合伙人的主体资格证明或自然人身份证明、入伙协议以及全体合伙人对新合伙人认缴或者实际缴付出资的确认书。合伙人的主体资格证明或者自然人的身份证明包括：合伙人为自然人的，提交居民身份证复印件；合伙人是企业的，提交营业执照副本复印件；合伙人为事业法人的，提交事业法人登记证书复印件；合伙人为社团法人的，提交社团法人登记证复印件；合伙人为农民专业合作社的，提交农民专业合作社营业执照副本复印件；合伙人为民办非企业单位的，提交民办非企业单位证书复印件；合伙人增加或减少对合伙企业出资的，提交全体合伙人对该合伙人认缴或者实际缴付出资的确认书；合伙人以实物、知识产权、土地使用权或者其他财产权利出资，经全体合伙人协商作价的，提交全体合伙人签署的协商作价确认书；经全体合伙人委托法定评估机构评估作价的，提交法定评估机构出具的评估作价证明。

(5) 营业执照正、副本。

(6) 其他有关文件证书。

以上需要由全体合伙人签署的文件，合伙人是自然人的，由本人签字；合伙人是法人或其他组织的，由其法定代表人(负责人)签字并加盖公章。

收到上述申请变更登记的材料后，经审查资料齐全合法，登记机关应当受理，且应当自受理申请之日起 20 日内进行进一步的审查，并作出是否予以变更登记的决定。予以变更登记的，应当进行变更登记，其中变更登记事项涉及营业执照变更的，登记机关应当换发营业执照。不予变更登记的，应当给予书面答复，并说明理由。

(三) 注销登记程序

1. 个人独资企业注销登记程序

个人独资企业依法解散的，应当由投资人或者清算人于清算结束之日起 15 日内向原登记机关申请注销登记。

个人独资企业申请注销登记，应当首先向登记机关提交下列文件：

(1) 投资人、清算人签署的注销登记申请书；

(2) 投资人或清算人签署的清算报告、债权债务保证书、完税证明、印章；

(3) 营业执照正、副本；

(4) 如委托他人代理，应提交投资人的委托书及代理机构的营业执照复印件、代理人资质证书；

(5) 分支机构已经办理注销登记的相关证明材料；

(6) 法律、行政法规规定应当提交的其他材料。

收到上述申请注销登记的材料后，经审查资料齐全合法，登记机关应当受理，且应自受理申请之日起 15 日内进一步审查，并作出准予注销或不予注销的决定。予以注销的，发给准予注销登记通知书，并收回营业执照及印章，以及通知该企业开户银行撤销其经营账户。不予注销的，应当给予书面答复，并说明理由。

2. 合伙企业注销登记程序

合伙企业解散，依法由清算人进行清算。清算人应当自被确定之日起 10 日内，将清算人成员名单向企业登记机关备案。合伙企业依照合伙企业法的规定解散的，清算人应当自清算结束之日起 15 日内，向原登记机关办理注销登记。

合伙企业办理注销登记，应当提交下列文件：

(1) 清算人签署的《合伙企业注销登记申请书》；

(2) 《指定代表或者共同委托代理人的证明》，由全体合伙人签字(盖章)，并粘贴指定代表或者委托代理人的身份证复印件；

(3) 人民法院的破产裁定，合伙企业依照《合伙企业法》作出的决定，行政机关责令关闭、合伙企业依法被吊销营业执照或者被撤销的文件；

(4) 全体合伙人签署的清算报告；

(5) 清算人成员名单备案通知书；

(6) 在异地设有分支机构的合伙企业，应当提交分支机构所在地企业登记机关核发的分支机构注销登记决定书；

(7) 营业执照正、副本；

(8) 其他有关文件证书。

以上需要由全体合伙人签署的文件，合伙人是自然人的，由本人签字；合伙人是法人或其他组织的，由其法定代表人(负责人)签字并加盖公章。

收到上述申请注销登记的材料后，经审查资料齐全合法，登记机关应当受理，且应自受理申请之日起 20 个工作日内进行进一步的审查，并作出准予注销或不予注销的决定。予以注销的，发给准予注销登记通知书，并收回营业执照及印章，以及通知该企业开户银行撤销其经营账户。不予注销的，应当给予书面答复，并说明理由。

第四节　私营公司的登记注册

一、私营公司设立的条件

目前，在我国设立公司遵循准则主义为主，审批主义为辅的原则。所谓准则主义是指只要具备法定的条件，即可直接向登记机关申请登记注册。审批主义，也叫许可主义，是指设立公司要先经政府业务主管部门审查批准并领取经营许可证后，才能到登记机关申请登记注册。《公司法》实施后，一般来说，在我国申请设立公司者只要符合条件，即可直接向登记机关申请登记注册，即准则主义；但同时规定，有些公司的设立必须先经政府有关业务主管部门审查批准，即审批主义。因此说，在我国设立公司遵循准则主义为主，审批主义为辅的原则。

公司包括有限责任公司和股份有限公司，二者都是以其出资额为限对公司负有限责任的企业法人，但股份有限公司可以公开募集股份，其股东以其认购的股份为限对公司承担有限责任，而有限责任公司不能公开募集股份。

设立公司必须达到一定的条件，有限责任公司和股份有限公司的设立条件是不同的，下面分别予以介绍。

(一) 有限责任公司设立的条件

1. 股东符合法定人数

有限责任公司由 50 个以下股东出资设立。股东可以是法律允许的自然人和组织。

2. 股东出资达到法定资本最低限额

有限责任公司注册资本的最低限额为人民币 3 万元，一人有限责任公司的注册资本最低限额为 10 万元人民币。法律、行政法规对有限责任公司注册资本的最低限额有较高规定的，从其规定。注册资本股东可以一次缴齐，也可以分批缴纳，但首次缴纳的出资额不得低于注册资本的 20%，也不得低于法定注册资本的最低限额——3 万元。比如说，某公司的注册资本为 8 万元人民币，全体股东首次出资额不低于注册资本的 20%，也就是 1.6 万元，但由于法定注册资本不得低于 3 万元的最低限额。那么，该公司的首次出资额应该是不低于 3 万元。还需说明的是，股东可以用货币出资，也可以用实物、知识产权、土地使用权等作价出资，但全体股东的货币出资金额不得低于有限责任公司注册资本的30%。

3. 股东共同制定公司章程

公司章程是公司设立的最基本条件和最重要的法律文件。公司章程是公司依法定程序制定的约定公司内外部法律关系的文件，是公司实行内部管理和对外进行经济交往的基本法律依据。它对公司、股东、董事、监事、经理都有约束力，全体股东必须遵守，不得违反。设立有限责任公司不仅要制定公司章程，而且要求必须全体股东同意并在公司章程上签名或盖章。有限责任公司章程必备条款包括：名称和住所、经营范围、注册资本、股东的姓名或名称、股东的出资方式、出资额和出资时间、公司机构及其产生办法、职权、议事规则、公司法定代表人，以及股东认为需要规定的其他事项等。

4. 有公司名称，建立符合有限责任公司要求的组织机构

设立公司必须先向登记机关申请名称预先核准。有限责任公司名称要符合《企业名称登记管理实施办法》，具备企业名称的"四要素"，且还要在名称中有"有限责任公司"字样。设立有限责任公司还必须建立符合有限责任公司要求的组织机构——公司法人治理机构，即符合有限责任公司要求的包括股东会、董事会、监事会、经理的组织机构；如果是国有独资公司，则不必成立股东会。

5. 有公司住所

设立公司要有公司住所，一般指有固定的生产经营场所和必要的生产经营条件。公司拥有固定的生产经营场所，是指公司对该经营场所拥有产权，或至少一年以上使用权。必要的生产经营条件一般是指进行生产经营所必需的人、财、物，如原材料、生产设备、人力资源和信息等。

(二) 股份有限公司设立的条件

1. 发起人符合法定人数

设立股份有限公司，发起人应在 2 名以上、200 名以下，其中须有过半数的发起人在中国境内有住所。

2. 股本达到法定资本最低限额

发起人认缴和社会公开募集的股本应达到法定资本最低限额。股份有限公司注册资本的最低限额为人民币 500 万元。法律、行政法规对股份有限公司注册资本的最低限额有较高规定的，从其规定。股份有限公司采取发起设立方式设立的，注册资本为在登记机关登记的全体发起人认购的股本总额，全体发起人的首次出资额不得低于注册资本的 20%。股份有限公司采取募集方式设立的，注册资本为在登记机关登记的实收股本总额。

3. 股份发行、筹办事项符合法律规定

股份发行、筹办事项符合法律规定是设立股份有限公司所必须遵循的原则。股份的发行是指股份有限公司在设立时为了筹集公司资本，出售和募集股份的法律行为。发起人必须按照规定认缴其认购的股份。如果是发起设立的，发起人必须认购公司发行的全部股份；如果是募集设立的，发起人必须认购公司应发行股份总数的 35% 以上，其余部分应向社会公开募集。发起人向社会公开募集股份时，必须依法经国务院证券管理部门批准，并公告招股说明书，制作认股书，由依法批准设立的证券经营机构承销，签订承销协议，同银行签订代收股款协议，由银行代收和保存股款，向认股人出具收款单据。

发起人须承担公司的筹办事务，包括向国务院授权的部门或者省级人民政府申请批准、办理公司设立的其他有关事项等。

4. 发起人制订公司章程

股份公司章程是股份公司设立的最基本条件和最重要的法律文件，由发起人制订，但以募集方式设立股份有限公司的，必须召开由认股人组成的创立大会，并经创立大会决议通过。

股份公司章程必须载明公司名称和住所、经营范围、设立方式、公司股份总数、每股金额和注册资本、发起人的姓名或名称、认购的股份数、出资方式、出资时间、董事会的组成、职权、议事规则、法定代表人、监事会的组成、职权、议事规则、利润分配办法、解散事由与清算办法、公司的通知和公告办法、股东大会认为需要规定的其他事项。

5. 有公司名称，建立符合要求的组织机构

设立股份有限公司必须先向登记机关申请名称预先核准。股份有限公司的名称应符合《企业名称登记管理规定》的要求，并特别要在名称中标明"股份有限公司"字样。

股份有限公司在设立阶段还需要建立法定的组织机构，选举董事会、监事会等，以及依法定程序召开股东大会和聘任经理，建立和健全公司法人治理机构。

6. 有公司住所

这一要求与有限责任公司相同，即有固定的生产经营场所和必要的生产经营条件。

二、公司设立的申请程序

(一) 有限责任公司设立的申请程序

(1) 股东代表向登记机关申请公司名称预先核准。

设立有限责任公司，应当由全体股东指定的代表或者共同委托的代理人向登记机关提交名称预先核准申请书(包含拟用公司名称全称)和股东身份证明等文件，申请名称预先核准。在公司名称中有"中华"、"中国"等字样的，还需要提交国务院的批准文件。

(2) 发起人制定公司章程，并提交全体股东通过。

(3) 股东依约缴纳出资，全部出资应由会计师事务所或审计事务所验资，并取得验资报告。

(4) 通过选举和任命方式产生公司的组织机构，包括董事会、监事会、高层经理等。

(5) 全体股东指定的代表或者共同委托的代理人向登记机关申请设立登记，应提交公司设立登记申请书、公司章程、验资报告、股东合法身份证明、董事、监事、经理的任职文件或证明、法定代表人任职文件、公司住所证明、名称预先核准通知书等文件。法律、法规规定需要先经有关部门审批的，应当在申请设立登记前办理有关审批手续，并在申请设立登记时提交批准文件。

(6) 公司获准设立登记后，领取企业法人营业执照，公司宣告成立。公司成立后，公司须向股东签发加盖公司印章的出资证明书。

(二) 股份有限公司设立的申请程序

股份有限公司的设立，既可以采取发起设立的方式，也可以采取募集设立的方式，两者的设立程序虽有不同，但大体上一致，须经历以下步骤：

(1) 全体发起人指定的代表或者共同委托的代理人向公司登记机关申请名称预先核准。

(2) 全体发起人共同订立公司章程，并签字盖章。

(3) 起草经营估算书和招股说明书，发起人足额缴纳认购股份，并经会计师事务所或审计事务所验资，取得验资报告。以实物、工业产权、非专利技术或者土地使用权抵作股款的，还需依法办理财产权的转移手续。

(4) 发起人代表向国务院授权机构或省级政府申请批准设立公司。如果公司的设立，涉及需要先经有关部门审批的，应当在申请设立登记前办理有关审批手续，并获得批准文件。

(5) 募集设立的公司发起人代表向国务院证券委员会申请募集股份，获准后公告招股说明书，进行公开招股。发行股份的股款缴足后，再经会计师事务所或审计事务所进行验资并取得验资报告。

(6) 召开公司发起人大会或创立大会，选举董事会、监事会等公司组织机构，审议和通过有关公司设立的各项决议。

(7) 董事会代表向登记机关提交有关文件申请公司设立登记。

(8) 公司获准设立登记后，领取企业法人营业执照，公司宣告成立。

三、公司登记程序

公司登记程序是登记机关对申请登记单位的企业法人资格进行审查的步骤，主要包括设立登记程序、变更登记程序和注销登记程序。

(一) 设立登记程序

1. 递交申请

公司发起人或股东代表向登记机关递交有关材料申请设立公司。应提交的主要材料包括：设立登记申请书、公司章程、发起人的主体资格证明或者自然人身份证明、董事、监事和经理的任职文件及身份证明、场地使用证明、验资证明等。

申请设立有限责任公司需要提交的材料包括：

(1) 公司法定代表人签署的《公司设立登记申请书》。

(2) 全体股东签署的《指定代表或者共同委托代理人的证明》(股东为自然人的由本人签字；自然人以外的股东加盖公章)及指定代表或委托代理人的身份证复印件(本人签字)，应标明具体委托事项、被委托人的权限、委托期限。

(3) 全体股东签署的公司章程(股东为自然人的由本人签字；自然人以外的股东加盖公章)。

(4) 股东的主体资格证明或者自然人身份证明复印件，其中股东为企业的，提交营业执照副本复印件；股东为事业法人的，提交事业法人登记证书复印件；股东为社团法人的，提交社团法人登记证复印件；股东为民办非企业单位的，提交民办非企业单位证书复印件；股东为自然人的，提交身份证明复印件。

(5) 依法设立的验资机构出具的验资证明。

(6) 股东首次出资是非货币财产的，提交已办理财产权转移手续的证明文件。

(7) 董事、监事和经理的任职文件及身份证明复印件。

(8) 法定代表人任职文件及身份证明复印件。

(9) 住所使用证明，其中自有房产提交产权证复印件；租赁房屋提交租赁协议原件或复印件以及出租方的产权证复印件；以上不能提供产权证复印件的，提交其他房屋产权使用证明复印件。

(10) 《企业名称预先核准通知书》。

(11) 法律、行政法规和国务院决定规定设立有限责任公司必须报经批准的，提交有关的批准文件或者许可证书复印件。

(12) 公司申请登记的经营范围中有法律、行政法规和国务院决定规定必须在登记前报经批准的项目，提交有关的批准文件或者许可证书复印件或许可证明复印件。

申请设立股份有限公司需要提交的材料中，有些与申请设立有限责任公司所提交材料相同，有些则不相同。这些具体材料是：

(1) 公司法定代表人签署的《公司设立登记申请书》。

(2) 董事会签署的《指定代表或者共同委托代理人的证明》及指定代表或委托代理人的身份证复印件(本人签字)，应标明具体委托事项、被委托人的权限、委托期限。

(3) 公司章程(由全体发起人加盖公章或者全体董事签字)。

(4) 发起人的主体资格证明或者自然人身份证明复印件，其中发起人为企业的，提交营业执照副本复印件；发起人为事业法人的，提交事业法人登记证书复印件；发起人为社团法人的，提交社团法人登记证复印件；发起人是民办非企业单位的，提交民办非企业单位登记证书复印件；发起人是自然人的，提交身份证明复印件。

(5) 依法设立的验资机构出具的验资证明。

(6) 股东首次出资是非货币财产的，提交已办理财产权转移手续的证明文件。

(7) 董事、监事和经理的任职文件及身份证明复印件。

(8) 法定代表人任职文件及身份证明复印件。

(9) 住所使用证明，其中自有房产提交产权证复印件；租赁房屋提交租赁协议原件或复印件以及出租方的产权证复印件；以上不能提供产权证复印件的，提交其他房屋产权使用证明复印件。

(10) 《企业名称预先核准通知书》。

(11) 募集设立的股份有限公司公开发行股票的还应提交国务院证券监督管理机构的核准文件。

(12) 公司申请登记的经营范围中有法律、行政法规和国务院决定规定必须在登记前报经批准的项目，提交有关的批准文件或者许可证书复印件或许可证明复印件。

(13) 法律、行政法规和国务院决定规定设立股份有限公司必须报经批准的，提交有关的批准文件或者许可证书复印件。

上述材料提交复印件的，应当注明"与原件一致"并由股东加盖公章或签字。以上需股东签署的，股东为自然人的，由本人签字；自然人以外的股东加盖公章。

2. 受理申请

登记机关对提交的证明文件要进行初步审核，其工作如同个体工商户和自然人企业的登记，主要是确定申请登记单位是否属于受理范围：

(1) 是否属于企业登记注册范围，只有从事经营活动的市场主体才需要到工商行政管理机关进行登记；

(2) 是否属于党政机关经商办企业，我国严禁党政机关经商办企业；

(3) 是否属于本工商行政管理机关的管辖范围，一些大型企业以及特殊类型企业如股份公司等的登记注册权，属于省级或国家工商局；

(4) 提交的材料是否齐全；

(5) 是否符合登记机关的其他规定。

经初步审查，对于材料齐全、符合法定形式的，登记机关应该接收申请材料，予以受理；否则，不予受理，并根据有关法律法规予以解释和指正。

3. 审查

审查是指登记机关对企业所提交的申请材料的真实性、合法性、有效性进行的全面审查，并核实有关登记事项和开办条件的过程。审查的具体程序包括程序性审查、实质性审查和实地调查三个方面。虽然对公司设立的审查比对自然人企业的审查更为严格，但基本内容相同，因此不再赘述。

4. 决定

登记机关在经过进一步审查后，须及时作出准予注册登记或不予注册登记的决定。对准予登记的，发放准予登记通知书；对不予登记的，也必须及时通知申请单位不准筹建或开业，也不得刻制公章、签订合同、注册商标、刊登广告、开立银行账户等。

5. 发照

登记机关对符合规定条件的做出予以登记后，由登记机关发给《企业法人营业执照》，标志公司的正式成立，证明其具有企业法人资格。公司营业执照签发日期为公司成立日期。依法设立的公司凭登记机关核发的《企业法人营业执照》可以合法刻制印章，开立银行账户，申请纳税登记，以及开展其他生产经营活动。

6. 公告

企业法人登记公告是登记机关代表政府发布的具有法律效力的正式公告。建立企业法人登记公告制度，使得企业处于社会监督之下，有利于对企业加强监督，建立有序的市场秩序，也有利于正确传递经济信息，更好地维护企业的合法权益。

根据《企业法人登记管理办法》的规定，企业法人登记公告由国家工商行政管理总局和省级工商行政管理局依法统一组织发布，其他任何部门、单位和个人都不得组织发布。

企业法人登记公告分为开业登记公告、变更名称登记公告和注销登记公告。企业法人登记公告的基本形式为期刊式，刊名为《中国企业法人登记公告》。

(二) 变更登记程序

公司变更登记事项，如变更名称、经营范围、注册资本、实收资本、法定代表人、公司类型、营业期限等，应当向原公司登记机关申请变更登记。未经变更登记，公司不得擅自改变登记事项。变更登记的基本程序是递交材料、受理、审查、决定、换发照、公告。

申请公司变更登记需要提交的材料包括：

(1) 公司法定代表人签署的《公司变更登记申请书》。

(2) 公司签署的《指定代表或者共同委托代理人的证明》及指定代表或委托代理人的身份证复印件(本人签字)，应标明具体委托事项、被委托人的权限、委托期限。

(3) 公司章程修正案(公司法定代表人签署)。

(4) 变更相关登记事项还需提交下列文件：① 名称变更：企业名称变更预先核准通知书，法律、行政法规和国务院决定规定公司名称变更必须报经批准的，提交有关的批准文件或者许可证书复印件。② 经营范围变更：法律、行政法规和国务院决定规定经营范围必须报经批准的，提交有关的批准文件或者许可证书复印件，法律、行政法规规定变更经营范围必须报经有关部门批准的，提交有关部门的批准文件。③ 注册资本变更：《公司股东(发起人)出资情况表》、股东会决议或股东书面决定或国资监管机构批准文件、依法设立的验资机构出具的验资证明；减少注册资本的，提交刊登减资公告的报纸报样，法律、行政法规规定和国务院决定规定变更注册资本必须报经批准的，提交有关的批准文件或者许可证书复印件。④ 实收资本变更：依法设立的验资机构出具的验资证明。⑤ 住所变更：自有房产提交产权证复印件；租赁房屋提交租赁协议原件或复印件以及出租方的产权证复印件；以上不能提供产权证复印件的，提交其他房屋产权使用证明复印件，法律、行政法规和国务院决定规定变更住所必须报经批准的，提交有关部门的批准文件或者许可证书。⑥ 法定代表人姓名变更：公司签署的《公司(企业)法定代表人登记表》、股东会决议或董事会决议或书面决定或其他任免文件、法定代表人身份证明复印件，法律、行政法规和国务院决定规定变更法定代表人必须报经批准的，提交有关的批准文件或者许可证。⑦ 公司类型变更：股东会决议或股东的书面决定，法律、行政法规和国务院决定规定变更公司类型必须报经批准的，提交有关的批准文件或者许可证复印件。⑧ 营业期限变更：法律、行政法规和国务院决定规定变更营业期限必须报经批准的，提交有关的批准文件或者许可证复印件。⑨ 股东或发起人名称或姓名变更：《公司股东(发起人)出资情况表》、股东或发起人名称或姓名变更证明、新股东或发起人的主体资格证明或自然人身份证明复印件。⑩ 股东变更：股东会决议、股权转让协议或股权交割证明、新股东的主体资格证明或自然人身份证明复印件，法律、行政法规和国务院决定规定变更股东必须报经批准的，提交有关的批准文件或者许可证复印件。

(5) 其他其他材料。

(6) 《企业法人营业执照》。

(三) 注销登记程序

公司解散的，应当依法办理公司注销登记。有下列情况可申请注销登记：

(1) 公司被依法宣告破产；

(2) 公司章程规定的营业期限届满或者公司章程规定的其他解散事由出现，但公司通过修改公司章程而存续的除外；

(3) 股东会、股东大会决议解散或者一人有限责任公司的股东、外商投资的公司董事会决议解散；

（4）依法被吊销营业执照、责令关闭或者被撤销；

（5）人民法院依法予以解散；

（6）法律、行政法规规定的其他解散情形。

要解散公司，首先要成立清算组进行清算。清算组应当自成立之日起 10 日内将清算组成员、清算组负责人名单向公司登记机关备案。其次，清算结束后，由清算组向登记机关办理注销登记。注销登记的基本程序是递交材料、受理、审查、决定、收照、公告。

申请注销登记需要提交的材料包括：

（1）公司清算组负责人签署的《公司注销登记申请书》(公司加盖公章)。

（2）公司签署的《指定代表或者共同委托代理人的证明》(公司加盖公章)及指定代表或委托代理人的身份证复印件(本人签字)，应标明具体委托事项、被委托人的权限、委托期限。

（3）清算组成员《备案确认通知书》。

（4）依照《公司法》作出的决议或者决定：① 有限责任公司提交股东会决议，股份有限公司提交股东大会决议，有限责任公司由代表三分之二以上表决权的股东签署，股东为自然人的由本人签字，自然人以外的股东加盖公章。② 股份有限公司由代表三分之二以上表决权的发起人加盖公章或者股东大会会议主持人及出席会议的董事签字确认。以上材料内容应当包括：公司注销决定、注销原因；法院裁定解散、破产的，行政机关责令关闭的，应当分别提交法院的裁定文件或行政机关责令关闭的决定；因违反《公司登记管理条例》有关规定被公司登记机关依法撤销公司设立登记的，提交公司登记机关撤销公司设立登记的决定。

（5）经确认的清算报告：① 有限责任公司提交股东会决议，股份有限公司提交股东大会决议，有限责任公司由代表三分之二以上表决权的股东签署，股东为自然人的由本人签字，自然人以外的股东加盖公章；② 股份有限公司由代表三分之二以上表决权的发起人加盖公章或者股东大会会议主持人及出席会议的董事签字确认。

（6）刊登注销公告的报纸报样。

（7）法律、行政法规规定应当提交的其他文件，有分公司的公司申请注销登记，还应当提交分公司的注销登记证明。

（8）《企业法人营业执照》。

第五节　个体私营经济的年度检验

工商行政管理机关除了主管个体私营经济设立、变更、注销登记外，还需对个体私营经济已登记事项、经营资格、经营行为进行管理，这是通过年度检验和日常的监督管理来实现的。

一、个体私营经济的年度检验制度

个体私营经济的年度检验制度，是指工商行政管理机关依法按年度对个体工商户和私营企业进行检验，以确认其继续合法经营资格的法定制度，简称年检。

(一) 年检的对象

年检的对象主要是个体工商户和私营企业。凡领取了营业执照的国内个体工商户和私营企业，均须参加年度检验。私营企业法人设立的非法人分支机构，随企业法人一同申报年检。

(二) 年检的执行机关

国家工商行政管理总局和地方各级工商行政管理局是个体私营经济实体年度检验的执行机关。按照授权年检与分级年检相结合的原则，它们各自负责经由它们原核准登记的个体工商户和私营企业的年检工作。

(三) 年检的性质

年检制度是工商行政管理机关按规定代表国家对个体工商户和私营企业进行监督检查的手段，具有强制性。因此，只要是领取了营业执照的个体工商户和私营企业，都应按规定参加年度检验，并保证年检内容的真实性。工商行政管理机关对不按规定时间参加年度检验，以及年检报告书内容与事实不符的，要按规定给予处罚。

(四) 年检的时间

个体工商户的年检被称为验照。工商行政管理机关每年 1 月 1 日到 5 月 31 日对个体工商户进行年度验照工作。个体工商户应在此期限内到原发照机关办理一年一度的验照手续。如果个体工商户逾期不办理验照手续，且无正当理由，工商行政管理机关可以收缴其营业执照及其副本。工商行政管理机关对验照合格的个体工商户，在其营业执照正副本上加盖年检戳记。对验照不合格的或有违法经营行为、违章行为的个体工商户，要依法予以查处。

私营企业年检时限为每年的 3 月 1 日到 6 月 30 日。工商行政管理机关对年检合格的私营企业，在其营业执照副本上加盖年检戳记。对年检不合格的或有违法经营行为、违章行为的私营企业，要依法予以查处。

(五) 年检的作用

(1) 年检制度是工商行政管理机关对个体私营经济实体的登记事项和经营行为进行监督管理的重要手段和中心环节。年检可以加强对个体私营经济实体名称、资金、经营场所、经营范围、企业章程等登记事项的监督管理；可以对个体私营经济实体一年来遵守国家法律法规和政策规定的情况进行监督检查；可以纠正并处理个体私营经济实体违法、违章行为，发现带有倾向性的问题，及时研究和制定相应对策；还可以掌握个体私营经济实体的各种信息，对其进行政策、法规指导，提供服务方面发挥一定的作用。

(2) 年检制度能为各级政府制定宏观经济政策提供依据。各级政府通过审验、统计和分析个体私营经济的年检资料，可以掌握各行业发展情况，并据此制定经济发展计划、改革政策，对经济发展进行宏观控制。

(3) 年检制度有利于提高个体私营经济实体遵纪守法的自觉性。个体私营经济实体在年检中要向工商行政管理机关提交年度检验报告书，报告一年来登记事项的执行和变更情况。可以说，年检又是个体私营经济实体对自身经营的自我总结和自我检查。通过年检，有利于个体私营经济实体端正经营思想，增强自我约束能力，防止违法经营行为的发生。

二、个体工商户的验照

(一) 验照的主要内容

个体工商户验照的内容包括登记事项执行和变动情况、生产经营情况、营业执照是否有效和其他依法需要检查的事项。重点检查个体工商户登记事项的执行情况，字号名称的使用情况，主要经营者及从业人员的变动情况，经营场所是否合法和变动，是否擅自超越核准的生产经营范围。

(二) 验照方式

个体工商户验照现在有两种方式，一种是书面材料申报方式，这是传统的验照方式，通过向工商管理机关递交书面验照材料进行验照；另一种是网上申报方式，这是通过登陆工商管理机关的验照系统，在网上递交验照材料进行验照。

1. 书面申报

个体工商户采取书面申报的，在规定时间凭营业执照到所在地工商所服务平台，领取纸质《个体工商户经营者须知》和《个体工商户验照报告表》，按要求阅读、填写并签字后，连同营业执照正、副本一并报送所在地工商所，由工商所工作人员审核通过加盖验照章后取回营业执照，验照手续办理完毕。

2. 网上申报

除采取书面申报形式外，具备上网条件的个体工商户也可以登陆主管工商局网站，进入验照系统，按照提示完成相关内容的阅读、填写、提交后，打印《个体工商户经营者须知》和《个体工商户验照报告表》，签字后连同营业执照正、副本一并报送所在地工商所，由工商所工作人员审核通过加盖验照章后取回营业执照，验照手续办理完毕。

(三) 验照程序

虽然验照有书面和网上申报两种方式，但二者的程序相差并不大。一般地，根据个体工商户的填报、日常监管和有关管理机关函告的情况，工商管理局根据是否存在问题将个体工商户分为一般审查的个体工商户和重点审查的个体工商户。验照程序根据一般审查和重点审查而有所不同。

1. 一般审查

对属于一般审查的个体工商户，即尚未发现有问题的个体工商户，为了减少个体工商户往返次数，工商管理局简化了他们的验照手续，只要他们的验照材料齐全、内容完整、数据准确、符合规定，当场通过验照，并在营业执照正、副本上加盖验照戳记。

2. 重点审查

对属于重点审查的个体工商户，即已发现有问题的个体工商户，工商管理局将按照重点审查程序进行实质性审查。有问题的个体工商户一般包括：两年内有不良行为记录的；营业执照期限届满的；上年度未参加验照的；经营场所查无的；行政许可文件失效的；多次被消费者投诉(举报)的；案件未办结的；改变其他登记事项未办理变更登记的。

实质性审查的具体内容包括：经营者身份、组织形式、经营范围、经营场所，以及其他具体登记事项。对需要进行实质性审查的个体工商户，应当出具收件回执，待审查合格后通过验照，并在营业执照正、副本上加盖验照戳记，但最长不超过 20 天。

(四) 对问题的处理

工商行政管理机关在验照中发现有下列情形的，应当依法做出处理：

(1) 对经营者主体发生改变，与登记事项不符的，属于家庭经营的，责令限期办理变更登记后申请验照；属于个人经营的，责令原经营者限期办理注销登记，新的经营者依法办理开业登记。

(2) 对经营场所发生变化的，责令限期办理变更登记，换发新的营业执照后申请验照。

(3) 对前置行政许可文件被吊销、撤销或者行政许可文件有效期届满的，责令停止相关经营活动，并限期办理注销登记或者变更登记。

(4) 个体工商户在规定时间内未申请验照的，工商行政管理机关应当采取书面形式告知，责令限期申请验照。

(5) 个体工商户在验照中隐瞒真实情况、弄虚作假的，工商行政管理机关应当责令改正。

一般地，对个体工商户验照过程中的违法行为，工商管理机关要坚持以说服教育、引导改正为主。如果情节较重，工商行政管理机关可做出责令改正、限期办理变更登记或者注销登记决定。个体工商户拒不执行的，应当本着查处与引导相结合、处罚与教育相结合的原则，依照《个体工商户条例》及其实施细则的规定，区别情况进行处理。

三、私营企业的年检

(一) 年检的内容

根据不同类型的企业，工商管理部门规定了不同的年检内容。具体包括以下几类：

1. 个人独资企业的年检内容

企业登记机关对个人独资企业的年检材料主要审查下列内容：

(1) 企业是否按照规定使用企业名称，改变名称是否按照规定办理变更登记；

(2) 企业改变住所是否按照规定办理变更登记；

(3) 投资人的姓名和居所改变是否按照规定办理变更登记；

(4) 经营范围中属于企业登记前置行政许可的经营项目的许可证件、批准文件是否被撤销、吊销或者有效期届满；企业经营活动是否在登记的经营范围之内；

(5) 企业的经营方式是否在登记的经营方式之内；

(6) 投资人的出资额及出资方式改变是否按照规定办理变更登记。

2. 私营合伙企业的年检内容

企业登记机关对私营合伙企业的年检材料主要审查下列内容：

(1) 企业是否按照规定使用企业名称，改变名称是否按照规定办理变更登记；

(2) 企业改变经营场所是否按照规定办理变更登记；

(3) 企业变更执行合伙事务的合伙人是否按照规定办理变更登记；

(4) 经营范围中属于企业登记前置行政许可的经营项目的许可证件、批准文件是否被撤销、吊销或者有效期届满；企业经营活动是否在登记的经营范围之内；

(5) 企业的经营方式是否在登记的经营方式之内；

(6) 合伙人的姓名及住所改变是否按照规定办理变更登记；

(7) 合伙人的出资额及出资方式改变是否按照规定办理变更登记；

(8) 设立、撤销分支机构是否按照规定办理变更登记。

3. 私营公司的年检内容

企业登记机关对私营公司的年检材料主要审查下列内容：

(1) 公司是否按照规定使用公司名称，改变名称是否按照规定办理变更登记；

(2) 公司改变住所是否按照规定办理变更登记；

(3) 公司变更法定代表人是否按照规定办理变更登记；

(4) 公司有无虚报注册资本行为；股东、发起人是否按照规定缴纳出资，以及有无抽逃出资行为；

(5) 经营范围中属于企业登记前置行政许可的经营项目的许可证件、批准文件是否被撤销、吊销或者有效期届满；经营活动是否在登记的经营范围之内；

(6) 股东、发起人转让股权是否按照规定办理变更登记；

(7) 营业期限是否到期；

(8) 公司修改章程、变更董事、监事、经理，是否按照规定办理备案手续；

(9) 设立分公司是否按照规定办理备案手续，是否有分公司被撤销、依法责令关闭、吊销营业执照的情况；

(10) 公司进入清算程序后，清算组是否按照规定办理备案手续；

(11) 一个自然人是否投资设立多个一人有限责任公司。

(二) 年检的程序

私营企业年检也包括递送书面材料年检和网上年检两种方式，但其主要程序相差不大。

1. 报送材料

首先，私营企业要在规定时间内直接到登记主管机关或登录年检系统报送年检报告书和其他有关材料。企业应按规定提交年检文件，并如实填报年检报表。企业参加年检须提交的主要文件包括年检报告书、年度财务状况、营业执照及副本等。

2. 受理

提交的年检材料不齐全或者内容不完整的，企业登记机关不予受理，并出具载明不予受理理由的不予受理通知书。如果企业提交的年检材料齐全、内容完整的，企业登记机关应当受理，并出具受理通知书。当场可以审核完毕的，不必出具受理通知书。

3. 审核材料

登记主管机关对企业提交的年检材料进行审核。有些企业可以当场审核完毕，而有些企业的审核需要一定的时间。企业登记机关应当自受理之日起 5 个工作日之内完成对企业提交的年检材料中涉及登记事项、备案事项的有关内容的审查，需要对实质内容进行核实的除外。需要对实质内容进行核实的，应当指派两名以上工作人员进行核查。审核期间如有必要，可以要求企业提交补充材料或文件，也可以要求企业说明情况，还可以请会计师事务所、审计事务所和公证部门对年检材料进行审查和公证，或责成企业请上述机构进行验资、查账或专项审计。

4. 加盖年检戳记，发放营业执照副本

如果当场能够审核完毕，对那些符合规定的，材料齐全、内容完整、真实、有效的企业，登记机关应该在营业执照副本上当场加盖年检戳记，并发还营业执照副本。对不能当场审核完毕的，当自受理之日起 5 个工作日之内完成，需要对实质内容进行核实的除外，经审核符合规定的，在营业执照副本上加盖年检戳记，并发还营业执照副本。对不符合规定的，责令其限期改正。其中，属于应当依法办理变更登记并涉及营业执照记载事项改变的，经变更登记后，在新的营业执照副本上加盖年检戳记。

(三) 对问题的处理

工商行政管理机关在年检中发现有下列情形的，应当依法做出处理：

(1) 企业不按照规定接受年度检验的，由企业登记机关责令其限期接受年度检验，并处以下罚款：属于公司的，处以 1 万元以上 10 万元以下的罚款；属于分公司及其分支机构的，处以 3 万元以下的罚款；属于合伙企业、个人独资企业及其分支机构的，处以 3000 元以下的罚款。

(2) 企业在责令的期限内未接受年检的，由企业登记机关予以公告。自公告发布之日起，60 日内仍未接受年检的，依法吊销营业执照。

(3) 企业在年检中隐瞒真实情况、弄虚作假的，企业登记机关应当责令限期改正，并处以下罚款：属于公司的，处以 1 万元以上 5 万元以下的罚款；情节严重的，吊销营业执照。属于分公司及其分支机构的，处以 3 万元以下的罚款；属于合伙企业、个人独资企业及其分支机构的，处以 3000 元以下的罚款。

(4) 企业登记机关通过年检，发现企业有违反企业登记管理规定行为的，除责令改正外，还可以依照有关企业登记管理规定予以处罚。

某市未接受年度年检企业被吊销营业执照

某市 245 户企业未在规定期限内接受 2009 年度企业年检，经公告督检后，仍拒不年检。上述行为违反了《中华人民共和国公司登记管理条例》第六十条、《中华人民共和国企业法人登记管理条例》第二十四条和国家工商行政管理总局《企业年度检验办法》第四条之规定。根据《中华人民共和国公司登记管理条例》第七十六条、《中华人民共和国企业法人登记管理条例》第三十条第一款第(三)项和《企业年度检验办法》第十九条之规定，该市工商局做出了吊销这些企业营业执照的决定。

需要说明的是，根据《企业年度检验办法》和《工商行政管理机关行政处罚程序规定》的要求，在该市工商机关做出吊销未年检企业营业执照的决定时，一般需要进行四次公告：

(1) 通过第一次公告，责令企业限期参加年检。对于未年检企业，工商机关需要通过直接发放或挂号邮寄等方式通知其在规定期限内参加年检。因可能存在名存实亡、查无下落的企业，有必要在直接发放或挂号邮寄通知的同时，一并以公告方式发布通知。

(2) 第一次公告后仍未在规定期限内接受年检的企业，工商机关应对其发布第二次公告。这是法定程序，且必须采取公告方式。公告的内容包括年检的法定要求、第一次通知或者公告的基本情况、公告后企业应当履行的法定义务、法律后果等事项。法律后果必须注明"自公告发布之日起，60 日内仍未接受年检的，依法吊销营业执照"。

(3) 第三次，公告送达拟吊销营业执照的行政处罚听证告知书。对两次公告后依然未接受年检的企业，应当按照行政处罚的一般程序立案查处，经过调查、核审，经机关负责人批准或者集体讨论决定后，送达行政处罚听证告知书。送达方式应当是直接送达或者邮寄送达。企业查无下落且在第一次公告时收集了相关材料可以证明无法直接送达和邮寄送达的，可以公告送达行政处罚听证告知书，并在送达回证备注栏内说明相应的情况。应在公告中明确指出："公告之日起 15 日内未陈述、申辩、要求举行听证的，也未作任何其他表示的，视为放弃陈述、申辩、要求举行听证权利。"

(4) 第四次，公告送达吊销营业执照的行政处罚决定书。行政处罚听证告知书公告 15 日后，根据陈述、申辩、听证的情况，经机关负责人批准或者集体讨论决定后，制作行政处罚决定书并送达。送达应当选择直接送达、留置送达、邮寄送达、公告送达四种方式之一。企业查无下落且在第一次公告时收集了相关材料可以证明无法采取前三种送达方式的，可以公告送达行政处罚决定书，并在送达回证备注栏内说明相应的情况。应在公告中明确指出："自发出公告之日起，经过 60 日，即视为送达。"

资料来源：王雨沐. 浅谈吊销未年检企业营业执照的四次公告[N]. 中国工商报，[2011-9-21].

四、对个体私营经济实体的日常监督检查

年度检查是工商管理机关管理个体私营经济实体经营行为的重要内容，但毕竟一年只有一次，因此这显得对个体私营经济实体的日常监督检查更为重要。对个体私营经济实体的日常监督检查主要包括：

(一) 坚持日常查证验照检查制度

工商行政管理机关对个体私营经济实体的监督管理，除了注册登记和年度检验工作之外，日常也应根据需要开展各种形式的查证验照检查，发现问题，及时、依法纠正和处理。

(二) 进行企业经济户口管理

经济户口主要包括企业名称、注册资金、经营场所、经营范围、经营方式等登记事项，是企业监督管理工作的基础。通过建立企业经济户口，可以随时准确掌握辖区内企业变化和行业分布的状况，积累资料，为监督管理打下基础。

(三) 建立企业联络员制度

企业联络员，又称企业协管员，属企业在编人员。在企业内部设联络员，可以加强工商行政管理机关与企业的联系和沟通，还可以提高监督管理效率。

(四) 设立企业专管员

企业专管员一般是工商所工作人员，直接分工负责辖区内的企业监督管理工作。设立

企业专管员可以使企业监督管理职能真正到位、落到实处。

(五) 建立定期回访复查制度

定期回访是指对新开办企业在核准登记注册 3 个月之内进行回访复查。定期回访检查的重点是企业资金是否到位，有无抽逃转移资金的行为；企业是否开业；生产经营情况是否正常；企业住所、人员与注册登记事项是否相符；等等。通过定期回访，可以加强对企业的监督管理，使企业加强自律，守法经营。

(六) 加强法制教育和职业道德教育

工商行政管理机关在市场管理中发现，许多个体工商户和私营企业的违法、违章行为，并不是由于他们明知故犯，而是由于他们不懂法而导致的。因此，在对个体私营经济实体的日常监督管理中，加强法制教育和职业道德教育也是一项非常重要的工作。通过宣传教育可以帮助他们学法、知法和用法，自觉按法律、法规和商业道德约束自己的行为，依法从事合法的生产经营活动。

> **名词解释**

个体私营经济准入制度　个体私营经济实体的名称　营业执照　准则主义　审批主义个体私营经济的年度检验制度

复 习 题

1. 理解个体私营经济准入制度需要注意什么？
2. 个体工商户的命名规则包括哪些？
3. 私营企业名称分级登记管理的具体内容是什么？
4. 私营企业的命名规则包括哪些？
5. 企业应如何使用企业名称？
6. 个体工商户的营业登记条件有哪些？
7. 个体工商户开业登记程序是什么？
8. 自然人私营企业登记注册的条件是什么？
9. 设立独资企业需提交的证明文件有哪些？
10. 设立合伙企业应提交的主要材料有哪些？
11. 有限责任公司设立的条件有哪些？
12. 股份有限公司设立的条件有哪些？
13. 有限责任公司设立的申请程序是什么？
14. 股份有限公司设立的申请程序是什么？
15. 公司设立的登记程序是什么？
16. 个体工商户验照的主要内容是什么？
17. 私营企业年检的内容是什么？
18. 对个体私营经济实体的日常监督检查主要包括哪些？

扩展阅读

《个体工商户条例》修订的主要内容(二)

一、关于登记机关

《暂行条例》第七条规定了个体工商户由户籍所在地县级工商行政管理机关登记。2004年的《个体工商户登记程序规定》，已经改革为由经营场所所在地县级工商行政管理机关登记。这一改革方便了不在户籍地经营的公民从事个体经营，取得了较好的效果。《条例》第三条规定为："县、自治县、不设区的市、市辖区工商行政管理部门为个体工商户的登记机关(以下简称登记机关)。登记机关按照国务院工商行政管理部门的规定，可以委托其下属工商行政管理所办理个体工商户登记。"第八条规定为："申请登记为个体工商户，应当向经营场所所在地登记机关申请注册登记。"以上两条规定，从行政法规层面肯定了2005年以来，全国工商系统推行个体工商户分层分类登记管理改革的成果。但存在三个问题：一是登记管辖尚需作细化安排。尽管《条例》对登记管辖作出了较为明确的规定，但是，由于全国各地情况存在较大差异，如对于各类开发区分局、风景区分局、不设工商行政管理所(以下简称工商所)的分局以及直属省局、地市局的专业分局等的个体工商户登记管辖权需要作出安排。二是委托登记的规范问题。虽然《条例》规定了登记机关可以委托其下属工商所办理个体工商户登记，但作为登记机关的县级工商部门，在委托其下属工商所开展登记时，应当按照总局的相关要求，规范委托行为。委托登记管理工作要继续按照《个体工商户分层分类登记管理办法》(工商个字〔2005〕第26号)和《个体工商户委托登记管理实施意见》(工商个字〔2006〕第74号)有关规定执行。三是关于一人多照的问题。个体工商户从其自然人身份特征看，在理论上，不应当存在一人多照的问题。一个自然人在确认为个体户后，就已经具有了这种身份特征。出现这种问题，是由于个体工商户所同时具有的财产属性带来的。在初期，我们的管理体制更多地是从基本概念、基本原理出发设计的。早先，个体工商户是由户籍地工商部门管辖，个体工商户要离开户籍地外出经营的，要办理异地经营(即在原籍领取营业执照，到异地经营的，需向经营地工商部门申请，由经营地工商部门收回原籍颁发的营业执照，换发当地颁发的临时营业执照)。1992年，长春市工商局就个体工商户是否可以一人多照的问题，向总局有过请示，总局给予了答复，即一个自然人只能领一个个体工商户营业执照。但是，该答复在2004年贯彻《行政许可法》进行文件清理时废止了。废止不是因为答复本身错了，而是从更方便公民从事个体经营上考虑，废除了异地经营的概念与制度。在没有实现全国个体工商户登记联网的情况下，工商部门缺少手段和能力对这种情况进行管理和控制。从鼓励创业和扩大就业的角度看，也没有必要进行控制。因此，对目前存在的一人多照的问题，基本态度是，不鼓励，但也不强制一人只能办一个执照。

二、关于登记事项

《暂行条例》第八条规定了八个登记事项：字号名称、经营者姓名和住所、从业人数、资金数额、组成形式、经营范围、经营方式、经营场所。个体工商户作为承担无限责任的市场主体，从保护交易安全的角度看，申报登记资金数额并无太大实际意义；由于放开了对个体工商户聘用人数的限制，资金数额和从业人数不再成为登记事项。《条例》第八条第二款规定为：个体工商户登记事项包括经营者姓名和住所、组成形式、经营范围、经营场所。个体工商户使用名称的，名称作为登记事项。确定了五个登记事项。在主体登记中，登记事项是比较少的。

《个体工商户登记管理办法》对《条例》确定的个体工商户登记事项做了阐释和说明，以便于申请人理解和规范登记管理工作。对于个体工商户名称管理，适用另一部总局规章《个体工商户名称登记管理办法》。这里要注意两点：一是个体工商户名称是或然的，个体工商户可以有名称，也可以没有名称，这与作为组织的市场主体有所不同；二是名称预先核准问题，涉及前置许可的，要名称预先核准。

经营者姓名和住所，是指申请登记为个体工商户的公民姓名及户籍所在地的详细住址。《民法通则》规定了自然人以其户籍所在地的居住地为住所。

登记住所，目的在于确定法律文书的送达地和行政司法管辖地。总局《个体工商户登记文书格式规范》对于登记经营者住所做了明确规定，即以经营者身份证载明住址为准。

组成形式，个体工商户的组成形式包括个人经营和家庭经营，《个体工商户登记管理办法》规定了：家庭经营的，参加经营的家庭成员姓名应当同时备案，以备案方式对参与经营的家庭成员权益予以保障。

什么是家庭？目前没有明确的法律定义。现代汉语词典对家庭的解释是：以婚姻和血统关系为基础的社会单位，包括父母、子女和其他共同生活的亲属在内。从定义看，在家庭概念的外延上这一解释不够明确。为了保护参与经营的家庭成员的合法权益，同时解决登记上的实际问题，《个体工商户登记文书格式规范》规定，申请登记为家庭经营的，以主持经营者作为经营者登记，由全体参加经营家庭成员在《个体工商户开业登记申请书》经营者签名栏中予以签字确认。提交居民户口簿或者结婚证复印件作为家庭成员亲属关系证明，同时提交其他参加经营家庭成员的身份证复印件，对其姓名及身份证号码予以备案。

对于家庭成员的姓名予以备案而不是登记，是强调家庭经营个体工商户的整体性。家庭本质是合伙。但是，在这里，家庭经营是以个体工商户的形式出现的，不能将其以合伙对待。因此，家庭经营的个体工商户要有主持经营者，由主持经营者对经营活动和相关事务作出决定，家庭其他成员，只对涉及自身利益的事项，行使认可权或否决权。家庭经营的，以主持经营者为申请人。

经营范围，是指个体工商户开展经营活动所属的行业类别。《个体工商户登记管理办法》第九条规定：登记机关根据申请人申请，参照《国民经济行业分类》中的类别标准，登记个体工商户的经营范围。这一规定体现在经营范围的核定上，既要尊重申请人意愿，也要进行适度规范；《个体工商户登记文书格式规范》进一步细化为：个体工商户的经营范围表述参照《国民经济行业分类》的中类、小类行业类别名称或具体经营项目。

经营场所，是指个体工商户营业所在地的详细地址。《个体工商户登记文书格式规范》对经营场所使用证明作了规定：个体工商户以自有场所作为经营场所的，应当提交自有场所的产权证明复印件；租用他人场所的，应当提交租赁协议和场所的产权证明复印件；无法提交经营场所产权证明的，可以提交市场主办单位、开发小区(含工业小区、科技园区)

管委会、居委会、村委会出具的同意在该场所从事经营活动的相关证明。

三、关于"一照多摊"

《民法通则》对个体工商户的定位是"自然人"，不同于企业。《个体工商户登记管理办法》第十条第二款规定："个体工商户经登记机关登记的经营场所只能为一处。"这项规定旨在限制个体工商户设立分支机构，即"一照多摊"的现象。

个体工商户不能办分支机构，人不能成为"分人"，个体工商户是独立的民事主体，不能自己设立分支机构，也不能成为别的市场主体的分支机构。对于个体工商户是否可以参与"连锁"、"特许经营"的问题，个体工商户可以以协议的方式与其他主体"连锁"、"特许"经营，但是，这种协议不得对抗第三人。也就是说，个体工商户要对其向社会提供的商品和服务负责，独立承担责任。

四、关于开业登记

《暂行条例》没有对成为个体工商户应向登记机关提交哪些文件作出明确规定。根据《行政许可法》的要求，申请设立个体工商户的申请材料和法定形式应当明确。

《条例》第八条第一款规定了："申请登记为个体工商户，应当向经营场所所在地登记机关申请注册登记。申请人应当提交登记申请书、身份证明和经营场所证明。"

《个体工商户登记管理办法》第十四条进一步做了明确和细化：

① 申请人签署的个体工商户开业登记申请书；

② 申请人身份证明；

③ 经营场所证明；

④ 国家工商行政管理总局规定提交的其他文件。

《个体工商户登记文书格式规范》规定了个体工商户开业登记申请书的形式，包括申请人的基本情况、登记事项、申请人签名等。尽管个体工商户的资金数额和从业人数不再作为登记事项，但为了了解掌握个体经济的发展规模，资金数额和从业人数仍然是申请人需要在个体工商户开业登记申请书上填写的内容。

法律法规规定需要前置许可，应当提交相应的许可证明或批准文件。

五、关于变更登记

《条例》第十条第一款规定了：个体工商户登记事项变更的，应当向登记机关申请办理变更登记。个体工商户变更名称的，适用《个体工商户名称登记管理办法》。

变更经营者，《条例》第十条第二款规定了"个体工商户变更经营者的，应当在办理注销登记后，由新的经营者重新申请办理注册登记。家庭经营的个体工商户在家庭成员间变更经营者的，依照前款规定办理变更手续。"分两种情况：一是个人经营的，一废一立。即原个体工商户应当在办理注销登记后，由新的经营者重新申请办理注册登记。二是家庭经营的，可以在家庭成员内变更。《个体工商户登记文书格式规范》对此种变更作了规定："个体工商户变更经营者的，限在已备案的参与经营的家庭成员范围内，应当提交由全体参加经营家庭成员签署的个体工商户变更登记申请书。原经营者和变更后的经营者都应当在经营者签名栏中予以签字确认。"

变更组成形式，个人工商户可以变更组成形式，但要有家庭成员的确认。《个体工商户登记文书格式规范》中的变更说明"个体工商户变更组成形式的，应当由全体参加经营家庭成员在《个体工商户变更登记申请书》经营者签名栏中予以签字确认。其中：由个人经营变更为家庭经营的，应当提交居民户口簿或者结婚证复印件作为家庭成员亲属关系证明，同时提交参加经营家庭成员的身份证复印件，对其他参加经营家庭成员的姓名予以备案。家庭经营的个体工商户备案内容发生变化的，应当向登记机关申请办理备案变更，参照变更登记程序办理。办理备案变更适用本申请书。"变更经营范围，根据申请人申请，参照《国民经济行业分类》中的类别标准，登记个体工商户的经营范围。法律法规规定需要前置许可，应当提交相应的许可证明或批准文件。变更经营场所，分两种情形：一是申请经营场所变更的，限在同一登记机关辖区范围内。应当在迁入新经营场所前申请变更登记，并提交新的经营场所使用证明。二是新经营场所在其他登记机关辖区的，应当按照"一废一立"原则办理，即注销原个体工商户登记，向新经营场所所在地登记机关重新申请个体工商户登记。

六、关于注销登记

《个体工商户登记管理办法》第十六条规定了办理注销登记应当提交的文件：① 申请人签署的个体工商户注销登记申请书；② 个体工商户营业执照正本及所有副本；③ 国家工商行政管理总局规定提交的其他文件。需要说明的是，家庭经营的个体工商户申请注销登记的，应当由全体参加经营家庭成员在《个体工商户注销登记申请书》经营者签名栏中予以签字确认。个体工商户申请注销登记的，应当缴回个体工商户营业执照正本及所有副本。

七、关于个体工商户登记程序

根据《行政许可法》的要求，《条例》增加了登记程序的相关内容，结合个体工商户的特点，在许可程序上做了简化处理。第九条规定：登记机关对申请材料依法审查后，按照下列规定办理：

(1) 申请材料齐全、符合法定形式的，当场予以登记；申请材料不齐全或者不符合法定形式要求的，当场告知申请人需要补正的全部内容；

(2) 需要对申请材料的实质性内容进行核实的，依法进行核查，并自受理申请之日起15 日内作出是否予以登记的决定；

(3) 不符合个体工商户登记条件的，不予登记并书面告知申请人，说明理由，告知申请人有权依法申请行政复议、提起行政诉讼。予以注册登记的，登记机关应当自登记之日起10 日内发给营业执照。

《个体工商户登记管理办法》按照《行政许可法》和《条例》要求，对个体工商户登记的申请、受理和审查、核准基本环节划分规定了个体工商户登记程序，既方便申请人了解相关办事流程，也有利于指导注册人员依法开展登记管理工作。《个体工商户登记管理办法》第四章为"受理、审查和决定"，第十八条至第二十二条对登记机关依法实施许可的各种情形作了较为详细的规定。在登记程序中，申请材料齐全，符合法定形式是《行政许可法》规定的重要概念。申请材料齐全是指申请人提交的申请材料符合法律、法规和规章要求的全部材料；符合法定形式是指申请人提交的文件材料格式文本符合规范、记载内容符合法定要求、材料的效力符合法定时限。

八、关于审查的问题

审查是登记程序中的重要环节。现代汉语词典对审查的解释是：检查核对是否正确、妥当。不少从事登记实务工作的同志经常会问这样一个问题：工商部门的登记审查到底是形式审查还是实质审查？还是以形式审查为主，辅之以实质审查？

审查是一种行为，工商部门的登记审查是对申请材料进行审查，对于申请材料来讲，它的形式和它的实质内容，都是构成申请材料的要件。它是形式与内容的关系，没有形式的内容和没有内容的形式，是不存在的。因此，既然是审查，就必须对形式和内容一起审查。尽管《行政许可法》把申请材料的真实性义务设定给了申请人，但是，《行政许可法》并没有明确免除登记机关审查材料真实性的责任；除真实性外，审查还包括对有效性和合法性的审查，真实性并不必然带来有效性和合法性。

工商登记审查要把握的基本方法是，审查时对申请材料的真实性、有效性、合法性不做否定的假设。不能将申请人提交的材料，先验地、主观地设定为不真实、不合法和无效，而是要客观地对待申请材料。在申请人对申请材料真实性负责的前提下，登记人员主要看申请材料的内容是否符合法律、法规和规章的要求，证明材料是否环环相扣，是否充分、有效。登记人员在审查时确实对材料的真实性、有效性、合法性有怀疑，如，证件、文件有涂改的迹象，申请人的申请资格有疑问，许可证的形式、内容、印章、有效期与法律法规和平常掌握的情况不符等。如果这些疑问申请人无法作出合理的解释，登记人员就可以决定对实质性内容进行核查。

九、关于收费

根据国务院停止收取个体管理费的规定，《条例》删去了个体工商户应当缴纳管理费的内容，《条例》第十三条规定：个体工商户办理登记，应当按照国家有关规定缴纳登记费。

十、关于其他新增加的内容

(1) 贯彻《政府信息公开条例》，强化服务职能，增加了第十五条：登记机关和有关行政机关应当在其政府网站和办公场所，以便于公众知晓的方式公布个体工商户申请登记和行政许可的条件、程序、期限、需要提交的全部材料目录和收费标准等事项。登记机关和有关行政机关应当为申请人申请行政许可和办理登记提供指导和查询服务。

(2) 为使政府相关部门在对个体工商户管理上协调配合，形成管理合力，更好地维护经济秩序，规定了第二十四条：在个体工商户营业执照有效期内，有关行政机关依法吊销、撤销个体工商户的行政许可，或者行政许可有效期届满的，应当自吊销、撤销行政许可或者行政许可有效期届满之日起 5 个工作日内通知登记机关，由登记机关撤销注册登记或者吊销营业执照，或者责令当事人依法办理变更登记。

(3) 要求工商部门以及其他有关部门要加强个体工商户管理工作的信息交流，逐步建立个体工商户管理信息系统(第二十五条)。《个体工商户登记管理办法》进行了细化，吸收了 2005 年以来全国工商系统开展个体工商户分层分类登记管理改革，对个体工商户进行信用分类监管的成功经验，第三十一条规定：登记机关应当依托个体工商户登记管理数据库，利用信息化手段，开展个体工商户信用分类监管，促进社会信用体系建设。同时，为了保障社会依法获取工商登记信息，提高工作透明度，促进依法行政，充分发挥工商登记信息对人民群众生产、生活和经济社会活动的服务作用，《个体工商户登记管理办法》第三十二条至第三十四条对登记机关在登记场所及其网站公示个体工商户登记管理信息作出了详细规定，第三十七条对登记机关发挥个体工商户登记信息资源优势，为个体经营者投资创业服务，支持引导个体经济科学发展作了具体规定。

(4) 增加了港澳台个体户的内容。《条例》第二十七条规定：香港特别行政区、澳门特别行政区永久性居民中的中国公民，台湾地区居民可以按照国家有关规定，申请登记为个体工商户。

所谓"国家有关规定"，是指对于港澳，依照中央政府与香港、澳门两个特别行政区政府签署的《关于建立更紧密经贸安排的协议》所确定的内容，以及总局所制定的相关文件。对港澳个体工商户与内地个体工商户在管理上有三点差异：一是对港澳居民要进行身份认证；二是为避免对外资管理体制的冲击，经营场所面积和从业人数有一定的限制；三是在经营范围上采取列表肯定的办法。对于台湾地区，目前仅限于台湾农民可以在大陆特定地区从事个体经营，普通的台湾居民还不能成为内地的个体工商户。

在登记方面，对于港澳以及台湾个体工商户，总局分别单独制定过文件。新《个体工商户登记文书格式规范》将港澳以及台湾个体工商户与内地个体工商户登记文书统一在一个文件里，简化了登记文书。

十一、关于流动商贩问题

《条例》上网征求意见稿试图将流动经营小摊贩纳入调整范围，曾规定了"无固定经营场所的小摊贩，申请成为个体工商户的，登记事项不包括经营场所，但应当在当地人民政府或者工商行政管理部门指定的区域内从事经营活动"，引起社会较大关注与争议。

对这一问题的处理，将流动摊贩定位为"地方政府管理事务"，由地方政府或地方政府授权的部门管理。参考了《食品安全法》第二十九条第三款食品摊贩管理办法由省级人大常委会制定的规定。《条例》第二十九条规定：无固定经营场所摊贩的管理办法，由省、自治区、直辖市人民政府根据当地实际情况规定。

十二、关于营业执照有效期

新版营业执照取消了营业执照有效期，也就是在个体工商户领取营业执照后，直至吊销营业执照或注销登记前，个体工商户的营业执照长期有效。

十三、关于"转企升级"

《条例》第二十八条规定：个体工商户申请转变为企业组织形式，符合法定条件的，登记机关和有关行政机关应当为其提供便利。转企升级的难点：一是制度障碍，不同组织形式的主体目前尚无法转变；二是管理机制障碍，需要前置许可部门的协调配合。解决办法：一是鼓励各地积极探索；二是与主要管理部门就该问题达成一致，共同推进。

资料来源：

[1]　杨力军. 对《个体工商户条例》的理解、认识与思考(续)[J]. 工商行政管理，2011(22).

[2]　杨力军. 对《个体工商户条例》的理解、认识与思考(续)[J]. 工商行政管理，2011(23).

第四章

个体私营经济的市场监督管理

本章首先介绍了个体私营经济市场监督管理的概念、职能、原则和方法；其次介绍了个体私营经济市场规范管理的含义、特征、主要职责和方式；最后介绍了个体私营经济监督管理的任务和内容。

>>>>>>>>>>>>>>>>>>>>>>>>>>>>

第一节　个体私营经济的市场监督管理概述

一、个体私营经济的市场监督管理及职能

(一) 个体私营经济市场监督管理的概念

个体私营经济的市场监督管理，是指国家通过设立专门的市场监督管理机构，运用必要的行政手段和一定的法律手段及有关的社会监督机制，对进入市场的个体私营经济实体及其交易活动与行为依法进行监督和管理的过程。国家加强规范和管理各市场主体的市场行为，有利于促进社会主义市场经济体制的完善。

(二) 个体私营经济的市场监督管理机关

在我国，对个体私营经济进行市场监督管理的行政机关分为两类：一类是市场管理的专门机关，即工商行政管理机关，这是对个体私营经济进行综合监督管理的机关；另一类是市场管理的专业机关，如技术监督部门、物价管理部门、海关、卫生防疫部门、税务稽查部门等，它们从各自的专业方面对市场行为进行规范、监督和查处。

工商行政管理机关是对个体私营经济进行综合市场监督管理的机关，在个体私营经济的市场管理体制中充当主角。随着经济体制改革的深入，工商行政管理机关在市场监督管理中的地位更加突出。经过机构改革，目前工商行政管理机关已转变为以中央部门为主的垂直领导体制，它作为主管个体私营经济的市场监督管理机关，已建立起比较完备的市场监督体系和公平交易执法体系，以及比较完善的市场管理制度和管理网络，成为维护社会主义市场经济秩序的重要力量。

(三) 个体私营经济的市场监督管理机关的职能

个体私营经济市场监督管理机关的职能是国家市场监督管理机关在进行市场监督管理活动中作用于管理客体——个体私营经济的客观功能，具体包括：

(1) 规范职能，即在调查研究的基础上，制定出科学、有效的法律规范体系，用以指导、约束个体私营经济主体及其交易、竞争行为。法律规范既是市场管理机关实施管理的依据，也是实施管理的手段，还是个体私营经济主体的市场行为准则。因此，市场监督管理中应当重视法律法规的完善，加强规范职能的建设。

(2) 监督职能，即管理者以法律法规等为依据，检查、监测个体私营经济实体的行为，对有偏离倾向或已开始发生偏离的行为人给予提醒、指导，督促其采取防范措施或及时纠正偏差，使违法行为在即将发生或刚刚发生时就得到避免或制止。

(3) 查处职能，即对违反市场管理法规行为的调查、处理职能。对于规范职能、监督职能未能避免和阻止的违法行为，市场管理者可进行调查和给予处理，以便强制纠正违法行为，并对违法行为产生的后果加以补救，同时警示个体私营经济实体守法经营。查处职能是市场管理职能的集中体现，是市场规范职能、监督职能发挥作用的保证。

二、个体私营经济的市场监督管理原则

个体私营经济的市场监督管理原则是在我国长期的个体私营经济市场监督管理实践中总结、提炼出来的，是指导个体私营经济市场监督管理实践活动的指导思想和基本要求，是市场监督管理工作高效运行和有力推进的基本保证。

(一) 按市场经济规律办事的原则

我国经济体制改革的目标是建立社会主义市场经济体制。工商行政管理机关在进行市场监督管理时，要按市场经济规律办事，要有利于社会主义市场经济体制的建立和完善。

(二) "活而不乱，管而不死" 的原则

"活而不乱，管而不死" 原则中的 "活"，是指包括个体私营经济在内的市场主体交易活跃，市场繁荣，是管理的核心和目的；"管" 是指依法管理，保护合法，取缔非法，保证良好的交易秩序和环境，是搞活的手段。在对个体私营经济的监督管理中，贯彻 "活而不乱，管而不死" 的原则，关键在于管理，要坚持以事实为根据，以法律为准绳，以生产力发展为标准，促进市场繁荣以及市场经济的建立和完善。另外，还要防止以搞活为动机，结果搞乱了个体私营经济市场；又要防止以治乱为动机，结果统死了个体私营经济市场。

(三) 依法管理的原则

依法管理，是指个体私营经济的市场监督管理机关及其管理人员必须按照有关法律法规的要求，对个体私营经济实体的市场行为进行监督管理。坚持依法管理的原则，要求个体私营经济的市场监督管理机关做到有法可依、有法必依、执法必严、违法必究，这既可促进个体私营经济实体交易的规范化、合法化，维护市场经济秩序，也可减少市场管理中以权代法、滥用职权现象的发生。

(四) 统一监督的原则

统一监督，首先是指对个体私营经济实体的同一市场行为实施统一的管理办法与制度；其次，是指个体私营经济的市场监督管理统一由国家依法授权和确立的监督机关进行。统一监督是社会主义统一大市场的要求，有利于保证市场公平、公开、公正，体现了监督的权威性。

(五) 保护国家、企业和消费者利益的原则

市场经济鼓励正当竞争，但有些个体私营经济主体为了生存使用不正当手段参与市场竞争，这必然损害相关企业的利益，甚至损害消费者的利益，不利于市场经济正常运行，不利于国民经济的健康发展。因此，市场管理应从维护各主体公平竞争和保护消费者权益出发，加强管理个体私营经济主体的市场行为。

三、个体私营经济的市场监督管理方法

以工商行政管理机关为主体的个体私营经济市场监督管理机关，是国家授权其监督管理个体私营经济市场行为的行政执法机关，其管理内容主要是个体私营经济实体的合法经营资格及其市场交易行为，与此相适应的管理手段主要是行政手段和法律手段，而不是经济手段。

(一) 行政手段

运用行政手段对个体私营经济进行市场监督管理，主要通过以下途径：

(1) 发布政令，即由国家行政管理机关按照市场经济规律和市场监督管理任务的要求，根据国内外个体私营经济发展变化情况，制定出相应的方针、政策、规章制度，发布有关的命令、条例等，实现其对个体私营经济的市场监督管理职能，并及时解决个体私营经济在市场交易等方面出现的突发性的或需要立即采取措施的问题和矛盾。

(2) 行政监督，即由市场监督管理机关基于行政职权依法对个体私营经济是否遵守市场管理的行政法规范以及执行情况进行的监督检查。市场监督管理机关通过行政监督可促使个体私营经济实体贯彻执行国家的方针、政策，督促个体私营经济经营者在国家方针、政策允许的范围内从事经济活动。

(3) 行政处罚，即由市场监督管理机关在其行政管辖权内，对尚未构成犯罪的违反行政法规定的个体私营经济经营者，依法做出的制裁。市场监督管理机关对在市场交易活动中某些个体私营经济实体无视国家方针、政策、法律的行为要进行严格查处，给予必要的行政处罚，引导和纠正个体私营经济实体的市场行为，维护市场的正常秩序。市场监督管理方面的行政处罚包括通报批评、限价出售商品、强制收购商品、没收非法所得、没收销货款、处以罚款、责令停业整顿以及吊销营业执照等。

(二) 法律手段

个体私营经济市场监督管理的法律手段主要包括两个方面的内容：个体私营经济的市场监督管理立法和个体私营经济的市场监督管理执法。个体私营经济的市场监督管理立法是解决个体私营经济市场监督管理过程中有法可依的问题，而个体私营经济的市场

监督管理执法则是解决个体私营经济市场监督管理过程中有法必依、执法必严和违法必究的问题。

1. 市场监督管理立法

运用法律手段监督管理个体私营经济的市场行为，首先要健全个体私营经济的市场监督管理立法，即对个体私营经济及其市场客体、市场交易、市场行为、市场保障等方面制定有关的法律规范。目前，虽然我国有关个体私营经济市场监督管理方面的立法有了很大的发展，但还不够完善，还需要通过深入调查研究个体私营经济市场监督管理的实践中出现的新情况、新问题，按照市场经济的客观要求，建立和健全市场监督管理法律体系，以便更好地规范个体私营经济实体的市场行为，以及调节个体私营经济实体之间及其与其他市场参与者的关系。

2. 市场监督管理执法

如果一国有了完备的关于个体私营经济市场监督管理的法律体系，但是却"有法不依、执法不严"，那么这些法律条文必将成为一纸空文，其权威性受到损害，造成个体私营经济的经营者法制观念淡薄。因此，运用法律手段监督管理个体私营经济实体的市场行为，还需加强对其市场监督管理执法。各级市场监督管理机关要严格履行执法职责，加强执法力度，提高执法水平。

(三) 社会监督

政府行政机关的市场监督管理虽然非常必要，但面对日益发展壮大的个体私营经济却是远远不够的，还必须建立和完善由行业、市场中介组织、企业和消费者多方共同组成的社会监督体系。其中，通过市场中介组织、行业协会等群众团体和广大消费者对个体私营经济进行监督市场管理，是非政府的社会协调性管理；进入市场的个体私营经济实体遵纪守法和建立健全内部管理制度，是其作为市场主体的自律。

1. 群众团体的监督

群众团体的监督主要包括行业协会和个体私营企业协会的监督。行业协会是由各行业包括个体工商户和私营企业经营者在内的生产者和经营者自愿联合组成的行业组织。行业协会的主要职能是：制定本行业发展的规划、产业政策、行政法规和有关法律，向政府提出体制、价格和发展规划方面的建议；制定本行业产品的规格、技术标准和经营服务公约，协调本行业企业之间的经营行为；组织交流经验，进行业务指导，宣传名牌产品，新产品和国内外先进科学技术；监督和查处本行业出现的偷工减料、掺杂使假，冒充名优等行为。个体私营企业协会，是个体工商户和私营企业经营者自愿联合组成的组织，其主要职能是：沟通党和政府与个体工商户、私营企业之间的联系；开展政策法规宣传、职业道德教育等活动；提高多种形式的服务，协助协会成员排忧解难，协调处理市场交易纠纷。行业协会和个体私营企业协会，均不是国家行政机关，是政府与企业的桥梁，都在国家各级行政机构的指导下，对协会成员进行指导、协调、咨询、服务活动，发挥市场监督管理的作用，提高市场监督管理的效果。

2. 市场中介组织监督

市场中介组织是为个体私营经济及其他市场主体之间的交易活动提供信息咨询、培训、经纪、法律等各种服务，从事协调、评价、评估、检验、仲裁等活动的机构或组织，包括会计师事务所、律师事务所、信托公司、咨询公司和信息公司等。许多国家的经验表明，市场中介组织大多属于民间性机构，少数具有官方色彩，是市场监督管理中不可缺少的环节，具有政府行政管理不可替代的作用。这些机构和组织通过向各市场主体提供交易结算、支付承兑、商务代理、获取信息等服务的同时，还对其进行指导和监督，保证了商品交换的顺利进行，降低了市场交易成本，维护了市场秩序。

3. 消费者监督

市场经济下，消费者接受个体私营经济提供的商品和服务。如果个体私营业主提供劣质商品和服务，则他们是这些商品和服务的受害者。因此，消费者天然具有自我保护意识，是强有力的监督者。在对个体私营经济进行市场监督管理时，必须依靠消费者，保护消费者监督个体私营业主违法犯罪行为的积极性，使消费者监督与其他市场监督相结合，形成严密的市场监督管理体系，更加有效地维护市场经济秩序。

4. 企业自律

企业自律是指私营企业通过建立健全内部有关机构和经营管理制度，实现对自身市场行为的约束及对来自市场的不规范行为的防御与抵制，从而达到市场监督的效果。由于市场竞争日益激烈及政府对市场管理的加强，许多私营企业加强自律，一方面采取各种能赢得消费者信赖的正当竞争手段，另一方面加强企业内部监督，守法经营，防止和减少违法违章经营行为，从而促进了私营企业和整个市场环境的良性发展。

第二节　个体私营经济的市场规范管理

一、个体私营经济市场规范管理概述

(一) 个体私营经济市场规范管理的含义与特征

个体私营经济的市场规范管理，是指以工商行政管理部门为主的有关国家机关，依照国家市场管理法律、法规、行政规章和有关政策，在法定的职责权限内对个体私营经济实体的市场交易行为进行规范、实施监督的管理活动。

个体私营经济的市场规范管理具有以下特征：

(1) 工商行政管理机关是市场规范管理的主体，其他职能部门在其专业范围内履行市场规范管理职能；

(2) 个体私营经济实体——个体工商户和私营企业，是市场规范管理的对象；

(3) 对个体私营经济实体、市场交易客体和市场交易行为的监督和规范是市场规范管理的内容；

(4) 市场规范管理职责是依照国家对工商行政管理机关和其他职能部门的授权来进行分工协作的；

(5) 市场规范管理主要依靠以各种规范为内容的办法、措施和制度的制定和落实来完成。

（二）个体私营经济市场规范管理的主要职责

工商行政管理部门和部分政府职能部门履行对个体私营经济的市场规范管理职能。个体私营经济规范监督管理的主要职责包括：

(1) 对市场交易主体进行规范管理，这主要是对个体工商户和私营企业的名称、资金、经营资格、经营场所、经营范围、企业章程等方面进行规范管理。

(2) 对个体私营经济的市场交易客体进行规范管理，这主要是对个体私营业主经营的商品、生产要素、各类服务等进行规范管理。

(3) 对个体私营经济的市场交易行为进行规范管理，这包括个体私营业主的商品交易、生产要素交易、经纪、拍卖等交易行为，以及合同订立和履行、企业动产抵押物登记等进行规范管理。个体私营经济市场规范管理的核心是对个体私营经济的各类市场交易行为的规范管理。

(4) 查处个体私营经济实体的市场违法违规行为，包括其市场交易主体资格、市场交易客体、市场交易行为，以及合同订立和履行等方面的违法违规行为。

(5) 研究探索个体私营经济市场规范管理方式方法的改革和创新。我国各类市场经历了从无到有，从少到多的发展过程，其间出现了许多的新问题、新情况，需要管理不断改革和创新市场规范管理方法。例如，面对个体私营业主日益增多的非法经营行为，为了促进经营者文明诚实经营，工商管理部门开展了创建“文明市场”和“文明经营户”等活动。随着互联网的发展，管理部门利用网络技术为经营者建立全国联网的信用档案，即市场信用分类监管，这有助于管理者的监督管理，也为各方面提供了经营者的信用信息。

(6) 研究拟订规范各类市场秩序的规章制度及具体措施。随着社会经济的发展，经济生活中不断出现新情况和新问题。例如，近年来网络市场的兴起，就为市场管理者提出了新课题。网络市场的管理有其特殊性，需要管理者结合其特殊性，不断探索和研究制定出网络市场规范管理的具体措施。

二、个体私营经济的市场规范管理方式

个体私营经济的市场规范管理方式主要包括市场巡查制、市场预警警示制度、市场监管行政指导、市场专项治理、商品质量监督抽检和公示、市场交易查验登记监督制度、市场信用分类监管、申诉投诉举报制度、市场监管行政处罚等。

（一）市场巡查制度

市场巡查制度是指执法人员在日常工作中，通过巡回检查的方式，依法对管辖区内各个体私营经济实体的经营资格、经营行为、商品质量等进行监督检查，受理投诉和查处违法违章行为的监督管理制度。

1. 市场巡查原则

在市场巡查中，管理者应做到如下几点：

① 坚持依法巡查的原则；

② 坚持效率、统一、合理分工与内部权力互相制约原则；

③ 坚持公正、公平、公开、廉洁原则；

④ 实行目标管理、属地管理、责任追究、普遍巡查原则；

⑤ 坚持为经济发展服务的原则；

⑥ 接受社会监督的原则。

2. 市场巡查范围

市场巡查范围包括：辖区内所有从事生产经营活动的个体工商户和企业及中介机构，各类生活消费品市场、生产资料市场以及商业活动集中区域，各类展销活动，以及适宜利用巡查方式进行监管的各类经营活动。

3. 市场巡查内容

(1) 对经营者经营资格的检查，具体包括：是否按规定办理营业执照并将营业执照置于住所或者营业场所醒目位置；是否在核准的地址从事经营活动；使用的公章、名称是否与营业执照上核准的名称一致；是否存在伪造、涂改、出租、出借、转让营业执照的行为；是否进行年检验照并查验贴花；是否超过营业执照上的经营期限从事生产经营活动；是否擅自变更法定代表人、负责人或股东；是否有虚报注册资本、抽逃注册资本以及注册登记时提交虚假注册文件的行为。

(2) 检查经营者的经营行为，具体包括：是否未取得专项审批而擅自从事该项经营；专项审批证件是否有效、内容与登记事项是否一致；是否超越核准登记的生产经营范围从事生产经营活动；生产加工企业使用的商标是否注册或授权使用，未注册商标使用情况，是否有商标侵权行为；抽查检验商品，看是否有销售伪造产品产地，伪造或者冒用他人厂名、厂址，假冒、仿冒他人知名商品商标、名称、包装、装潢，标识不全、过期失效、变质，数量不足，掺杂掺假商品的行为；是否有虚假广告或对商品质量、服务、功效适用范围作虚假宣传的行为。

(3) 检查经营者履行制度及义务的情况，具体包括：商品是否明码标价、填写是否规范、内容是否真实、是否一货一签、货签对位；是否从正规渠道进货，是否建立商品进货查验制度；农资、化学危险品、食品经营者是否索证索票存档备查，是否建立购销台帐；对售出的商品是否提供发票等售货凭证。

(4) 检查市场经营管理者履行责任的情况，具体包括：各类商品交易市场、展销会、农村集市的主办单位是否依照国家有关法律、法规和规章，履行所办市场内部安全、卫生及商品质量管理等相应制度的职责。市场主办单位对市场内食品安全监督管理的义务和职责落实情况，是否建立和完善索证索票及进货查验等制度，是否建立并实施"不合格食品退市制度"。房屋和柜台租赁有关手续是否健全。

4. 市场巡查方式

市场巡查主要有如下三种方式：

(1) 区域巡查，或日常巡查。管理部门根据所管辖的各种交易场所和经济活动情况，组成巡查组，按照职责分工和工作规定，经常性在管理区域内定人、定时、定点进行巡回检查，主要解决"面"上的问题。

(2) 专项巡查。根据工作需要，对重点问题、重大活动和重点市场，开展专项巡查，集中力量进行解决和处理，主要解决区域巡查不到位的问题，即解决"块"上的问题。这是阶段性工作。

(3) 重点巡查。针对区域巡查、专项巡查中解决不了的严重违法的疑难问题和隐藏问题，如群众举报线索比较明显，或日常监管中发现的较为明显的违法违章行为，集中力量进行重点巡查，主要解决"点"上的问题。这是突击性工作。

实际操作中，管理部门往往根据实际情况，本着整合执法资源，节约行政成本，提高执法效率的原则，实行"一巡多查，职能涵盖"的市场巡查模式，将日常巡查、专项检查和重点巡查相结合，静态监管与动态跟踪监管相结合，实现对辖区市场主体生产经营情况的有效监管。

(二) 市场预警警示制度

1. 市场预警警示制度的含义

市场预警警示制度是工商行政管理部门为了有效监管市场，在市场监管中，对包括个体私营经济实体在内的各类经营主体存在的一般的、非恶意的违法违章行为，采取事前报警，事后警示，促其规范，把严重违法违规行为消灭在萌芽状态的一种防范制度，是新时期工商行政管理职能的延伸和拓展，是工商监管模式创新的有益尝试。

2. 市场预警警示制度的作用

(1) 有利于提高执法效能。工商执法面临执法手段单一，甚至法规互相冲突的矛盾，如何提高执法效能一直困扰着执法者，实施了市场预警警示制度后，执法矛盾明显减少，执法对象配合程度提高，提高了执法效能。

(2) 有利于改善投资环境，促进地区经济发展。市场预警警示制度实施中，坚持了"教育为主、处罚为辅"，"规范为主、查处为辅"的原则，体现了以德治理的理念，使经营者有一个比较宽松的经营环境，吸引了投资。

(3) 有利于提升政府形象。市场预警警示制度的实施，改变了工商部门一味查查查、罚罚罚的简单做法，逐步提高了各类经营主体和人民群众对政府机关的信任度，提升了工商部门的形象，同时也提升了党和政府的形象。

3. 预警警示的内容

市场预警警示制度包含了预警和警示两个内容，预警体现了工商部门的服务功能，警示体现了工商部门的监管职能。预警侧重于事前，即加强对市场经营主体的法规培训，并根据宏观经济形势的变化，及时给辖区各类市场主体提供信息，供市场主体进行决策时作参考。警示主要是指事后，即市场主体非恶意的、轻微的违法违规行为发生后，由工商部门及时发出警示，起到警告提示、促其整改的作用。为了使市场预警警示制度能够有实在的内容，管理部门还规定了预警和警示的具体内容。

(1) 预警的内容。预警的内容具体包括：① 国家经济结构和产业结构、宏观经济形势、人才需求的变化，影响到辖区经济决策、结构调整等工作的；② 外贸进出口方面的信息，影响辖区进出口企业经营的；③ 国家宏观金融政策的调整，如利率、汇率、税率、资金等的变化，影响到辖区企业资本、资金运作的；④ 市场供求变化，及原材料及产品价格的变化，影响辖区市场发展和经济效益提升的；⑤ 辖区经营主体在经营中存在的共性问题。

(2) 警示的内容。根据各类经营主体存在的一般的、非恶意的违法违规行为的共性特点，警示的内容可分为三大类：一是经营主体未按规定变更名称、经营范围、经营场所等；二是经营主体未按规定及时办理年检、未按规定亮照经营等；三是集贸市场内存在的不规范行为。对于上述问题，原则上要"教育规范在先，惩戒处罚在后"。

4. 预警警示的形式

预警的形式包括：

(1) 宣教式预警，即对辖区内各类经营主体进行法律法规培训和宣传，增强经营者守法经营意识，有效地避免违法违章行为发生，从而达到事前预警的目的。

(2) 戒勉式预警，对市场巡查中发现的各类经营主体存在的共性问题，采取不定期通报情况的形式进行预警，以期达到事前预警的目的。

(3) 服务式预警，即及时向辖区经营主体发出情况通报国家宏观经济形势、政策走向的变化，以及地区经济结构调整等情况，供经营主体决策参考，防止决策失误。

警示的形式包括：

(1) 口头警示，即对日常巡查和监管中发现的轻微违法违章行为，首先当场进行口头警示，巡查结束后在《市场巡查台帐》上登记备案。

(2) 书面警示，即违法违章者在被口头警示之后，不及时进行整改或又被发现新问题，工商部门对其进行书面警示，并在《市场巡查台帐》上登记备案。口头、书面警示后仍未改正的，按照有关法规及时实施查处。

5. 预警警示的实施过程

预警警示的实施包括三个阶段：

(1) 监督检查阶段，即基层工商干部根据市场巡查、群众举报、消费者投诉等途径，及时发现不良苗头、倾向和已发生的轻微违规违章行为。

(2) 发出预警警示阶段，即工商干部根据监督检查的实际情况，认为适合预警警示的，对其进行预警警示；能当场整改的，予以口头警示；不能当场整改的，予以书面警示，指明经营者违规违章性质，警示法律法规依据，明确整改时限和标准要求。

(3) 依法处理阶段。工商干部对被警示者，根据预警警示记载情况及时予以回访，对整改完毕、检查合格者，解除预警。对预警后未及时整改，或整改不符合标准要求，继续从事违规违章经营者，依法予以处罚，并将处理结果输入其经营者的"经济户口"。

实际实施过程中，应把握三个"重点"：监管内容以市场主体资格确立及经营者经营行为为重点；监管环节以划片落实，责任到人的日常监管为重点；监管方式以动态管理为主，以预防为重点。同时还应注意两个"结合"，即预警警示与推行经济户口管理相结合，预警制与市场巡查制相结合，以此达到警示一个，教育一片的目的。

(三) 市场监管行政指导

市场监管行政指导，是指工商行政管理机关在职责范围内，为有效地实现一定行政管理目标，通过发布市场监管法律法规信息、市场提示信息以及书面或口头的具体指导，向经营者提供建议、咨询、劝告、告诫、说服，以及对经营者进行奖励、鼓励、表彰等方式引导和影响其行为，以促成市场监管目标实现的管理方式。市场监管行政指导的实质是在行政相对人自愿的基础上，适时灵活地以非强制性的方式，引导其作出或不作出某种行为的行政行为。在市场监管中引入并推行行政指导工作，对于增加监管方式，提高监管效果具有重要意义。

在市场监管执法中如何建立和健全符合工商职能的行政指导工作机制，可从以下五个方面入手：

(1) 在对经营主体资格登记、广告宣传、展销会登记等行政许可事务确认的过程中，通过及时提供所掌握的相关信息，采取助导、劝导、引导、疏导等行政指导方式，主动服务广大经营者，帮助其正确办理相关登记及确认事务，有序进入或退出市场。

(2) 劝导建立健全规范经营管理的自律制度，包括产品质量承诺制度、消费者警示制度、索证索票制度、进货质量查验制度、不合格商品退市与召回制度、风险保证金和消费纠纷先行赔偿制度和重要商品备案制度。

(3) 在市场监管执法方面导入查处违章违法预警制，即查处违章违法行为时，坚持事前预警告诫、事中纠正制止、事后教育规范，通过解释、感化、说服、规劝、劝阻、警示等行政指导方式，指导违法经营者自行纠正或杜绝违法行为。同时在对某些具体问题的处理上坚持原则性与灵活性相结合，帮助企业解决实际问题。

(4) 在规范秩序行政处罚方面导入人性化劝告、处罚从轻制。

(5) 劝导消费者正确维权，如选择准证照齐全、有信誉的经营户；保存证据，索要购物发票或者其他证明；告知投诉途径，包括与经销商或者生产厂家联系，到消费者协会投诉，向行政执法部门举报等。

(四) 市场专项治理

市场专项治理是管理部门在某一时期针对某一类型市场发展中存在的突出问题，集中时间、集中人力进行检查监督，达到规范市场主体经营行为、整顿市场秩序、保护消费者及生产者、经营者合法权益的目的。如农资市场专项治理主要是在春耕前后集中力量对化肥等农资的经营资格、商品质量等方面进行监督检查；又如中介组织专项治理，主要针对广告代理、拍卖行、担保服务、出国留学、因私出入境、环境评估、专利代理、保险中介等市场中介组织存在的问题开展集中整治。

 案　例

上海市开展文化娱乐场所专项整治行动

2008 年 9 月以来，上海市公安、工商、消防、文化行政、文化执法等部门紧密协作，认真开展了以歌舞娱乐场所为重点的文化娱乐场所专项整治行动。截至 2009 年 2 月 10 日，全市共出动执法人员 67000 余人次，工商部门共取缔无证无照歌舞娱乐场所 200 余家，取缔无证无照游戏(艺)机场所 1000 余家；文化执法部门共检查文化娱乐场所 7000 余家次，立案查处违法经营行为 600 余件；公安部门积极配合工商、文化执法部门，加大了对违法经营娱乐场所的查处力度，对暴力抗法的经营者依法采取强制措施，行政拘留、刑事拘留了一批违法经营人员及参赌人员。在专项整治工作中，各部门坚持堵疏结合的工作方针，市文广局已为符合条件的 110 余家文化经营场所办理了文化经营许可证。经过一段时间的集中整治，上海市大部分无证无照文化娱乐场所被取缔或自行停业，无证无照经营行为得到基本遏制，市场秩序明显好转。

　　资料来源： 王磊. 重点打击使用赌博机具行为[OL]. http://wgj.sh.gov.cn/node2/node741/node742/
　　　　node755/userobject1ai36246.html. [2009-2-13].

(五) 商品质量监督抽检和公示

　　商品质量监督抽检和公示，是指管理部门依据法定职能和国家有关产品质量监督管理法律法规规定，对流通领域商品质量进行以抽检为主的监督检查，并定期公示发布抽检的商品质量状况，依法对不合格的商品及其经营者采取相应惩处措施，保障商品质量安全的监管方式。

　　我国规定，商品质量监督抽查的产品主要是涉及人体健康和人身、财产安全的产品，影响国计民生的重要工业产品以及消费者、有关组织反映有质量问题的产品。

　　组织和实施商品质量监督抽检和公示的过程：

　　(1) 组织监督抽查的部门根据当年制定的监督抽查计划，制定监督抽查方案，将监督抽查任务下达到所指定的部门或者委托的检验机构。

　　(2) 抽样时，抽样人员不得少于 2 名，且必须确认抽查产品在企业法定资质允许范围内后，再进行抽样；监督抽查的样品应当由抽样人员在市场上或者企业成品仓库内待销的合格产品中随机抽取，不得由企业抽样；抽样人员封样时，应当采取防拆封措施，以保证样品的真实性；抽样人员应当详细记录抽样信息，且必须由抽样人员和被抽查企业有关人员签字，并加盖被抽查企业公章。

　　(3) 检验机构接收样品后，按规定程序进行检验，并出具抽查检验报告，检验报告应当内容真实齐全、数据准确、结论明确，报送组织监督抽查的部门和企业所在地的省级质量技术监督部门；组织监督抽查的部门应当及时将检验结果告知被抽查企业。

　　(4) 组织监督抽查的部门应当汇总分析监督抽查结果，依法向社会发布监督抽查结果公告，向地方人民政府、上级主管部门和同级有关部门通报监督抽查情况。对监督抽查发现的重大质量问题，组织监督抽查的部门应当向同级人民政府进行专题报告，同时报上级主管部门。对于抽查不合格的商品，管理部门可责令经营者限期改正、停止销售、召回不合格商品；对不合格商品的经营者，视情节予以相应行政处罚。

(六) 市场交易查验登记监督制度

　　市场交易查验登记监督制度，是指为保障交易主体经营资格合法和市场交易商品质量卫生安全，工商行政管理机关通过监督检查经营者执行进货查验制度的执行情况而推行的商品市场准入制度。

　　进货查验制度主要包括索证索票和进货台账制度，具体内容包括：

　　(1) 商品销售者购入商品时，应当索取并仔细查验供货商的营业执照、生产许可证或者卫生许可证、相关质量认证证书、进口商品的有效商检证明、检验检疫合格证明、质量检验合格报告、正式的销售发票或者有供货商盖章或者签名的销售凭证。

　　(2) 对索取和查验的营业执照(身份证明)、生产许可证、卫生许可证、质量认证证书、商检证明、检验检疫合格证明、质量检验合格报告和销售发票(凭证)应当建档备查，相关档案应按规定妥善保管。

(3) 商品销售者应当以索证索票制度为基础，建立健全内部商品质量安全管理制度，明确具体的质量安全管理人员和责任，定期检查商品的进、销、存情况，对超过保质期或者腐败、变质、质量不合格等商品，应当立即停止销售，撤下柜台销毁或者报告工商行政管理机关依法处理，且处理情况应当如实记录。

为加强监管进货查验制度的执行情况，各监管机关应当做到：

(1) 统一辖区经营者索证索票和进货台账的内容和格式，有条件的地方还可以统一印制相关档案、台账或者提供统一的格式文本；

(2) 统一组织本辖区索证索票和进货台账制度的监督检查，在对辖区经营者的索证索票和进货台账制度进行引导和规范的基础上，定期、不定期检查经营者是否建立索证索票制度和进货台账制度、是否符合要求并切实落实执行，在检查中，还可以随机抽查索证索票档案或者进货台账档案，与其所销售的商品进行核查，检查索证索票或者进货台账是否真实、规范。

(3) 严格处理违反进货查验制度的行为，对监督检查中发现的不履行索证索票、建立进货台账责任和义务的经营者，要责令其立即停止销售，并及时教育、引导、督促其改正；对不按规定索验商品质量检验报告以及市场开办者不履行管理责任和义务的，应当依法处罚；对违法行为进行记录、公布，对有多次违法行为记录、造成后果的经营者，要依法从重处罚，直至依法吊销营业执照。

(七) 市场信用分类监管

市场信用分类监管，是指工商行政管理机关依据市场信用标准指标体系和评价标准指标体系，对不同信用状况的商品交易市场实施分类管理的制度。商品交易市场信用标准由市场开办企业信用指标和市场内经营者信用指标两部分组成，二者信用的总体状况反映了市场信用状况，具体分为守信标准、警示标准、失信标准和严重失信标准四种。工商行政管理部门依据市场信用指标所反映的信用状况，将市场相应地分为信用等级不同的管理类别，细化分类监管措施，对信用等级高的市场及经营者，在市场巡查、商品质量监测上给予频次少于其他类级的检查，使守信受益、失信惩戒，体现信用监管的差异性。另外，市场信用分类监管要与市场监管信息化、网络化建设工作紧密结合起来，研究制定市场信用信息数据采集、录入、加工、传输和管理标准规范，统一开发具有自动分类、提示、预警、自动解除过期信息，满足多方面查询需求等功能，与各业务软件兼容的商品交易市场信用分类监管软件，并与网络实现有机对接，逐步建立起互联共享、传输迅速、查询方便、运转高效的商品交易市场信用分类监管网络平台，提高市场管理水平和效能。

(八) 申诉投诉举报制度

申诉投诉举报制度，是指工商行政管理机关为发挥社会力量监督市场，维护市场秩序，通过受理核实处理群众申诉、投诉、举报，查处侵害消费者合法权益和经营者合法利益的违法行为的制度。这里所称群众申诉、投诉、举报，是指公民、法人或者其他组织采用书信、电子邮件、传真、电话和走访等形式，向工商行政管理机关反映违法经营行为、消费侵权行为、工商人员违纪违法行为或线索的行为。

申诉投诉举报制度规定：

(1) 要有专人负责群众申诉、投诉、举报的处理，并认真做好群众申诉、投诉、举报材料的受理、登记、统计、立卷归档、总结和保管等基础工作。

(2) 收到群众申诉、投诉、举报材料后，应当予以登记，并区分情况尽快做出处理：对不属于工商行政管理机关法定职责范围内的申诉、投诉、举报，应尽快告知具名的投诉人、申诉人、举报人向有关机关反映。对认为需要下一级工商行政管理机关核查处理的申诉、投诉、举报，应转交下一级工商行政管理机关核查处理。下一级工商行政管理机关应当尽快予以核查，并决定是否立案。对认为需要本部门核查处理的，尽快予以核查，并决定是否立案。

(3) 在处理群众申诉、投诉、举报时，严禁态度生硬、方法粗暴、办事拖拉和敷衍失职。对违反相关法律法规和本制度的，可视情节轻重追究相应的行政责任。

(九) 市场监管行政处罚

市场监管行政处罚，是指工商行政管理机关通过依法惩戒违反市场监督管理法律法规的个体私营经济实体，维护市场竞争和交易秩序。对巡查中发现的经济违法违章行为，巡查人员应根据规定按权限区分不同情况作出处理。对属于违法情节轻微的，可以批评教育，予以行政指导，提出整改意见；需要给予当事人警示的，应当下达责令改正通知书；对违法情节严重的，要按法定程序处罚，具体包括没收违法所得和非法财物，责令停产停业，暂扣或者吊销许可证或执照等；案件重大、复杂或超出职权范围的，可以报请上级或移交其他有关执法单位处理。

最后需要说明的是，上述九种管理方式在实际操作中往往结合使用，使其达到最佳效果。

第三节　个体私营经济市场监督管理的任务和内容

一、个体私营经济市场监督管理的任务和内容概述

个体私营经济市场监督管理的任务是不同于个体私营经济市场监督管理内容的，它是市场监督管理的宏观战略目标，比较宏伟和清晰，既是建立社会主义市场经济体制的客观要求，又是个体私营经济市场监督管理工作应该达到和必须达到的目标与结果。而监督管理的内容则相对细致、具体，且庞杂，是为监督管理的任务服务的，离开具体的监督管理内容，监督管理的任务便无法实现。

(一) 个体私营经济市场监督管理的任务

1. 维护和创建市场秩序

市场监督管理最基本、最直接的任务是维护市场秩序，而维护市场秩序的核心内容是规范市场交易行为，保证市场主体在市场中公平交易，维护平等竞争的秩序。当前，我国市场经济体制尚未完全确立，仍正处在旧的计划经济体制逐渐瓦解，新的市场经济体制确

立与完善的过程中，市场监管一方面要维系现有市场秩序，另一方面又要创建和扶植新的市场秩序，但是现有秩序与新秩序往往存在矛盾和冲突，因此，维护市场秩序的任务显得尤为艰巨和复杂。

2. 建立统一完善的社会主义市场体系

培育市场体系是当代中国市场管理的重要任务。商品经济的发展是建立在统一完善的市场体系基础上的，而统一完善的市场体系应该是由各类市场所构成的开放性的市场结构。当前，我国建立统一完善的社会主义市场体系的任务还很艰巨。从市场体系的基本构成来看，目前我国消费品市场较为成熟，而生产资料市场的运行机制和行为规范仍很薄弱，金融市场、劳动力市场、信息技术市场等生产要素市场发育程度还不高，特别是在许多市场中，统一市场所要求的各市场主体的平等竞争地位还远未解决。因此，市场管理必须大力培育市场，为建立统一的社会主义市场体系而努力。

3. 建设社会主义市场文化基础

文化是指人类社会历史实践过程中所创造的物质财富和精神财富的总和。文化具有历史连续性和民族性。在现实生活中，文化往往体现为一定的观念、习惯与意识，并渗透于社会的道德规范、法制规范和人们的行为之中，从而对社会发展产生一种无形的巨大力量。市场经济体制的建立和完善，不仅是一场经济体制改革，也是一场文化变革，它必然对我国计划经济体制下的文化产生巨大冲击，对人们的观念、习惯、意识、道德规范、法律规范以及人们的行为带来巨大影响。为此，必须加强建设社会主义市场文化基础，一方面发挥中华民族悠久、丰富的文化优势，把它转化为推动商品经济发展的巨大力量，文化的历史连续性说明这是可能的；另一方面，更新不适应社会进步和商品经济发展的陈腐文化，吸收现代社会和其他民族的优秀文化，以及商品经济的新思想、新精神，建设出具有中华民族特点与魅力的社会主义市场文化。

(二) 个体私营经济市场监督管理的内容

根据交易商品的不同，市场可以分为：

① 商品市场，主要指农产品市场、工业消费品市场和生产资料市场等。

② 生产要素市场，主要包括金融市场、劳动力市场、技术市场、信息市场及房地产市场等。

③ 文化体育及特殊市场，主要包括文化市场、体育市场、文物市场等。

另外，随着互联网的发展，网络商品交易市场兴起。网络商品交易市场，主要是指通过计算机网络进行各种商品交易及提供有关服务的电子网络交易市场。而根据不同类型的市场，可将个体私营经济市场监督管理的内容划分为：商品市场管理、生产要素市场管理、文化及特殊市场管理、网络市场管理等。由于参与市场交易的某些商品及其某些方面特别重要，因此，对个体私营经济的市场监督管理还包括了商品交易范围和流通渠道管理、商品质量管理和计量管理以及食品安全卫生管理等内容。下面来详细介绍上述监管内容。

二、商品市场管理

众所周知，商品市场的数量最多、涉及面最广，因此也是市场监管的重点。商品根据其重要性，可分为一般商品和重要商品，一般商品是指不涉及国计民生，对社会生产生活影响较小的生产生活资料，而重要商品是涉及国计民生，对社会生产生活有重大影响的生产生活资料，如农业生产资料、粮食、棉花蚕茧、汽车、成品油等商品。由于重要商品的买卖会直接影响市场变化，对企业的生产经营活动和城乡居民生活产生巨大影响，因此国家对这些商品的管理做了特别规定。

(一) 一般商品市场的管理

一般商品市场的管理包括以下内容：

(1) 对商品经营者的管理，包括国家依法办理商品生产经营者的经营资格，核发营业执照；根据国家产业政策的规定和要求，规导企业的生产经营方向；审查企业的生产技术、经营管理水平等。

(2) 对商品交易客体的管理，包括对商品价格的管理和对商品质量安全的管理。对商品价格的管理，主要是要严格执行提价申报制度和统一标签的明码标价制度，做好市场信息指导，对商品价格进行宏观调控及监督、检查。对商品质量安全的管理，包括商品质量管理和产品商标管理，防止假冒伪劣商品进入市场。

(3) 对商品经营行为的管理，主要是严禁垄断行为和不正当竞争行为，保护合法经营行为。

(4) 对市场交易秩序的管理，包括市场竞争环境管理，通过建立一系列法规和措施对商品供给方和中介方进行约束，限制垄断，反对不正当竞争；商品交易行为管理，包括对交易过程中不道德行为和违法行为进行制止和制裁，解决商品交易过程中出现的各种纠纷；履约行为的管理，通过用经济合同法约束合同签订双方，由审计、财税、银行和公证部门检查双方的行为是否符合合同的规定，对违反商品交易合同的行为进行督导、纠偏和调解，对违法行为给予处罚这四个途径来进行履约行为管理。

(二) 重要商品市场的管理

重要商品市场的管理也包括对商品经营者的管理、对商品交易客体的管理、对商品经营行为的管理和对市场交易秩序的管理等方面，但每种商品又由于其产品特性和突出问题而有不同的管理重点，下面就主要介绍这些重要商品市场的管理重点。

1. 农业生产资料市场管理

农业生产资料是农业生产的基本要素，农资市场供应和质量状况直接关系农产品产量高低和质量优劣，关系农业生产者收益和农产品消费者权益。农业生产资料商品的范围主要包括种子、种苗、化肥、农药、兽药、农膜、饲料和饲料添加剂、农机及零配件、渔机渔具等。农业生产资料市场监管内容主要是：对农业生产资料经营者市场准入的管理；对农业生产资料实行上市商品准入管理；对农业生产资料经营行为的管理；查处各种违法违章行为。

2. 粮食市场管理

粮食市场管理是指管理部门依照有关粮食流通改革政策法规，对粮食购销行为进行的监督管理活动。监督管理粮食市场的职责包括对粮食经营资格的管理和粮食经营行为管理，主要内容是：制定规范粮食交易规则；做好对粮食经营者的登记管理；强化监管执法，查处无照经营、欺行霸市、掺杂使假等违法违规行为；加强对"订单农业"合同的监管；打击地区封锁和不正当竞争行为，维护市场交易秩序；积极支持粮食市场发育和粮食产业化经营的发展，保护粮食生产者和经营者的合法权益。

3. 棉花蚕茧市场管理

棉花蚕茧市场管理是指管理部门依照有关棉花蚕茧流通的政策法规，对棉花蚕茧购销行为进行的监督管理活动。对棉花蚕茧市场监督管理包括对棉花蚕茧经营资格的管理和棉花蚕茧经营行为管理，其主要内容是：参与国家棉花蚕茧流通体制改革政策的调研和相关制度的制定；把好棉花蚕茧市场主体准入关，参与对棉花蚕茧经营主体资格的审核认证，做好对棉花蚕茧经营者的登记管理；规范棉花蚕茧市场交易行为，加强对棉花蚕茧购销合同的管理；查处棉花蚕茧市场中的各种违法违章行为，维护市场秩序。

4. 汽车市场管理

对汽车市场的监督管理，包括对汽车交易市场、旧车交易市场、汽车配件市场、报废汽车回收、拆解市场、车辆改装市场的监管。其主要内容是：参与制定汽车市场监管的有关法律、法规和政策；对汽车经营主体资格进行审核和监管；对汽车经营行为进行监管；对汽车拆解进行监管；对汽车流通中的违法违规经营行为进行查处。

5. 成品油市场管理

成品油主要是指汽油、柴油等石油产品。按照现行有关规定，开办成品油批发企业、成品油零售企业(加油站)，必须取得省级有关部门核发的经营批准证书，工商行政管理部门才能给与登记注册，否则不得开展成品油经营活动。对成品油市场监督管理的主要内容是：对成品油流通企业主体资格进行确认和监管；规范成品油经营行为；依法查处成品油流通中无照经营、走私贩私、缺斤短两、掺杂使假等违法经营行为。

三、生产要素市场管理

生产要素市场是指生产要素交易的场所及其交换关系的总和，包括金融市场、劳动力市场、技术市场、房地产市场、信息市场等。生产要素市场管理也包括对生产要素经营者的管理、对生产要素交易客体的管理、对生产要素经营行为的管理以及对市场交易秩序的管理等方面，但不同的生产要素市场有其自身特点和突出问题，因此，其管理重点也不同，下面分别来讨论。

（一）金融市场管理

金融市场监督管理的主要内容包括：

(1) 对金融机构设置的监督管理。凡设立金融机构，必须具备上一级人民银行批准核发的经营金融业务许可证和工商局核发的营业执照。地方政府不得擅自设立地方银行，个人不得经营金融业务。

(2) 对金融机构行为的监督管理。健全金融市场管理法规，对金融市场主体的行为规范做出明确具体的规定；建立健全金融流通企业档案，随时掌握和检查其基本情况；对金融机构行为进行日常监督检查，如资金拆借、票据贴现、借贷业务、有价证券发行和交易等；查处违法金融行为，严禁和严厉打击投机诈骗、挪用资金、非法集资、黑市交易等金融违法行为，维护金融市场秩序。

(3) 对证券交易市场的监督管理。审查证券自营商和经纪商的经营资格；对证券机构进行日常监督检查，看其是否贯彻交易章程和其他交易规定，是否履行各项职责，是否真实、完整、及时地提供信息等；如资金拆借、票据贴现、借贷业务、有价证券发行和交易等；监督资金管理情况，查处挪用客户资金、哄骗客户购买证券、制造和传播谣言哄抬市价、私下交易、串通等违法行为。

(二) 劳动力市场管理

劳动力市场监督管理的主要内容包括：

(1) 监督落实双向选择的市场就业制度，确立用工者与劳动者的市场主体地位，落实用工者充分的劳动人事管理权，赋予劳动者平等竞争、自由择业的权利，双向选择，择优录用。

(2) 促进劳动力市场服务体系的建立和完善，促进职业介绍、就业培训、生产自救、失业保险、信息咨询、公证仲裁等有机结合。

(3) 加强劳动合同管理，监督用人单位自主用工，公开招收，择优聘用，并签订书面劳动合同，以法律形式确立用工单位与劳动者的劳动关系，明确双方的权利和义务，保护双方的合法权益。

(4) 监督管理工作时间和劳动工资制度的执行，包括标准工时制度、最低工资保障制度等。

(5) 监督管理劳动保护和劳动保险制度的执行，以保障劳动者的劳动安全卫生和养老、医疗、失业等社会保障权利。

(6) 规范和发展劳动力市场，协调劳动人事管理部门的分工合作关系，建立市场中介组织的自律机制，加强劳动监察和劳动争议仲裁职能，推进各项配套改革，形成统一、开放、竞争、有序的劳动力市场。

(三) 技术市场管理

技术市场监督管理的主要内容包括：

(1) 对技术市场主体的管理。凡从事技术开发经营的机构必须先经科委审查批准，而后工商局申请登记注册获得营业执照。技术开发企业应当在核准登记范围内活动，可兼营生产，但不得从事与业务无关的商贸活动。技术开发服务机构须有明确的经营内容和服务方向，有相应的技术人员、组织机构和规章制度。

(2) 对技术市场客体的管理。对技术商品质量的管理，应建立健全具有客观中立、专业权威性质的技术鉴定组织，完善有关技术鉴定的标准、程序和方法等管理制度，加强监管技术产品的鉴定，防止不成熟、缺乏先进性甚至假技术进入生产流通领域。对技术商品权益的管理，应切实做好专利技术和非专利技术的法律保护和侵权制裁，保护技术商品持有人和使用者的合法权益。

(四) 房地产市场管理

房地产市场是房产市场和地产市场的有机统一，是房地产流通过程中各种交换关系的总和，是社会主义市场体系的重要组成部分。它既是一种消费品市场，又是一种生产要素

市场。房地产市场监督管理的主要内容是:

(1) 对城镇土地市场的管理,包括监管土地使用权出让方式、出让地价、出让总量,以及土地使用权的出租、抵押是否符合规定。

(2) 对房地产开发市场的管理,包括对房地产经营主体的经营资格管理;对房地产开发、销售、广告等行为的管理;建立房地产经营企业的信用公示制度。

(3) 对房地产交易市场的管理,包括规范和监管商品房买卖、租赁、抵押市场的管理,以及处理房地产消费纠纷。

(4) 对房地产市场的价格管理,对商品房、保障房实行不同价格,增加保障房供给,查处价格违法行为,维护房地产市场的价格平稳。

(五) 信息市场管理

信息市场管理是指信息市场管理主体运用经济、法律、行政和教育说服等手段,对信息市场管理客体及信息市场交易活动进行计划、组织、监督、协调和控制。由于信息市场是一个新事物,对其管理没有旧例可循,这无疑增加了管理难度。

信息市场管理有着较广的范围,但主要包括以下几个方面的内容:

(1) 信息市场战略管理,包括确定信息市场发展方向与目标,制定并组织实施信息市场发展的长远规划和短期计划、信息市场管理政策与法规;组织和引导有关机构和人员开展信息市场理论研究,加强对信息市场理论研究的管理;制定信息市场人才培养与教育规划和方案,加强对信息市场人才培养机构的管理;确定信息市场管理体制,协调各种信息市场管理机构之间的关系。

(2) 信息商品管理,包括信息商品交易内容和范围的控制;信息商品质量管理;信息商品所有权、转让权和使用权的管理。

(3) 信息商品生产经营机构管理,包括对生产和经营信息商品的机构的审查与批准、登记管理及日常监督管理。

四、文化体育及特殊市场管理

文化体育及特殊市场管理主要包括对文化市场、体育市场及派生的经纪活动等非商品生产经营领域的市场的管理,和旧货市场、文物市场及派生的拍卖市场等特殊市场的管理。

(一) 文化市场管理

文化市场是随着文化产品交流与人们文化需求增加而形成的,包括文化娱乐市场、音像市场、文艺演出市场、美术市场、文艺培训市场、网吧、电子游戏等。文化市场管理,是指国家有关部门对文化产品的生产、经营、销售以及劳务服务等活动和经营性文化单位,进行引导、规划、组织、调控、激励、监督的行为。随着科技的进步,文化的传播方式更为日新月异,文化市场将更加繁荣,这就给文化市场管理工作提出了更高的要求。因而,加强文化市场管理工作非常重要。

文化市场监督管理的主要内容包括:

(1) 制定文化市场的政策、法规并监督实施。

(2) 管理以商品形式进入流通领域的文化产品及文化娱乐经营活动。

(3) 依法对文化经营活动进行日常监督检查，维护市场秩序；对文化市场经营活动中的违法违章行为依法进行调查，收集证据，提出处理意见，报本级文化市场业务管理部门做出决定；建立文化经营单位市场行为档案，对其进行日常考核；具体执行文化市场业务管理部门对违法行为做出的处理决定；按照一定的程序，裁判有争议的事件。

(4) 把握住文化市场的发展程度和发展趋势，发现文化市场管理中存在的主要问题，促进优势产业发展，成立文化艺术培训行业协会；加强调研工作，参与制定文化产业发展规划；音像市场的宣传教育，引导市场发展方向；开展培训，提高文化市场从业人员素质等。

(二) 体育市场管理

体育市场是以体育服务为宗旨、体育经营为手段、体育活动为主要内容的专门市场。随着社会主义市场经济的不断发展，我国体育事业也有了很大发展，但在体育市场形成和发展过程中也出现了一些严重问题。因此，在培育体育市场，促进体育市场繁荣发展的同时，必须加强体育市场管理。

体育市场监督管理的范围包括：

(1) 经营性的体育俱乐部、体育活动中心、体育度假村(区、营)和其他有固定设施的体育经营活动场所；

(2) 经营性的体育竞赛、体育表演活动；

(3) 经营性的体育健身、体育康复、体育娱乐活动；

(4) 经营性的体育培训活动；

(5) 体育中介服务、赛场广告；

(6) 其他体育经营活动。

体育市场监督管理的主要内容：

(1) 宣传、执行有关体育市场管理的法律、法规，制定体育市场发展规划和管理制度；

(2) 管理体育事业经营者的经营条件和经营资格，包括审批体育经营活动，核发经营许可证；

(3) 监督检查体育经营活动，依法查处违法行为；

(4) 组织培训体育经营管理人员和专业技术人员，核发专业岗位证书等。

(三) 经纪活动管理

经纪活动是伴随文化演出市场和体育市场等市场的发展而逐步发展壮大的。经纪活动是指市场交易的当事人通过委托他人(即经纪人)促成市场交易的行为。经纪活动包括居间、行纪、代理三种方式。这里要注意，经纪人是指在经济活动中，以收取佣金为目的，为促成他人交易而从事居间、行纪或者代理等经纪业务的自然人、法人和其他经济组织。经纪人包括个体经纪人、个人独资经纪企业、合伙经纪企业、经纪公司等。

经纪活动监督管理的主要内容：

(1) 对经纪人的管理，包括登记管理，即经纪人须登记注册，领取营业执照后方可从事经纪业务；备案管理，即经纪人领取营业执照、聘用或解聘经纪执业人员后，应当将聘用的经纪执业人员的信息、聘用或解聘合同等资料提交给当地工商行政管理机关备案；经营场所公示管理，即经纪人应当将所聘用的经纪执业人员的姓名、照片、执业的经纪项目、联系电话等在经营场所明示；信用分类管理，即工商行政管理机关应当建立经纪人及经纪执业人员的档案并予以公示，建立经纪人及经纪执业人员的信用记录，对经纪人及经纪执业人员实行信用分类监管，对有违法违规行为或参与违法违规活动的经纪人及经纪执业人员应当向社会公示。

(2) 对经纪人经纪行为的管理，即经纪人在经纪活动中应当遵守的规则，包括提供客观、公正、准确、高效的服务；经纪的商品或服务及佣金应明码标价；将定约机会和交易情况如实、及时报告委托人；妥善保管当事人交付的样品、保证金、预付款等财物；按照委托人的要求保守商业秘密；如实记录经纪业务情况，并按有关规定保存原始凭证、业务记录、账簿和经纪合同等资料；收取佣金和费用应当向当事人开具发票等。

(3) 还规定了经纪人不得有下列行为：未经登记注册擅自开展经纪活动；超越经核准的经营范围从事经纪活动；对委托人隐瞒与委托人有关的重要事项；伪造、涂改交易文件和凭证；违反约定或者违反委托人有关保守商业秘密的要求，泄露委托人的商业秘密；利用虚假信息诱人签订合同，骗取中介费；采取胁迫、欺诈、贿赂、恶意串通等手段损害当事人利益；通过诋毁其他经纪人或者支付介绍费等不正当手段承揽业务；对经纪的商品或者服务作引人误解的虚假宣传；参与倒卖国家禁止或者限制自由买卖的物资、物品等。

(四) 旧货市场管理

旧货行业的发展状况是一个国家经济发展水平的标志之一，发展旧货流通业是完善我国市场经济体系的一个重要方面。因此，有必要加强旧货市场管理，促进旧货行业发展。旧货市场监督管理的主要内容包括：

(1) 参与研究制定旧货市场的法律法规和政策；

(2) 对旧货经营主体进行登记注册，颁发营业执照；

(3) 对集中交易旧货市场进行管理，规范旧货市场主办单位的开办和组织活动，对入场经营者进行管理，对入市商品进行检查；

(4) 规范旧货交易行为，查处旧货市场的违法行为，打击非法交易的"黑市"和销赃窝点等监管工作。

(五) 文物市场管理

文物市场是指依照国家有关规定设立的文物专营商店和文物监管物品交易场所。随着我国社会经济的发展，文物市场也获得了很大发展。为保护和继承历史文化遗产，繁荣和发展文物事业，有必要加强对文物市场的监督管理。目前，我国文物市场监督管理的主要内容包括：

(1) 参与研究制定文物市场的法律法规和政策；

(2) 对文物市场准入的管理，包括对文物经营资格进行审核和登记注册，颁发营业执照；

(3) 对市场交易客体规定严格：规定了经依法鉴定核准后，方可由文物专营商店经营文物；规定文物监管物品，在填报经营申报单，经依法鉴定核准，钤盖标志后，方可在文物监管物品交易场所经营；禁止销售出土文物或国家禁止销售的其他文物；

(4) 规范和监督检查文物市场的交易，包括对集中交易文物市场、文物拍卖行为等的管理；

(5) 严厉查处伪造、挪用、涂改文物监管标志，无照经营、非法倒卖、走私文物等违法经营行为。

(六) 拍卖市场管理

拍卖是指以公开竞价的形式，将特定物品或者财产权利转让给最高应价者的买卖方式。拍卖的法律关系较为复杂，既有委托人与拍卖人之间的委托代理关系，又有拍卖人与买受人之间的买卖关系，其中，委托人是真正卖方，竞买人或买受人是真正买方，但交易并非如一般买卖那样在买卖双方间进行，而是通过拍卖人这一中介来完成。在我国，拍卖市场是随着市场经济的发展而产生的新兴事物，文物市场管理的一个重要内容是对文物拍卖行为的管理。

拍卖市场监督管理的主要内容包括：

(1) 对拍卖企业把好市场准入关，依法对其进行审查、登记注册。

(2) 对拍卖活动监督管理，包括备案拍卖会的名称、时间、地点，主持拍卖的拍卖师资格证复印件，拍卖公告发布的日期和媒体、拍卖标的的展示日期，拍卖标的清单及有关审批文件复印件、竞买人名单、身份证明复印件；对拍卖活动进行现场监管，包括检查竞买人的登记记录，检查拍卖企业拍卖规则的合法性，核对拍卖标的是否与拍卖公告的内容一致，检查拍卖师资格，监督拍卖过程有无违法情况等。

(3) 查处违法拍卖活动和行为，包括查处无资格的拍卖企业，拍卖企业的不正当竞争行为和不正当拍卖行为，拍卖企业违反拍卖程序的行为，委托人违反拍卖法的行为，竞买人违反拍卖法的行为，违反拍卖标的物限制性规定的行为。

五、网络市场管理

网络市场，也称网络商品交易市场，是指商品买卖双方通过互联网完成商品买卖所形成的市场。近年来，我国网络商品交易发展迅速，市场规模迅速扩大。如从 2006 年开始，我国电子商务交易额突破万亿元大关，此后以每年高于 70% 的速度持续增长。2009 年，中国电子商务交易额超过 3.6 万亿元人民币，网络购物用户已突破 1 亿，增长了 45.9%。

网络市场中的商品交易作为一种新型的、特殊的交易方式，在监管方面还存在着下面一些突出问题：交易的主体资格难以确认；资信程度难以保证，欺诈行为时有发生；违法经营现象普遍存在；网络商品交易违法行为查处困难；法律法规相对滞后；监管存在一定难点。为加强监管网络商品交易及有关服务行为，国家工商行政管理总局于 2010 年 6 月 1 日发布了《网络商品交易及有关服务行为管理暂行办法》，并于同年 7 月 1 日开始实施。这一《暂行办法》规定了网络市场监督管理的主要内容，具体包括：

1. 对网络市场准入的管理

(1) 经营者须公开营业执照。要求已经工商行政管理部门登记注册并领取营业执照的商品经营者和网络服务经营者，应当在其网站主页面或者从事经营活动的网页醒目位置公开营业执照登载的信息或者其营业执照的电子链接标识。

(2) 自然人须登记注册。通过网络从事商品交易及有关服务行为的自然人，应当向提供网络交易平台服务的经营者提出申请，提交其姓名和地址等真实身份信息，具备登记注册条件的，依法办理工商登记注册。

2. 对商品和服务进入网络市场的管理

网上交易的商品或者服务应当符合法律、法规、规章的规定。法律法规禁止交易的商品或者服务，经营者不得在网上进行交易。

3. 对网络商品经营者和网络服务经营者行为的管理

(1) 遵守法律法规。网络商品经营者和网络服务经营者向消费者提供商品或者服务，应当遵守《消费者权益保护法》和《产品质量法》等法律、法规、规章的规定，不得损害消费者合法权益。

(2) 提供商品或服务的详细信息。网络商品经营者和网络服务经营者向消费者提供商品或者服务，应当事先向消费者说明商品或者服务的名称、种类、数量、质量、价格、运费、配送方式、支付形式、退换货方式等主要信息，采取安全保障措施确保交易安全可靠，并按照承诺提供商品或者服务。网络商品经营者和网络服务经营者提供电子格式合同条款的，应当符合法律、法规、规章的规定，按照公平原则确定交易双方的权利与义务，并采用合理和显著的方式提请消费者注意与消费者权益有重大关系的条款，并按照消费者的要求对该条款予以说明。网络商品经营者和网络服务经营者不得以电子格式合同条款等方式作出对消费者不公平、不合理的规定，或者减轻、免除经营者义务、责任或者排除、限制消费者主要权利的规定。

(3) 保证商品或服务完整。网络商品经营者和网络服务经营者提供商品或者服务，应当保证商品和服务的完整性，不得将商品和服务不合理拆分出售，不得确定最低消费标准以及另行收取不合理的费用。

(4) 向消费者出具规范单据。网络商品经营者和网络服务经营者向消费者出具购货凭证或者服务单据，应当符合国家有关规定或者商业惯例；征得消费者同意的，可以以电子化形式出具。电子化的购货凭证或者服务单据，可以作为处理消费投诉的依据。消费者要求网络商品经营者和网络服务经营者出具购货凭证或者服务单据的，经营者应当出具。

(5) 保证消费者的信息安全。网络商品经营者和网络服务经营者对收集的消费者信息，负有安全保管、合理使用、限期持有和妥善销毁义务；不得收集与提供商品和服务无关的信息，不得不正当使用，不得公开、出租、出售。但是法律、法规另有规定的除外。

(6) 发布信息不得弄虚作假。网络商品经营者和网络服务经营者发布的商品和服务交易信息应当真实准确，不得作虚假宣传和虚假表示。

(7) 不得侵犯其他企业权利。网络商品经营者和网络服务经营者提供商品或者服务，应当遵守《商标法》、《反不正当竞争法》、《企业名称登记管理规定》等法律、法规、规章的规定，不得侵犯他人的注册商标专用权、企业名称权等权利。

(8) 不得损害其他企业声誉。网络商品经营者和网络服务经营者不得利用网络技术手段或者载体等方式，实施损害其他经营者的商业信誉、商品声誉以及泄漏权利人商业秘密等不正当竞争行为。

4. 对提供网络交易平台服务经营者行为的管理

(1) 审查经营主体的身份。提供网络交易平台服务的经营者应当对申请通过网络交易平台提供商品或者服务的法人、其他经济组织或者自然人的经营主体身份进行审查。提供网络交易平台服务的经营者应当对暂不具备工商登记注册条件，申请通过网络交易平台提供商品或者服务的自然人的真实身份信息进行审查和登记，建立登记档案并定期核实更新，核发证明个人身份信息真实合法的标记，加载在其从事商品交易或者服务活动的网页上；还应当在审查和登记时使对方知悉并同意登记协议，并提请对方注意义务和责任条款。

(2) 明确交易双方的权利和义务。提供网络交易平台服务的经营者应当与申请进入网络交易平台进行交易的经营者签订合同(协议)，明确双方在网络交易平台进入和退出、商品和服务质量安全保障、消费者权益保护等方面的权利、义务和责任。

(3) 建立交易管理规章制度。提供网络交易平台服务的经营者应当建立网络交易平台管理规章制度，包括：交易规则、交易安全保障、消费者权益保护、不良信息处理等规章制度。各项规章制度应当在其网站显示，并从技术上保证用户能够便利、完整地阅览和保存；还应当采取必要的技术手段和管理措施以保证网络交易平台的正常运行，提供必要、可靠的交易环境和交易服务，维护网络交易秩序。

(4) 监控经营主体的行为。提供网络交易平台服务的经营者对通过网络交易平台提供商品或者服务的经营者，及其发布的商品和服务信息建立检查监控制度，发现有违反工商行政管理法律、法规、规章的行为的，应当向所在地工商行政管理部门报告，并及时采取措施制止，必要时可以停止对其提供网络交易平台服务。

(5) 保护企业的权利。提供网络交易平台服务的经营者应当采取必要手段保护注册商标专用权、企业名称权等权利，对权利人有证据证明网络交易平台内的经营者实施侵犯其注册商标专用权、企业名称权等权利的行为或者实施损害其合法权益的不正当竞争行为的，应当依照《侵权责任法》采取必要措施。

(6) 保护信息安全。提供网络交易平台服务的经营者应当采取必要措施保护涉及经营者商业秘密或者消费者个人信息的数据资料信息的安全。非经交易当事人同意，不得向任何第三方披露、转让、出租或者出售交易当事人名单、交易记录等涉及经营者商业秘密或者消费者个人信息的数据。但是法律、法规另有规定的除外。

(7) 协助消费维权。提供网络交易平台服务的经营者应当建立消费纠纷和解和消费维权自律制度。消费者在网络交易平台购买商品或者接受服务，发生消费纠纷或者其合法权益受到损害的，提供网络交易平台服务的经营者应当向消费者提供经营者的真实的网站登记信息，积极协助消费者维护自身合法权益。

(8) 记录经营者信用。鼓励提供网络交易平台服务的经营者为交易当事人提供公平、公正的信用评估服务，对经营者的信用情况客观、公正地进行采集与记录，建立信用评价体系、信用披露制度以警示交易风险。

(9) 配合查处网络违法行为。提供网络交易平台服务的经营者应当积极协助工商行政管理部门查处网上违法经营行为，提供在其网络交易平台内进行违法经营的经营者的登记信息、交易数据备份等资料，不得隐瞒真实情况，不得拒绝或者阻挠行政执法检查。

(10) 保存交易详情。提供网络交易平台服务的经营者应当审查、记录、保存在其平台上发布的网络商品交易及有关服务信息内容及其发布时间。网络商品交易及服务经营者营业执照或者个人真实身份信息记录保存时间从经营者在网络交易平台的登记注销之日起不少于两年，交易记录等其他信息记录备份保存时间从交易完成之日起不少于两年；还应当采取数据备份、故障恢复等技术手段确保网络交易数据和资料的完整性和安全性，并应当保证原始数据的真实性。

(11) 向主管部门报告经营统计资料。提供网络交易平台服务的经营者应当按照国家工商行政管理总局规定的内容定期向所在地工商行政管理部门报送网络商品交易及有关服务经营统计资料。

(12) 要求经营者签订合同。为网络商品交易及有关服务行为提供网络接入、服务器托管、虚拟空间租用等服务的网络服务经营者，应当要求申请者提供经营资格和个人真实身份信息，签订网络服务合同，依法记录其上网信息。申请者营业执照或者个人真实身份信息等信息记录备份保存时间不得少于 60 日。

5. 查处违法网络交易行为

我国规定，网络商品交易及有关服务违法行为由发生违法行为的网站经营者住所所在地县级以上工商行政管理部门管辖。网站的经营者住所所在地县级以上工商行政管理部门管辖异地违法行为人有困难的，可以将违法行为人的违法情况移交违法行为人所在地县级以上工商行政管理部门处理。工商行政管理部门应加强网络市场的监督管理，通过监督检查，查处违法行为，并建立信用档案，实施信用分类监管。对违反有关法律法规的经营者，视情节轻重依法做出行政处罚，对需要关闭该违法网站的，应提请网站许可地通信管理部门依法关闭该违法网站。

网络市场监督管理，作为工商行政管理新的监管领域，具有长期性、复杂性、紧迫性。当前要做好这一工作，须重点抓好以下工作：

(1) 网络交易平台是网络商品和服务集中交易的场所和空间，应以此为重点，特别要以辖区内开办的影响范围大、交易频率高的网络交易平台为突破口，积极探索研究如何通过网络交易平台经营者规范网络交易行为，采取有力措施保障网络交易平台经营者切实认真履行管理责任。

(2) 网络商品和服务经营主体经济户口是实施监管的基础，因此应认真开展网络经营主体普查，建立网络经济户口。

(3) 建立健全网络经营主体信用分类监管制度和机制。

(4) 建立健全以网络信息技术为支撑的网络监管模式。

(5) 建立健全网上维权体系。

(6) 建立健全网络违法案件查处制度，保障案件查处技术装备和手段。

六、 商品交易范围和流通渠道管理

市场是商品交易的场所，但是并非任何商品都可以自由上市交易，世界各国都对进入市场交易的商品种类进行了必要的限制。我国有关部门根据国情，结合特定商品对社会的危害性和影响性，或禁止其进入市场交易，或限制其流通渠道。

在我国禁止进入市场交易的商品包括：

(1) 严重危害国家和社会安全的物品，如枪支弹药、毒品；

(2) 严重影响社会精神文明的物品，如各种迷信品，反动、荒诞、诲淫诲盗的画片、音像制品等；

(3) 假冒伪劣产品，即假冒他人注册商标的产品和不符合质量要求的产品；

(4) 国家明令保护的珍稀动植物及有关物品，如虎骨、象牙、犀牛角等；

(5) 走私物品；

(6) 报废和拼装的机动车辆；

(7) 国家明令禁止买卖的文物；

(8) 国家禁止上市交易的其他产品。

流通渠道受到限制的商品是指只能在国家规定的渠道或范围内进行交易的商品。在我国下列商品流通渠道受到限制：

(1) 专卖商品，即由国家设立专门机构实行垄断经营的商品，如烟、酒。

(2) 专营商品，即为了保持市场稳定，国家委托或批准有关机构或经营者实行专门经营的商品，如某些短缺钢材和有色金属材料。

(3) 统配商品，即由国家授权或指定经营者对某种商品实行全国统一生产、流通和分配的商品，如钢材、化肥、农药、农用种子、重要矿产品、金、银、石油及其制品等。

(4) 国家合同订购的农产品，如粮食、棉花、烟草、蚕茧、黄红麻、糖料、少数中药材等。

工商行政管理机关应该按国家规定对以上商品的流通加强监督管理，以保证国家有关政策规定的贯彻落实和社会经济生活的稳定。

七、商品质量管理和计量管理

(一) 商品质量管理和计量管理的部门

在我国，质量技术监督部门是一个非常重要的部门，它既负责商品质量的管理，也负责计量器具的管理，还肩负着管理食品安全卫生的部分重任。这里先介绍质量技术监督部门在商品质量和计量方面的管理职责，而其食品安全方面的管理职责将在食品安全卫生管理中予以介绍。

1. 在质量管理方面的具体职责

制定和贯彻实施质量管理的法律法规；制定和组织实施国家质量振兴的政策措施和质量奖励工作；负责产品质量诚信体系建设；负责名牌发展战略的组织和管理工作；负责质量认证工作；负责对在生产、销售，或者在其他经营活动中使用的强制性认证产品实施监督管理；负责重大工程设备质量监理有关事宜；组织重大产品质量事故的调查并提出整改意见；负责产品防伪的监督管理等工作。

2. 在计量管理方面的具体职责

制定和贯彻实施计量法律法规，组织量值传递工作和计量校准工作，建立社会公用计量标准体系；负责计量标准的建立、考核；负责法定计量单位的推广工作；负责计量器具制造、修理许可证的发放；负责计量授权和产品质量检验机构计量认证工作；监督管理商品量计量、市场计量行为和计量仲裁检定；监督管理计量检定机构、计量校准机构和社会公正计量机构及计量检定人员的资质资格。

需要指出的是，虽然质量技术监督部门是产品质量管理和计量管理的主管部门，但我国工商行政管理部门对产品质量管理和计量管理也负有重要职责。它与质量技术监督部门既有职责分工，又要相互协作配合，共同担负起质量和计量监督管理的重要任务。

（二）商品质量管理

商品质量或产品质量，是指商品具有满足明确和隐含需要的能力的特性和特征的总和。通常，一个有较高质量的商品应该具有一定的适用性、可靠性、安全性和使用寿命。判断一个商品的质量如何不是由某个人或组织决定的，而是要依据一定的质量标准来确定，而这个标准往往是由某个具有一定权威性的组织，如国家、行业协会、国际组织制定的。质量标准是判定产品质量和进行质量管理的基本依据。

产品质量管理通常是指企业的产品质量管理，但这里的产品质量管理，是指国家管理机构或授权单位对产品质量的监督管理，包括建立质量标准体系、检查产品质量、对因产品质量不合格造成的人身伤害和财产损失行为的查处等，是国家对市场竞争秩序管理的一个部分。我国在产品质量方面的规定包括：

(1) 生产者应对产品质量负责。其所生产的产品质量应当符合安全性、效用性和标准性的要求。

(2) 生产者不得伪造产品。不得伪造产地，不得伪造或者冒用他人的厂名、厂址，不得伪造或者冒用认证标志、名优标志等质量标志，不得掺杂掺假，不得以假充真、以次充好，不得以不合格产品冒充合格品，不得生产国家明令淘汰的产品。

(3) 产品或包装上的标识应当符合下列要求：有产品质量检验合格证明；有中文标明的产品名称、生产厂名和厂址；根据产品的特点和使用要求，需要标明产品规格、等级、所含主要成分的名称和含量的，相应予以标明；限期使用的产品，须标明生产日期和安全使用期限或者失效期；使用不当，容易造成产品本身损坏或者可能危及人身、财产安全的产品，要有警示标志或者中文警示说明；裸装的食品和其他根据产品的特点难以附加标识的裸装产品，可以不附加产品标识。

(4) 销售者应当执行进货检查验收制度，验明产品合格证明和其他标识。销售者不得伪造产地，不得伪造或者冒用他人厂名、厂址，不得伪造或冒用认证标志、名优标志等质量标志，不得掺杂掺假，以假充真、以次充好，不得以不合格产品冒充合格产品。

(5) 生产、销售者均应做好售后服务。售出的商品在规定的条件下，销售者应当负责修理、更换、退货；给购买商品的用户、消费者造成损失或伤害者，生产者和销售者应当赔偿其损失或伤害补偿费用。

(6) 监督检查产品质量。我国对产品质量实行以抽查为主要方式的监督检查制度，用户、消费者有权就产品质量问题向产品的生产者、销售者查询，向产品质量监督管理部门、工商行政管理部门及有关部门申诉，有关部门应当负责处理。

产品质量关系到人民群众的生命财产安全，因此，要依法加强对产品质量的监督管理。对于生产和销售不符合质量标准的产品，掺杂掺假、以假充真、以次充好、以不合格产品冒充合格产品的违法行为者，可以没收违法生产的产品和非法所得，并处以罚款；严重的，可以吊销营业执照；构成犯罪的，可移交司法机关依法追究刑事责任。

(三) 商品计量管理

商品计量是指以技术和法制手段保证商品的量值获得准确可靠、单位统一的测量，在历史上称之为"度量衡"。一般，在商业活动中商品都是根据商品的数量结算的，而要准确获得商品数量是通过计量器具的测量。因此这些计量器具的量值是否准确将直接关系到买卖双方的经济利益。由此可见，加强计量监督管理，严厉打击和惩处利用计量器具作弊的不法行为，确保商用计量器具准确，是维护市场秩序、保证公平交易的重要保证之一。

计量管理主要是指国家对计量器具的制造、修理、销售、使用等方面的监督管理，主要包括：

1. 计量器具的管理

计量器具的管理包括计量基准、计量标准的使用，计量器具的生产、检定及使用维护等方面的管理。

(1) 计量基准的使用必须具备下列条件：经国家鉴定合格；具有正常工作所需要的环境条件；具有称职的保存、维护、使用人员；具有完善的管理制度。

(2) 计量标准的使用必须具备下列条件：经计量检定合格；具有正常工作所需要的环境条件；具有称职的保存、维护、使用人员；具有完善的管理制度。

(3) 关于计量检定的规定：使用实行强制检定的计量标准和工作计量器具的单位和个人，应进行周期检定；企业、事业单位应当配备与生产、科研、经营管理相适应的计量检测设施，保证使用的非强制检定的计量器具定期检定。

(4) 关于计量器具制造和修理的规定：申请《制造计量器具许可证》和《修理计量器具许可证》的企业、事业单位和个体工商户须进行考核。经考核合格取得《制造计量器具许可证》和《修理计量器具许可证》的企事业单位，方可准予使用国家统一规定的标志和批准生产、营业。制造、修理计量器具的个体工商户，须在固定的场所从事经营。

(5) 关于计量器具销售和使用的规定：凡没有产品合格印、证和《制造计量器具许可证》标志的计量器具不得销售；任何单位和个人不得经营销售残次计量器具零配件，不得使用残次零配件组装和修理计量器具；除教学示范外，任何单位和个人不准在工作岗位上使用无检定合格印、证或者超过检定周期以及经检定不合格的计量器具。

2. 查处计量违法行为

计量违法行为主要表现在下述几个方面：

(1) 制造、销售和进口国务院规定废除的非法定计量单位的计量器具和国务院禁止使用的其他计量器具。

(2) 部门和企事业单位的各项最高计量标准，未经有关部门考核合格而开展计量检定。

(3) 属于强制检定范围的计量器具，未按照规定进行检定和属于非强制检定范围的计量器具未定期检定，以及经检定不合格继续使用。

(4) 未取得《制造计量器具许可证》或者《修理计量器具许可证》制造、修理计量器具。

(5) 制造、修理的计量器具未经出厂检定或者经检定不合格而出厂。

(6) 经营销售残次计量器具零配件的。

（7）市场交易中，不使用国家规定的合法、合格的计量器具，故意破坏计量器具的准确程度使计量器具失准，故意采用短尺少称或相反的方法，压低或抬高商品的实际交易数量。管理部门在监管中发现上述计量违法行为，可按规定责令其停止制造、销售、使用，并没收计量器具和违法所得，处以罚款；给他人造成损失的，要责令赔偿损失。

八、市场食品安全卫生管理

（一）食品安全卫生管理体制

当前，我国食品安全法确立的食品安全管理体制分为中央和地方两个层面。

1. 中央层面的管理体制

（1）设立国务院食品安全委员会。2010年2月9日，国务院食品安全委员会成立，它是国务院食品安全工作的高层议事协调机构，有15个部门参加，其主要职责是分析食品安全形势，研究部署、统筹指导食品安全工作，提出食品安全监管的重大政策措施，督促落实食品安全监管责任。

（2）中央各监管部门的职责。食品安全法规定，国务院卫生行政部门承担食品安全综合协调职责；国务院质量监督、工商行政管理和国家食品药品监督管理部门依照本法和国务院规定的职责，分别对食品生产、食品流通、餐饮服务活动实施监督管理；国务院农业部门对食用农产品种植养殖活动实施监督管理。可见，在中央层面，我国形成了从田间到餐桌四部门分段监管的食品安全监管体制：质量监督部门主管食品生产加工，工商部门主管食品流通，食品药品监管部门主管餐饮服务，农业部门主管食用农产品种植养殖。

2. 地方层面的管理体制

地方人民政府在食品安全工作上的职责是：县级以上地方人民政府统一负责、领导、组织、协调本行政区域的食品安全监督管理工作。要求地方人民政府建立从农田到餐桌各个环节全程监管的工作机制，确定本地方各监管部门的监管职责，组织、协调各监管部门的工作，领导各监管部门把食品安全工作做好。

县级以上地方人民政府依照规定确定本级卫生行政、农业行政、质量监督、工商行政管理、食品药品监督管理部门的食品安全监督管理职责。各监管部门应当服从地方人民政府的统一领导。

（二）市场食品安全卫生管理

工商行政管理部门主要负责流通领域的食品安全监管，是市场食品安全卫生管理的主管部门，其监管的主要内容包括：

（1）严把市场准入关。坚决清理不符合条件的食品生产单位，严厉打击无照生产经营食品的违法行为。同时，对现有食品生产企业实行信用分类监管制度，纳入企业信用分类监管系统，对信用不同的企业依法实施不同的监管。建立企业信用公示、黑名单等信用惩戒机制，严惩不讲信用的食品生产经营企业。

（2）实行严格的食品市场准入制度。积极推进食品质量监管关口前移，进一步规范食品准入的种类和范围，确保人民群众消费安全。

(3) 充分发挥基层工商所的市场监管执法职能作用。加大对分散在社区、城乡结合部和村镇的食品批发市场、集贸市场等的监管力度。

(4) 监控食品质量。通过日常市场巡查和抽样检测监控食品质量，定期向社会公示抽检情况，严厉查处流通环节中销售假冒伪劣食品、不合格食品等违法行为。

(5) 监管流通领域。以粮、肉、蔬菜、水果、奶制品、豆制品、水产品等七类食品为重点，加强对流通领域的监管。

(6) 针对食品流通的热点、难点问题和行业，组织开展食品安全整顿的活动。

(7) 加强食品商标广告监管。严厉打击非法印制及买卖、使用假包装、假标识、假商标的违法行为，以及虚假夸大宣传等违法行为。

(8) 建立食品消费安全预警机制。依托 12315 网络，认真受理消费者申诉和举报，及时发现问题，及时制止和查处损害消费者权益的违法行为。

食品安全卫生问题是关系到人民群众切身利益和社会安定的大事，工商管理部门应与其他监管部门加强沟通、密切配合，在职责范围内做好流通领域的食品安全监督管理工作，严厉查处和打击危害食品市场秩序的违法行为，确保人民群众吃得放心。

名词解释

个体私营经济的市场监督管理　　个体私营经济的市场监督管理原则

个体私营经济的市场规范管理　　市场巡查制度　　市场预警警示制度　　市场监管行政指导

市场专项治理　　商品质量监督抽检和公示　　市场交易查验登记监督制度

市场信用分类监管　　申诉投诉举报制度　　市场监管行政处罚　　产品质量管理

复 习 题

1. 个体私营经济的市场监督管理机关的职能有哪些？
2. 个体私营经济的市场监督管理原则有哪些？
3. 运用行政手段对个体私营经济进行市场监督管理的途径有哪些？
4. 个体私营经济市场监督管理的法律手段主要包括哪两个方面的内容？
5. 个体私营经济市场监督管理中的社会监督有哪些？
6. 个体私营经济的市场规范管理的特征是什么？
7. 个体私营经济市场规范管理的主要职责是什么？
8. 个体私营经济的市场规范管理方式主要包括哪些？
9. 市场巡查内容有哪些？
10. 实施市场预警警示制度的作用是什么？
11. 市场预警警示制度的内容有哪些？
12. 预警警示的形式有哪些？
13. 组织和实施商品质量监督抽检和公示的过程是什么？
14. 进货查验制度的具体内容有哪些？
15. 市场信用分类监管的具体内容有哪些？

16. 申诉投诉举报制度的具体规定是什么？
17. 个体私营经济市场监督管理的任务是什么？
18. 个体私营经济市场监督管理的内容有哪些？
19. 一般商品市场管理的内容有哪些？
20. 重要商品市场管理的内容有哪些？
21. 金融市场管理的内容有哪些？
22. 劳动力市场管理的内容有哪些？
23. 技术市场管理的内容有哪些？
24. 信息市场管理的内容有哪些？
25. 文化市场管理的内容有哪些？
26. 体育市场管理的范围和内容有哪些？
27. 经纪活动管理的内容有哪些？
28. 拍卖市场管理的内容有哪些？
29. 对网络商品经营者和网络服务经营者行为管理的内容有哪些？
30. 对提供网络交易平台服务经营者行为管理的内容有哪些？
31. 在我国哪些商品禁止进入市场交易或其流通渠道受到限制？
32. 质量技术监督部门在商品质量和计量方面的管理职责是什么？
33. 我国产品质量管理的内容有哪些？
34. 我国计量管理的内容有哪些？
35. 我国监管食品安全卫生的行政机构包括哪些？它们的职责分别是什么？
36. 工商行政管理部门对市场食品安全卫生监管的主要内容包括哪些？

扩展阅读

国外如何监管食品安全

民以食为天，食以安为先。食品安全监管是政府的职责之一，也是一个全球性的课题，那么，国外都有哪些行之有效的做法呢？

一、美国——注重源头控制，防患于未然

为建立"从田头到餐桌"的食品安全保障体系，目前世界上不少国家和地区已将监管触角延伸到食品原产地。在源头控制方面，美国的做法或许可以借鉴。

美国的食品安全监管机构历来通过聘请相关领域的专家进驻饲养场及食品生产企业等方式，实现从原料采集、生产加工、流通、销售及售后等各环节的全程监控。

不过，即便有全程监控，食品安全事故依然时而见诸报端。美国疾病控制和预防中心公布的数据显示，美国食品安全事件发生次数近年来已上升至平均每年约 350 起。面对如此严峻的形势，2009 年奥巴马上台后不久便开始加强食品安全制度建设，并强调食品安全应以预防为主，特别注重加强源头控制。2009 年 7 月，美国国会通过了《2009 年食品安全加强法案》，进一步扩大了联邦食品和药品管理局的职权，并对食物在种植、收获、流通等

方面设定相应的标准，以预防食品安全事故的发生，加强源头控制是重要内容。同时，作为食品进口大国，为了从源头上确保进口食品的安全性，美国食品和药品管理局、马里兰大学等机构于2011年9月15日联合成立了国际食品安全培训实验室，对来自全球各地的科学家进行检测技术、食品安全标准、监管政策等方面的培训。

有效的源头控制，为全方位、立体式食品安全监管体系的构建建立起了第一道屏障。

二、欧盟——强调可追溯性，杜绝"无头案"

可追溯性的提出源自欧洲的疯牛病问题。1996年3月6日，英国政府承认疯牛病对人类有致命危害，导致短短几个月时间欧盟多国的牛肉销售量下降了70%，给欧盟农业尤其是畜牧业带来了巨大损失，同时，舆论也对食品监管部门造成巨大压力。在此情况下，欧盟从1997年开始逐步建立起了食品追溯制度。可追溯性，通俗讲就是要求食品配有"身份证"。在欧盟委员会于2002年1月制定的《基本食品法》(即欧洲议会和理事会第178/2002(EC)号法规)中，可追溯性被解释为：在生产、加工及销售的各个环节中，对食品、饲料、食用性动物及有可能成为食品或饲料组成成分的所有物质的追溯或追踪能力。

欧盟《基本食品法》第18条明确要求，凡是在欧盟销售的食品必须具备可追溯性，否则不允许上市。食品、饲料、供食品制造用的动物以及其他所有计划用于或预计用于制造食品或饲料的物质，在生产、加工及销售的所有阶段都应建立可追溯性制度。除了《基本食品法》，欧盟其他一些法规也对食品的可追溯性做出了要求，比如，第852/2004号法规规定饲养动物或生产以动物为原料的初级产品的食品业从业者必须保存有关信息的相应记录；第89/396号法规规定食品必须作标记以确定批次；第1907/90号、第1906/90号与第2295/2003号法规对蛋类及禽类的可追溯性做出了具体规定；第2065/2001号法规及第2200/196号法规分别对鱼类和水果蔬菜的可追溯性提出了具体要求；第1830/2003号法规还对转基因食品的可追溯性以及由转基因产品生产的食物和饲料的可追溯性进行了特殊规定。

可追溯制度确保了食品从生产到销售各个环节的追溯检查，有效提高了处理食品安全事故的效率，同时也是悬在食品行业从业者头顶的一把利剑，对其形成有力约束。

三、加拿大——召回管理，最后的防线

加拿大是食品召回制度较为完善也是较为严厉的国家之一，从负责机构、召回程序到召回等级，都有着严格的规定。该国食品检验署的食品安全和召回办公室负责对食品召回的统一决策、对食品突发事件的监管以及与国际食品紧急事故办公室的联络。该办公室设有国家级的食品召回官员、地区召回协调员及区域召回协调员。加拿大食品召回分为自愿召回与强制召回，后者需食品检验署发布召回令，违反召回令被视为犯罪。召回程序分为五个阶段：调查确认危害性存在、确定风险管理战略、实施召回并在必要时进行新闻发布、核实召回工作的有效性和持续跟踪检测。根据危害健康程度，食品召回分为三级：一级召回适用于食用不安全食品后，存在严重危害健康甚至导致死亡的可能性情形，需发布警报；二级召回适用于食用不安全食品后，有可能造成短期内有害健康的后果，或造成严重危害健康后果的可能性较小的情形，可以发布警报；三级召回适用于食用不安全食品后，基本

上不会导致任何有害健康的后果的情形，一般不需要发布警报。

2011 年 4 月，加拿大东部几省曾出现大肠杆菌感染案例，14 名消费者患病，其中 1 人死亡。调查后发现，患者均食用过某企业的核桃产品。随后，该企业迅速从已知销售区域召回了全部可能受到污染的核桃产品，同时发布健康危害警报，列明产品种类、品名、品牌、包装规格、批次、保质期、出厂日期、经销商、零售店等信息，向消费者说明了大肠杆菌感染可能引起的各种病症和严重情况下可能致死的后果，并公布了信息咨询电话等。虽然加拿大公共卫生局在其后的调查中并未确定核桃是唯一的致病源，但食品检验署仍将可疑核桃全部召回，并在第一个警报发布后的几天内连续发布两个警报，以扩大召回的地域范围。

一旦食品安全事故露出端倪，及时必要的召回，有利于稳定消费者情绪，将损失尽可能降低。严格的召回制度是保障食品安全的最后一道屏障。

四、英国——严惩违法者

英国虽然有着详尽的食品安全法规，但其食品市场也曾一度因近一成的食品出现假冒伪劣现象而遭遇信誉危机。为整顿食品安全，重建消费者信心，英国政府所采取的措施是严惩违法者。英国政府规定，食品加工者若在食品安全上出现问题，通常会被处以 5000 英镑罚款或 3 个月以内的监禁；若销售不符合质量标准的食品或提供食品致人健康损害，将被处以最高 2 万英镑的罚款或 6 个月监禁；情节和后果十分严重的，违法者将被处以最高无上限罚款或 2 年监禁。

2006 年，某糖果制造商被指在英国及爱尔兰出售含"微量"沙门氏菌的巧克力。虽然该企业称，巧克力这类食品中只要沙门氏菌含量低于"警戒水平"就很安全，但英国微生物安全顾问委员会表示，这种辩解不能成立，因为沙门氏菌并不存在感染的最小剂量，安全水平这一概念就更加无从谈起。最终，该企业召回了在英国和爱尔兰销售的 100 多万块巧克力，并被判处 100 万英镑罚款。

确保食品安全，不能完全依靠市场自律。面对食品安全问题，通过严惩以提高违法成本，被认为是解决食品安全最有力的措施，为众多国内外学者及民众所推崇。

五、日本——健全法规，防止出现监管真空地带

日本早在 1948 年就颁布了《食品卫生法》。虽然不是最早实行食品法的国家，但日本十分注重对相关法律的完善与补充，使制度更具针对性与可操作性，防止出现监管真空地带。据不完全统计，自 1995 年起，日本先后对《食品卫生法》进行了 10 多次修改。同时，横向来看，日本与食品相关的法律法规也不断扩充，目前直接与食品安全相关的法律已有 20 多部，主要集中在农业生产领域。

20 世纪 70 年代，日本养殖业及种植业大量使用农药化肥导致食品遭受污染，政府立即启动修法程序，制定了针对多种农药残留的标准，加强了对食品中农药残留物的安全管理以及对农药的毒性测试。

2000 年 6 月，日本某乳品公司曝出食物中毒与消费欺诈事件，当时该公司产品导致的食物中毒者超过 1.4 万人，成为日本有史以来最严重的食物中毒事件。有分析称，该事故

正是由于日本在食品安全检查体制方面的漏洞所致。这一事件很大程度上推动了日本政府在 2003 年制定并开始实施《食品安全基本法》。2003 年 7 月，日本又成立了直属内阁的"食品安全委员会"。该委员会由 7 位公认"能不受他人左右"的专家组成，拥有对农林水产省、厚生劳动省进行监督与检查的权力。

市场经济是法治经济。健全法律法规，运用法治手段，是保障食品安全的治本之策。

资料来源：王苇航. 国外如何监管食品安全[OL]. http://www.cfen.cn/web/meyw/2012 -05/10/content_865182.htm. [2012-5-10].

第五章

个体私营经济的合同、
广告与商标的监督管理

本章首先介绍了个体私营经济合同监督管理的概念、作用、主体、范围和方法；其次，介绍了个体私营经济广告监督管理的概念、内容、机构、制度，以及广告违法行为及其处罚；最后介绍了商标注册的概念、商标注册申请的原则、申请注册商标的必备条件、办理注册商标的程序，商标专用权的内容、取得、争议、终止，注册商标的续展、变更、转让和使用许可，个体私营经济的商标监督管理机关及职责、商标监督管理的主要内容。

第一节　个体私营经济的合同监督管理

一、个体私营经济合同监督管理的概念与作用

(一) 个体私营经济合同监督管理的概念

合同监督管理，是指工商行政管理部门和其他有关行政主管部门对利用合同危害国家利益、社会公共利益以及他人合法权益的违法行为进行监督和处理的行政监督管理活动。

按照《合同法》规定，工商行政管理部门和其他有关行政主管部门在各自的职权范围内，依照法律、行政法规的规定，对利用合同危害国家利益、社会公共利益的违法行为，负责监督处理；构成犯罪的，依法移送司法机关追究刑事责任。

个体私营经济的合同监督管理，是工商行政管理部门和其他有关行政主管部门对个体私营经济主体利用合同危害国家利益、社会公共利益以及他人合法权益的违法行为进行监督和处理的行政监督管理活动。

个体私营经济合同监督管理的特征是：① 实施合同监督管理的主体是法律、行政法规规定的行政机关，包括工商行政管理机关、科学技术、对外经济贸易、建设等部门。② 合同监督管理的目的是维护国家利益、社会公共利益以及他人合法权益。③ 合同监督管理是依据行政管理权和行政处罚权实施的行政监督管理活动。

(二) 个体私营经济合同监督管理的作用

市场经济下，企业的生产和销售要靠合同来连接，社会资源的配置也要通过合同来体现和落实。没有规范有序的合同行为，市场经济就难以有序运行。从这一意义上说，市场经济是一种契约，需要实行合同监督管理。

1. 规范合同行为，建立良好的市场经济秩序

市场在资源配置方面具有巨大的优越性，但也存在欺诈、作伪的可能性。自我国市场化改革以来，我国企业之间不守信用、连环拖欠的行为时有发生，尤其是合同欺诈(诈骗)等违法合同行为已成了经济生活的一大公害。20 世纪 90 年代初的三角债曾一度猖獗，致使不少企业资金周转困难，陷入停产、半停产的困境。混乱的合同秩序导致的不良影响已经超出了某个特定当事人的范围，波及到全社会。因此我们要加强合同监督管理，维护企业的合法权益，维护正常的经济秩序。

2. 建立企业信用体系，保障市场交易正常进行

企业信用往往是通过履行和约来表现的。工商部门加强对企业订立的合同进行审查，监督企业履行合同，对欺诈虚假合同进行查处，保护恪守合同条款、诚实守信的企业，同时收集企业履约能力、经营状况、失信记录及违约方面的信息，构建企业信用体系，在帮助企业甄别情况、减少企业上当受骗、保障市场交易顺利进行方面具有重要作用。

3. 维护社会主义法制，保护合同当事人合法权益

(1) 有利于保护国家利益、社会公共利益及他人合法权益，防止国有资产流失。众所周知，公有制企业，由于产权姓"公"，与个人没有直接的利益关系，使得公有制企业通过合同保护自己的能力比私有制企业差。例如公有制企业的业务人员在签订合同时由于用的是公款，往往不够谨慎，甚至会为个人谋利而使得企业受损。近年来，公有制企业因合同问题导致国有资产流失的问题已到了惊人的地步。另外，导致国有资产流失的合同多数是双方当事人相互串通造成的，双方往往都不会主动告发，这就特别需要通过合同监管来发现和制止。实行合同监督管理，对防止和减少国有资产流失有重要作用。

(2) 可以较好地弥补司法救济的不足，减少经济损失。这是因为：一是法院审理民事案件实行的是不告不理原则，难以发现合同双方恶意串通的行为，也难以发现公有制企业主动放弃诉权，不积极追索拖欠款或被骗款。而合同监督管理机关可以通过日常监督，主动发现和制止这类违法行为，对构成犯罪的可以移交司法机关处理。二是司法救济是一种事后处理，预防作用很小，只能追回部分损失；而合同监督管理可以发挥预防作用，大大减少争议和诈骗金额。三是单纯依靠司法救济，对一些小额诈骗行为难以绳之以法。而合同监督管理部门通过行政处罚，可以使这些不法之徒受到应有的制裁。

二、个体私营经济合同监督管理的主体

改革开放以来，我国已逐步形成了以工商行政管理部门为主、有关业务主管部门参加的个体私营经济合同监督管理体制。

(一) 工商行政管理部门的职责

工商行政管理部门作为个体私营经济合同监督管理主管机关，其监督管理合同的主要

职责是：制订有关合同监督管理的规章制度；监督、查处利用合同进行的违法行为；制定并发布合同示范文本；接受合同鉴证；调解合同争议；开展合同行政指导；监督管理拍卖行为；办理企业动产抵押物登记。工商行政管理机关的合同监督管理是面向全社会的，无论是个体私营经济实体利用合同危害国家利益、社会公共利益以及他人合法权益的合同，还是其他性质的单位利用合同危害个体私营经济的利益，工商行政管理部门都有权在职责范围内实施监督管理。

（二）相关业务主管部门的职责

个体私营经济监督管理合同的有关业务主管部门主要有科学技术、对外经济贸易、建设、土地管理、新闻出版、劳动等部门。业务主管部门监督管理个体私营经济合同的主要职责是：建立本系统管理合同的规章制度；负责管理本系统的合同；调解合同争议；配合工商行政管理部门制定和推行合同示范文本。业务主管部门监督管理合同的面相对较窄，主要管理的是本系统的危害国家利益、社会公共利益及他人合法权益的合同。

三、个体私营经济合同监督管理的范围

各级工商行政管理机关和其他业务部门在职权范围内，依照有关法律法规，负责监督处理合同违法行为。合同违法行为是指自然人、法人、其他组织利用合同，以牟取非法利益为目的，违反法律法规的行为。实际社会经济生活中，合同违法行为具体表现有：

（1）利用合同实施下列欺诈行为：① 伪造合同；② 虚构合同主体资格或者盗用、冒用他人名义订立合同；③ 虚构合同标的或者虚构货源、销售渠道，诱人订立、履行合同；④ 发布或者利用虚假信息，诱人订立合同；⑤ 隐瞒重要事实，诱骗对方当事人做出错误的意思表示订立合同，或者诱骗对方当事人履行合同；⑥ 没有实际履行能力，以先履行小额合同或者部分履行合同的方法，诱骗对方当事人订立、履行合同；⑦ 恶意设置事实上不能履行的条款，造成对方当事人无法履行合同；⑧ 编造虚假理由中止(终止)合同，骗取财物；⑨ 提供虚假担保；⑩ 采用其他欺诈手段订立、履行合同。

（2）采取下列手段危害国家利益、社会公共利益：① 以贿赂、胁迫等手段订立、履行合同，损害国家利益、社会公共利益；② 以恶意串通手段订立、履行合同，损害国家利益、社会公共利益；③ 非法买卖国家禁止或者限制买卖的财物；④ 没有正当理由，不履行国家指令性合同义务；⑤ 其他危害国家利益、社会公共利益的合同违法行为。

（3）任何单位和个人在知道或者应当知道的情况下，为他人利用合同实施违法行为，提供证明、执照、印章、账户及其他便利条件。

（4）经营者与消费者采用格式条款订立合同的，经营者在格式条款中免除自己的下列责任：① 造成消费者人身伤害的责任；② 因故意或者重大过失造成消费者财产损失的责任；③ 对提供的商品或者服务依法应当承担的保证责任；④ 因违约依法应当承担的违约责任；⑤ 依法应当承担的其他责任。

（5）经营者与消费者采用格式条款订立合同的，经营者在格式条款中加重消费者下列责任：① 违约金或者损害赔偿金超过法定数额或者合理数额；② 承担应当由格式条款提供方承担的经营风险责任；③ 其他依照法律法规不应由消费者承担的责任。

（6）经营者与消费者采用格式条款订立合同的，经营者在格式条款中排除消费者下列

权利：① 依法变更或者解除合同的权利；② 请求支付违约金的权利；③ 请求损害赔偿的权利；④ 解释格式条款的权利；⑤ 就格式条款争议提起诉讼的权利；⑥ 消费者依法应当享有的其他权利。

四、个体私营经济合同监督管理的方法

(一) 依法处罚合同违法行为

合同当事人利用合同损害国家利益、社会公共利益和他人合法权益的，因此取得的财产，由工商行政管理机关或者其他有关行政主管部门收归国有或者责令返还给有关集体或个人。合同当事人一方违约，使国家利益、社会公共利益和他人合法权益遭受损失，另一方当事人不予追究的，工商行政管理机关或者其他行政部门可依法查处，并责令违约方支付违约金或者赔偿金。当事人对行政处罚决定不服的，可以依法申请行政复议或者提起行政诉讼。逾期不申请行政复议或者提起行政诉讼，又不履行行政处罚决定的，由作出处罚决定的行政机关向人民法院申请强制执行。通过依法处罚合同违法犯罪行为，建立起惩戒机制，可有效遏制合同违法犯罪行为的发生。

(二) 合同备案、鉴证和登记

法律、法规和省人民政府规定应当鉴证的合同，当事人必须到工商行政管理机关办理合同备案、鉴证和登记手续。其他合同当事人可自愿向合同签订地、履行地或者当事人一方登记注册所在地的工商行政管理部门申请办理合同备案、鉴证和登记。当事人申请合同备案、鉴证和登记时，应当依法提交真实合法有效的证明文件，不得隐瞒真实情况，骗取鉴证。通过合同备案、鉴证和登记，可建立起预防合同犯罪的机制。

(三) 合同执法检查

通过主动监察、专项审查、书面审查和检举投诉等多个环节进行合同执法检查，从中发现问题，督促履行合同，建立起合同违法犯罪的预警机制。

(四) 行政调解合同争议

为及时解决合同争议，保护当事人的合法权益，我国规定工商行政管理机关在双方自愿的原则下负责受理合同争议的行政调解。通过合同争议的行政调解，可及时化解矛盾，建立协调机制。

(五) 制定并发布合同示范文本，监督格式合同、格式条款

格式条款是指合同一方当事人为了重复使用而预先拟定，并在订立合同时未与对方协商的条款。格式合同则是指全部由格式条款组成的合同，而某个合同只有部分是以格式条款的形式反映出来的，则称之为普通合同中的格式条款。格式条款含有免除或者限制自身责任内容的，提供方应当在合同文本中用清晰、明白的文字表述，采用醒目方式标明，并在合同订立前提请对方注意，按对方要求，对该条款予以说明。另外，商业广告、通知、声明、店堂告示、凭证、单据等内容符合要约规定的，视为格式条款。通知、声明、店堂告示等应当设在醒目位置。

我国规定采用格式条款订立合同的，格式条款不得含有下列内容：

(1) 免除或者限制格式条款提供方依法应承担的合同义务；

(2) 免除或者限制格式条款提供方因可能产生的违约行为而应承担的违约责任；

(3) 免除或者限制格式条款提供方可能造成对方人身伤害或者财产损失而应承担的法律责任；

(4) 免除或者限制格式条款提供方对其提供的产品或者服务应负的保证或者保修责任，或者缩短产品的法定保证期限；

(5) 规定格式条款提供方可以任意变更或者解除合同，延迟或者停止合同的履行；

(6) 规定对方当事人需经格式条款提供方或者其代理人同意方可行使合同权利；

(7) 排除或者限制对方当事人依法变更或者解除合同的权利；

(8) 规定格式条款提供方提供的产品或者服务出现价格不合理上涨时，对方当事人继续履行该合同；

(9) 规定只有格式条款提供方有权对合同进行解释；

(10) 其他免除格式条款提供方责任、加重对方责任、排除对方主要权利的内容。

我国严禁利用格式合同或格式条款危害国家利益、社会公共利益和他人合法权益。因此，工商管理部门通过推行合同示范文本制度，监督格式合同和格式条款，可建立起行政指导机制，维护经济运行秩序。

(六) 开展"守合同、重信用"活动

为了加强企业信用建设，工商行政管理机关多年以来开展了"守合同、重信用"公示活动，这是对企业信用的一种综合评价活动。获得"守合同、重信用"荣誉的公示企业，可得到包括工商局、税务局、发改委、经贸委、科技厅以及财政、社保、银行、海关等十多个政府部门的几十余项优惠政策的扶持。因此，这一活动通过对诚信企业的褒奖，建立起激励机制，能更好地激励更多的市场主体诚实守信，改善市场诚信道德文化环境。

(七) 引导企业自律

对个体私营经济的合同监督管理，还可通过引导企业建立合同自律组织，如重合同守信用促进会，宣传合同法律、法规，并制定一些交易规则，规范合同行为；可通过引导企业加强内部管理，健全规章制度，减少漏洞。

西充工商分局识破一合同诈骗案

2000 年 6 月中旬，一个操着重庆口音自称谢某的人持《企业法人营业执照》(副本)、一级《施工企业资质等级证书》等证照来四川西充联系建筑工程施工业务，通过议标，谢某与四川川北机动车辆展销中心(以下简称为车展中心)签订了一份标的额 200 余万元的建筑施工合同。合同约定：施工单位 7 月 28 日进场开工，车展中心在对方进场的 5 天内按标的额的 10% 预付工程款，否则，将承担标的额 10% 的违约责任。合同签订后，车展中心见施工单位没有相应的施工人员和机具设备进入施工现场，却多次催要预付款，便对谢某签订合同的真实意图产生了怀疑，未按合同支付预付款。8 月 30 日，谢某以车展中心违约为由，一纸诉状将其告上法庭，要求车展中心承担违约责任。法院受理后，冻结了车展中心的银行账户。车展中心将情况反映给南充工商局西充工商分局，希望得到工商部门的帮助。

西充工商分局合同股同志听完情况介绍后，认真查验了谢某提供给车展中心的相关资料，当即从执照内容上发现了疑点。经与广州市工商局联系，谢某持假照签订合同，企图骗取工程预付款的骗局被揭穿。目前，西充县公安局正以谢某涉嫌诈骗进行立案侦查。

该案中，车展中心之所以受骗，是因自我保护意识较差，被对方提供的虚假证照蒙蔽，没有认真分析对方的意图、严格核查对方的真实身份，草签合同，险些受骗。

类似案件新闻媒体中时有报道，骗术并不高明却屡屡得逞，受骗者缺乏防范意识和法律意识是主要原因，建议经营者在与外来企业进行合作时，① 应当查验对方的经营资格，尽量要求对方出示相关证照的原件，若对方出示的是执照复印件，必须要有发照机关在其复印件上加盖的专用印章原印；② 通过与对方就专业问题的交谈，从对方的专业知识和相关法律知识等方面判断对方的职业身份；③ 个体私营业主的建设工程也应采取公开招投标；④ 签订合同时，在条款中约定双方将合同鉴证，可以利用工商部门的工商信息网络，查验对方的主体资格和资信状况。

资料来源： 胡开俊，赵常林. 西充工商分局识破一合同诈骗案[N]. 市场报，[2000-11-13].

第二节　个体私营经济的广告监督管理

一、广告的概念和类型

广告是为了某种特定的需要，通过一定形式的媒体，公开而广泛地向公众传递信息的宣传手段。正确理解广告的含义要注意以下几点：

(1) 广告是一种传播方式，广告主(商品的生产者或经营者)借助这种方式将自己的商品信息传递给消费者；

(2) 广告需要广告者付费；

(3) 广告带有说服性；

(4) 广告是有目的、有计划、连续的传播活动；

(5) 广告不仅对广告主有利，而且对目标对象也有一定的好处，可使消费者得到一定的信息；

(6) 广告必须借助一定的媒介。

广告有广义和狭义之分，广义广告包括非经济广告和经济广告。非经济广告指不以盈利为目的的广告，又称效应广告，如政府行政部门、社会事业单位乃至个人的各种公告、启事、声明等，其主要目的是推广。狭义广告仅指经济广告，又称商业广告，是指以盈利为目的的广告，通常是商品生产者、经营者和消费者之间沟通信息的重要手段，或企业占领市场、推销产品、提供劳务的重要形式，主要目的是扩大经济效益。

二、个体私营经济广告监督管理的概念与内容

(一) 个体私营经济广告监督管理的概念

个体私营经济的广告监督管理，是指国家广告管理机关依据法律、法规和国家授予的

职权，代表国家对个体私营经济的广告活动全过程进行监督、检查、控制和指导的活动。

正确理解个体私营经济广告监督管理要注意以下几点：

(1) 个体私营经济的广告活动全过程是指工商行政管理部门对个体私营经济主体的所有广告活动、广告环节及其广告受众在经济、宣传、民事等关系方面的监督管理，体现了个体私营经济广告监督管理的全面性。

(2) 监督是指工商行政管理部门对从事广告活动的个体私营经济主体进行监审和督察，使其广告活动在国家法律法规允许的范围内开展。

(3) 检查是指工商行政管理部门对在广告市场中从事经营活动的个体私营经济主体的经营行为进行检查，以规范广告市场、保护合法经营、取缔非法经营、查处违法广告。

(4) 控制是指工商行政管理部门通过核发营业执照和广告经营许可证，审查广告收费标准，调查统计广告经营状况等活动，来促进个体私营经济的广告业务有计划、有步骤地发展，使广告业的发展方向、发展规模与社会经济发展相适应。

(5) 指导是指广告监督管理机关指导广告行业协会及个体私营广告主、广告经营者、广告发布者等的经营，促进行业自律。

一般来说，参与广告经营活动的无论是广告主、广告经营者，还是广告发布者以及有关部门，都必须无条件地接受工商行政管理部门依法行使的对广告的监督管理；监督、检查、控制、指导四个方面的工作是相辅相成、紧密联系的，充分体现了国家广告管理机关对广告活动全过程的管理。

(二) 个体私营经济广告监督管理的内容

个体私营经济的广告监督管理的具体内容包括：

(1) 根据经济和社会发展的总要求，参与制定广告业的发展目标、发展战略、发展重点。

(2) 制定、解释、修改广告发布标准。

(3) 法律规定，广告发布前广告经营者、广告发布者应依法审查验证广告内容，而广告监督管理部门则需要监督这一工作的执行。

(4) 监管广告经营资格和资质，即广告经营者有不同资质标准，经营范围项目也不同，管理部门要按资质标准审核经营者资格和资质，并且定期和不定期检查广告经营者资质变化情况。

(5) 依法追究和处理广告违法行为责任人的行政法律责任。

(6) 监管广告经营行为。

三、个体私营经济广告监督管理机构及其职能

在中国，工商行政管理机关是个体私营经济广告监督管理机构，它代表国家行使个体私营经济广告监督管理的职能。国家工商行政管理总局和地方各级工商行政管理局分别设有相应的广告监管部门，专门负责广告监督管理工作。基层工商所作为县级工商行政管理局的派出机构，也有检查和监督广告的权利，并发挥着重要作用。工商行政管理部门在对个体私营经济的广告监督管理中主要有以下职能：

(1) 立法和法规解释职能。国家工商行政管理总局是全国广告管理的最高机关，可代

表国务院和国家立法机关起草广告法律、法规；还可单独或会同有关部门制定广告管理部门章程，负责解释广告法规、规章。地方广告管理机关可以依照立法程序和权限，代表有关部门起草地方性的广告管理规章。

(2) 审批经营资格职能。即审查和批准个体私营经济的广告经营权，主要核准广告经营权和核定经营范围，发给营业执照或广告经营许可证。

(3) 监督和指导职能。即对个体私营经济广告活动全过程进行监督和指导，其核心是要求个体私营广告经营者守法经营，制止垄断和不正当竞争行为，维护广告市场的正常秩序和广告经营的平等互利、等价有偿的原则。

(4) 查处违法行为职能。即查处个体私营经济主体的广告违法案件，依法制裁广告违法行为。根据规定，对违反广告法规者，由工商行政管理机关追究其行政法律责任，视情节轻重给予不同的行政处罚；对构成犯罪的，移送司法机关处理。同时，还担负着行政复议的任务，依不同情况做出维持、变更和撤销原处罚的决定。

(5) 协调职能。包括工商行政管理机关内部广告管理部门与其他管理部门的协调，广告管理机关内部上下纵向指导和左右横向配合的协调，广告管理机关与政府其他管理部门的协调。

(6) 服务职能。广告管理机关除了监督检查广告活动外，还担负着制定广告行业发展规划、组织实施广告行业指导等任务。

四、个体私营经济的广告监督管理制度

个体私营经济的广告监督管理制度是以个体私营经济广告活动为管理对象的一系列关于管理主体和管理客体的行为规范的总和，主要包括广告审查制度、广告证明制度和广告业务档案制度。个体私营经济的广告监督管理制度的存在和实施是个体私营经济广告活动顺利进行的基本条件。

(一) 广告审查制度

广告审查制度是指行政主管部门对广告内容及其表现形式在广告发布前就其真实性、合法性而进行审核的制度。这一制度可起到保证广告真实合法的作用。

广告审查有两类：一是国家有关行政主管部门进行的审查，这主要针对的是特种商品，如药品、医疗器械等和某些重要商品的广告。二是广告经营者、广告发布者进行的审查，这针对的是一般商品和服务的广告。无论是行政主管部门还是广告经营者、广告发布者未依法履行审查广告的职责，都要承担由此引起的法律责任。

广告审查的范围主要包括：

(1) 对主体资格的审查，即审查广告客户有无做某项内容广告的权利能力和行为能力；

(2) 广告的内容和表现形式是否违法；

(3) 证明文件是否真实、合法、有效。

(二) 广告证明制度

广告证明是指国家有关广告证明机关核发的表明广告客户主体资格和广告内容是否真实、合法的文件、证件。广告主主体资格的证明机关为国家专门办理各种类型主体资格的

审批登记机关。广告内容真实合法性的证明出具机关为对口行政主管部门，即对广告所涉及事项有行政管理权的部门或其授权单位。

广告证明必须具备下列条件，才具有法律上的证明力：

(1) 广告证明出具机关合法；

(2) 广告证明的内容合法；

(3) 广告证明与广告有直接关系；

(4) 广告证明适用时间和地域范围有效。

广告证明分为两类：一类是主体资格证明，即表明广告主具有做广告和做某项内容广告的权利能力和行为能力的证明；另一类是表明广告内容真实、合法的证明。

广告证明制度是为保证广告真实、合法，规定广告经营者、广告发布者承办广告业务时应要求广告主提供相应证明的制度。广告主违反规定，伪造、涂改、盗用或非法复制广告证明的，要承担相应的法律责任；为广告主出具非法或虚假证明的，也要承担相应的法律责任。

(三) 广告业务档案保存制度

广告业务档案是指广告经营者在承办广告业务中形成的，供保存备查的广告文字、图像、证明文件、审查记录及其他有关的各种原始记录。

广告业务档案有两个作用：一是凭证作用，它记录了广告承办过程，可以作为查考、争辩、研究和处理问题的法律依据。二是参考作用，它可为查考广告经营情况、研究广告活动的发展进程和规律、总结经验、改善经营管理提供第一手资料。

广告业务档案保存制度是指为了便于查证广告业务过程，规定保存广告业务档案的制度。广告经营者在本单位办理完广告客户委托办理的广告业务后，应将下列文件材料归档保存：

(1) 承办的广告样张(刊、带)图片、照片等；

(2) 收取和查验的广告证明和查验记录(广告证明文件有些只能交验而不能提交原件或自行复制的复印件，对此，广告经营者应当将证明文件内容进行记录并归档保存)；

(3) 广告审查情况记录材料；

(4) 广告合同；

(5) 其他应当保存的材料。

按规定，广告业务档案要分类保存，不论采取哪种分类方法建档，档案内保存的文件应当完整、真实地反映出广告承办的全过程，同时便于查找、利用。广告档案的保存时间，从广告经营者、广告发布者为广告主办理完广告业务之日起计算不少于一年。

此外，广告监督管理制度还包括广告代理制度、广告合同制度、广告业专用发票制度、广告业务员证制度等。

五、个体私营经济主体广告违法行为的类别

(一) 无照经营行为

无照经营是指未经工商行政管理机关核发营业证照，而擅自承办广告业务的行为，这主要表现在：

(1) 未经工商行政管理机关批准承办制作、代理和发布广告业务；

(2) 兼营广告单位中的非广告经营部门经营广告业务；

(3) 未经有关部门批准承办赞助广告；

(4) 未经有关部门批准承办经营性印刷品广告；

(5) 未经有关部门批准大量发行邮寄广告等。

(二) 超越经营范围或国家许可范围

超越经营范围是指广告经营者和广告客户的广告经营行为超越了工商行政管理机关核准营业证照所明确规定的营业范围。

工商行政管理机关一般按照申请者的营业能力核准营业范围，这包括：

(1) 主营、兼营和代理广告业务；

(2) 经营书刊、报纸、电视、广播等媒体的广告；

(3) 经营和代理国内广告和承办外商广告；

(4) 制作广告的经营项目。

每个广告经营者都必须严格遵守被规定的营业范围，否则就被视为超越经营范围的违法行为。超越经营范围的违法行为主要有：

(1) 广告兼营单位跨媒介代理广告业务；

(2) 仅被批准设计和制作广告，而承办代理和发布广告业务；

(3) 仅被批准经营国内广告，而承办外商来华广告等。

(三) 垄断行为和不正当竞争行为

广告经营垄断行为，是指广告活动的当事人或经济组织对广告市场运行过程或这一过程的某些方面的排他性控制，即对广告竞争的限制和遏制行为。

广告经营中的垄断行为主要有两类：一类是两个或两个以上的广告经营者签订限制竞争的协议，包括签订分割广告市场的协议，规定各自不进入对方占领的市场或进入后互不竞争；一致同意共同对付外来竞争或规定其他竞争者进入市场的条件。另一类是占有市场优势的企业以不正当竞争行为谋取独占地位，包括无正当理由拒绝与某一类广告经营者以外的其他广告经营者作交易；强迫对方接受不合理的交易条件，搞歧视性价格，对不同广告经营者实行不同的收费价格。

广告经营的不正当竞争行为是指广告活动的当事人或经济组织使用欺骗性的，有害的竞争方法与同类企业进行竞争的行为。常见的带有不正当竞争行为的广告大致有：

(1) 编造、散布有损于竞争者商业信誉的不真实消息，或是用贬低同类产品以及其他手段侵害竞争者的正当经营活动；

(2) 采取"有奖销售"大做广告；

(3) 采取贿赂、变相贿赂等手段招揽广告。

(四) 虚假广告

虚假广告是指以欺骗手段所进行的内容不实的广告宣传，具体包括：

(1) 在广告用语中对商品的质量、性能、功效等的说明不符合商品实际情况，使用无科学依据的夸张用语；

(2) 未经国家有关部门或授权单位检验鉴定或审批并授予、核发证明文件，却在广告中谎称产品质量达标、认证合格、获专利、获奖、有生产许可证和商标注册证等内容；

(3) 擅自改变食品、药品、类药品等的"广告审批表"宣传内容，进行虚假或夸大的广告宣传；

(4) 擅自改变商品获奖的时间、级别、颁奖部门以及扩大商品获奖范围；

(5) 假冒他人注册商标、科技成果等为本企业或产品做虚假广告宣传；

(6) 以邮售、预售商品为名，利用广告骗取购货款。

(7) 在招工、招聘、招生广告中虚构或夸大事实，骗取报名费和学费。

(五) 不履行验证手续

不履行验证手续，是指广告经营者未按要求查验广告客户应当出示的证明文件而为其发布广告的行为，具体包括：

(1) 广告经营者在发布广告之前未按规定查验有关证明；

(2) 广告客户申请发布广告，未按规定出具有关的证明；

(3) 主管部门未如实开具证明文件。上述行为都将受到工商行政管理机关的查处。

(六) 新闻广告

新闻广告是指新闻单位以新闻采编、新闻报道的名义经营与发布广告、收取广告费用或进行有偿新闻的行为。我国严禁大众传播媒介以新闻报道形式发布广告，要求通过大众传播媒介发布的广告应当有广告标记，与其他非广告信息相区别，以免使消费者产生误解。

(七) 发布禁止的烟、酒广告

烟和烈性酒对人体有害，国家对烟和烈性酒广告都有明确的限制规定。

发布禁止的卷烟广告，是指广告经营者利用大众传播媒介和公共场所为广告客户做卷烟广告，或在允许利用的媒介上做卷烟广告而未标明"吸烟有害健康"的违法行为。具体来说包括：禁止利用广播、电视、电影、报纸、期刊发布烟草广告；禁止在各类等候室、影剧院、会议厅堂、体育比赛场馆等公共场所设置烟草广告；烟草广告中必须标明"吸烟有害健康"，随时提醒人们，引起警觉，少吸或不吸烟。

发布禁止的烈性酒广告，是指未经工商行政管理机关批准，广告经营者利用各种媒介为烈性酒做广告，被视为非法发布酒类广告。具体规定有：酒类广告不得有鼓励、倡导、引诱人们饮酒的文字、语言、画面，不得有饮酒形象和未成年人形象；禁止40度以上(含40度)的烈性酒利用广播、电视、报纸、书刊、招牌、灯箱、霓红灯、招贴等媒体做广告；酒类广告不得表示或暗示医疗、保健效果。

(八) 违禁广告

我国规定，不得刊播、设置、张贴有下列内容的广告：

(1) 违反法律法规的广告；

(2) 损害我国民族尊严的广告；

(3) 有中国国旗、国徽、国歌音响的广告；

(4) 贬低同类产品的广告；

(5) 弄虚作假的广告；

(6) 有反动、淫秽、迷信、荒诞内容的广告。

 案 例

药品、医疗器械广告违法典型案例

一、擅自从事药品广告经营

某单位,在未取得广告经营许可证、也没有经广告审查部门审批的情况下,擅自承接药品广告业务,先后发布了"伸金丹"、"肠胃丹"、"迈道通"等药品广告。当事人的行为违反了《广告法》、《广告经营许可证管理办法》之规定,工商局可依法对当事人作出相应的行政处罚,并责令其停止广告经营行为。

二、擅自发布处方药品广告

食品药品监督管理部门在药品广告监测中发现,某媒体擅自发布处方药"珍珠通络丸(蒙古红药)"广告,并且在广告宣传中夸大该药品的药用功能、保证疗效等违法行为和内容。在将该案件移送工商行政部门调查处理的同时,食品药品监督管理部门依据《药品管理法》的相关规定,对该药品采取行政强制措施,暂停其销售,并向社会予以公布。

三、利用专业人员名义和形象擅自发布医疗广告

某医院利用卫生技术人员名义、形象作证明,在某新闻媒体擅自发布激光治疗近视的医疗广告,违反了《医疗广告管理办法》关于"禁止用专业技术人员名义和形象来证明广告"的规定,工商分局可对该医院和新闻媒体分别作出停止发布违法医疗广告和罚款的行政处罚。

四、利用患者形象违法发布药品广告

某工商局接到药品监督管理部门移送的广告监测资料,反映某广播电视媒体发布违法广播广告。该媒体利用患者的声音形象为某个药品作广告宣传,其行为违反了《中华人民共和国广告法》的有关规定。工商局对该媒体作出了责令停止发布该违法广告、没收广告费用和罚款的行政处罚。

五、某新闻媒体发布虚假药品、医疗器械广告

某新闻媒体擅自发布"七日回春"等六种药品和医疗器械广告,在广告中,利用专家、患者形象作证明,夸大疗效、虚假宣传。其行为违反了《中华人民共和国广告法》的有关规定,工商局对该媒体依法作出了停止发布违法广告、没收广告费用并处罚款的行政处罚。

资料来源: 襄阳市工商局. 襄阳市广告违法典型案例(2010～2011)[N]. 襄阳日报, [2011-11-8].

六、对个体私营经济主体违法广告行为的处罚

个体私营经济主体的广告违法行为一旦被查出,将承担相应的经济责任、行政责任和刑事责任。根据性质和程度的不同,违法广告行为可分为一般违法行为和严重违法行为。一般违法行为的责任者和单位应承担经济责任和行政责任,即接受工商行政管理机关依法给予的行政处罚;严重违法行为的直接责任者应承担刑事责任。

根据违法广告行为的轻重，工商行政管理机关可分别依法给予下列处罚：停止发布广告；责令公开更正；没收非法所得；通报批评；停业整顿；罚款；吊销营业执照或者广告经营许可证。

刑事责任是指对于违反广告管理法规造成严重后果，触犯了国家刑律的犯罪分子，依法给予刑事制裁。刑事责任只限于个人，即严重违法行为的直接责任者，而广告经营单位和作为法人的广告客户只能承担经济责任和行政责任，不能承担刑事责任。工商行政管理机关在查处广告违法行为中发现有构成广告违法犯罪者，要及时移交司法机关追究其刑事责任。

第三节　个体私营经济的商标注册管理

一、商标的概念

商标是指生产经营者在其商品和服务上所使用的，由文字、图形、字母、数字、三维标志、颜色或其组合而构成的，具有显著特征，便于识别商品或服务来源的可视性标志。

商标具有如下特征：

(1) 商标是用于商品或服务上的标记，与商品或服务不能分离，并依附于商品或服务。

(2) 商标是由文字、图形、字母、数字、三维标志和颜色组合，以及由上述要素组合的可视性标志。

(3) 商标是区别于他人商品或服务的标志，具有特别显著性的区别功能，从而便于消费者识别。

(4) 商标具有独占性。使用商标的目的就是为了区别于他人的商品或服务，便于消费者识别。所以，注册商标所有人对其商标具有专用权、受到法律的保护，未经商标权所有人的许可，任何人不得擅自使用与该注册商标相同或相类似的商标，否则，即构成侵犯注册商标权所有人的商标专用权，将承担相应的法律责任。

(5) 商标是商品信息的载体，是参与市场竞争的工具。生产经营者的竞争就是商品或服务质量与信誉的竞争，其表现形式就是商标知名度的竞争，商标知名度越高，其商品或服务的竞争力就越强。

(6) 商标是一种无形资产，具有价值。商标代表着商标所有人生产或经营的质量信誉和企业信誉、形象，商标所有人通过商标的创意、设计、申请注册、广告宣传及使用，使商标具有了价值，也增加了商品的附加值。商标的价值可以通过评估确定。商标可以有偿转让，经商标所有权人同意，许可他人使用。

二、商标注册制度

(一) 商标注册的概念

商标注册是指商品生产经营者为了取得商标专用权，依照法定程序向国家商标局提出注册申请，商标局依照法定的申请注册原则、条件和程序予以审核、准予注册的各项法律行为的总称。只有经过商标核准注册的商标，才受法律保护，注册人对注册商标享有专用权。因此，商标注册管理是商标管理与保护的基础。

现代社会中，还有大量未经注册的商标。未注册商标是未经核准注册而自行使用的商标。注册商标和未注册商标的主要区别在于：

(1) 注册商标享有专用权，未注册商标无此权利。

(2) 注册商标可排除他人在同种或类似商品上使用与其相同或近似的商标，未注册商标无此权利。

(3) 注册商标遭到他人假冒或混同即构成被侵权，未注册商标不存在被侵权问题，只可能发生侵权问题。

(4) 法律允许使用未注册商标，但除驰名商标外，其他未注册商标不受法律保护。

(二) 商标注册申请的原则

(1) 自愿注册原则，即生产者和经营者根据自己生产经营的需要自行决定是否申请商标注册，这是世界上绝大多数国家实行的原则。我国允许注册商标与未注册商标并存，但只有注册商标才能取得商标专用权，受法律保护。我国还对人用药品和烟草制品等极少数商品实行商标强制注册的办法。

(2) 类别申请原则，按照类别申请原则，包含两层意思：一层是商标注册申请必须按商品和服务分类表进行，因为商标专用权的保护是以商品和服务的类别去确定的。另一层是同一申请人在不同类别的商品上使用同一商标的，应当按商品分类表提出注册申请，即同一商标同时申请注册几个类别商品必须按商品的不同类别分别提出申请。

(3) 一申请一商标原则，即一份商标注册申请书只能申请一件商标，而不得申请两件或两件以上的商标。同一申请人在不同类别的商品上使用同一商标的，应按商品类别分别提出若干份申请。

(4) 先申请原则，即最先申请者获得商标专用权。在我国，对不同时间的商标注册申请，实行申请在先原则；同一天申请的，实行使用在先原则。对于驰名商标的注册申请，实行使用在先原则，以此作为对驰名商标的特殊保护。因此，我国的商品注册实行申请在先原则，辅之以使用在先原则。

(三) 申请注册商标的必备条件

(1) 商标的构成要素必须具有显著特征，即商标使用的文字、图形或者其组合应与众不同，立意新颖，风格独特，便于人们区别同种或同类商品。显著特征是商标的最基本要求，不具显著性，不能成为注册商标。

(2) 申请注册的商标不得使用法律禁止使用的文字、图形。我国规定商标注册禁用的文字、图形包括：与我国及外国的国家名称、国旗、国徽、军旗相同或近似的文字、图形；与国际组织的旗帜、徽记、标志名称相同或近似的文字、图形；本商品的通用名称和图形；直接表示商品的质量、主要原料、功能、用途、重量、数量及其他特点的文字、图形；带有民族歧视性的文字、图形；夸大宣传并带有欺骗性的文字、图形；有害社会道德风尚或有其他不良影响的文字、图形等。

(3) 不与他人先注册商标混同，即在同种或者类似商品上申请注册的商标不得使用与他人注册商标或者初步审定的商标相同或近似的文字、图形或者其组合。判断商标相同或类似的前提条件是看商标是否用于同种商品或类似商品上，如果不使用或将要使用在同种或类似商品上，则不能判定申请注册商标相同或近似。

(4) 被撤销、注销的注册商标，一年内不得重新申请注册。注册商标被撤销或者注销不满一年者，与该商标相同或近似的商标不能被核准重新注册，否则会引起消费者的误认，构成不正当竞争。

(四) 办理注册商标的程序

1. 申请

商标注册申请是商标注册程序的第一环节，是办理商标注册、取得商标专用权的前提。我国商标注册实行代理制，申请人一般不必直接到国家商标局办理商标注册申请，而是就近向当地工商行政管理局递交商标注册申请书及有关文件，再由各地工商局将申请文件送省商标事务所呈报国家商标局审核办理。申请注册商标必须提交的申请文件包括：商标注册申请书、委托书、商标图样、证明文件、申请费用等。

2. 审查

商标审查是商标局对商标注册事项进行全面审查并做出审查决定的行政行为。审查是商标注册的一个法定程序，是商标专用权能否确认的关键环节，包括形式审查和实质审查。

(1) 形式审查。形式审查主要审查申请行为是否有效、是否具备受理资格，从而决定是否受理。对符合申请条件的，予以受理，编定申请日期和申请编号，进入实质审查；反之，则不予受理。形式审查的具体内容包括：申请人的申请资格，申请文件是否齐备、规范，申请事项是否符合申请原则、申请日期和申请编号。

(2) 实质审查。商标局经形式审查予以受理后，将指定审查人员继续进行实质要件的审查。实质审查是对商标是否符合注册条件而进行的审查，主要审查：商标是否符合法定的构成要素；商标是否违反禁用条款；商标是否具备显著性、新颖性；商标是否与他人注册在先或初步审定在先的商标相同或者近似，是否与他人已失效(被撤销或注销)的但未超过一年期限的商标相同或近似。经实质审查，凡符合注册条件的予以初步审定，并予公告；凡不符合法律规定的，则予以驳回；而申请内容可以修正的，可要求申请人限期修正。

3. 驳回和驳回复审

驳回，即经审查不符合商标注册条件，未能通过初步审定的申请被商标局依法驳回。

驳回复审是指商标评审委员会对商标注册申请人因不服商标局的驳回决定而提出的复审申请，进行复查审理并做出终局决定的法律程序。如果申请人对于商标局的驳回决定没有不同意见的，商标局的决定即为终局决定。如果申请人不服商标局的驳回决定，可以在收到驳回通知书15天内向国家商标评审委员会申请复审。此时商标注册申请进入到驳回复审阶段。商标评审委员会按照少数服从多数的原则对复审请求作出决定，这一决定为终局决定。复审理由成立应予审定的，撤销商标局的最初驳回，移交商标局办理初步审定并公告；复审理由不能成立，则作出维持商标局最初驳回的决定。这表明我国商标注册申请实行两级终审制。

4. 商标注册的初步审定与公告

初步审定是指商标局经审查后作出的可以初步核准的行政决定。申请注册的商标，经审查符合规定的，商标局予以初步审定并公告。公告是在商标局的官方刊物《商标公告》

上公之于众，公告期为三个月，向社会征求意见和接受监督，在公告期内任何人均可提出异议。

5. 异议和异议复审

异议是对商标局初步审定的商标提出不同意见，反对其注册的一个法律程序。对于初步审定并公告的商标，自公告之日起三个月内，任何人均可提出异议。经调查核实后，商标局应依法做出异议成立或者不能成立的裁定。异议成立的，取消原初步审定；异议不能成立的，则维持原初审决定，异议期满后由商标局核准注册。

当事人对商标局的异议裁定不服，可在收到异议裁定通知 15 天内向商标评审委员会申请复审。异议复审有两种情况：一是异议人对商标局维持初步审定的商标的异议裁定不服要求再次审查；二是被异议人对撤销其商标的初步审定的裁定不服要求再次审查。对异议事项进行调查审理后，商标评审委员会认定异议成立，则撤销原初步审定，驳回其商标注册申请；异议不能成立，则移交商标局办理注册事宜。

6. 商标核准注册与再公告

核准注册是商标注册的最后一个法定程序，标志着商标权的确认。商标一经注册就享有专用权，受法律保护。经初步审定的商标自公告之日起 3 个月内，无人提出异议或经裁定异议不能成立，商标局予以核准注册，向申请人颁发"商标注册证"。

我国的商标注册程序实行二次公告制。商标初步审定的公告是初公告，目的在于向社会征求意见；发布注册公告是再公告，正式公告天下又一个新的注册商标诞生并投入使用。

三、商标专用权

(一) 商标专用权的内容

商标专用权，是指商标所有人依法对其经国家商标局核准注册的商标所享有的专有使用权。这是由国家商标主管机关依法授予商标所有人，并受到国家强制力保护的一项民事权利，简称商标权。

商标专用权是一个集合的概念，它包括商标所有权和与之相联系的商标专有使用权、禁止权、续展权、转让权、许可使用权等。

(1) 专有使用权，又叫商标独占使用权，即只允许商标权人将其注册商标使用在注册时所核定的商品和包装上，以及使用商标做广告，他人无权干涉。

(2) 禁用权，是指商标权人有权禁止他人未经其许可，在同种或类似商品上使用与其注册商标相同或近似的商标。如果未经商标所有人许可而使用其商标，就是侵犯商标专用权，商标权人有权诉诸法律，要求停止侵权和赔偿损失。

(3) 续展权，是指商标所有人对即将到期的注册商标有申请续展的权利，即通过续展以延长注册商标受到法律保护的期限，保持其商标专用权。

(4) 转让权，即转让商标所有权，是指商标所有人有权按照法律规定的程序，将其注册商标转让给他人所有。转让后，商标所有权转移了，商标所有人改变了，原所有人的商标专用权随之消失，而受让人取得了该注册商标的专用权。

(5) 许可使用权，是指商标所有人通过签订合同或协议允许他人使用其注册商标。许可使用不发生商标所有权转移，商标权仍旧归商标所有人享有，不过是暂借商标给他人使用。

(二) 商标专用权的取得

商标专用权的取得是指某个特定主体(包括自然人、法人或其他组织)与商标权的结合途径。在我国取得注册商标专用权的途径主要有:

(1) 注册取得,即通过商标注册申请并获核准来取得商标专用权。

(2) 依法继承取得,即商标所有者的继承人以及因企业分立合并的继存企业可依法继承获得注册商标专用权。

(3) 转让取得,即通过签订注册商标转让合同,依法受让而获得商标专用权。注册商标转让涉及商标所有权的转移,商标权人通过签订转让合同,并依法经商标局办理转让登记和公告,将其注册商标转让给他人,受让人依法取得商标专用权及注册商标。

(三) 注册商标的争议

注册商标的争议是指商标注册人之间因商标专用权归属而产生的不同主张。在我国,在先注册人认为他人在后注册未满一年的商标与其注册在先的商标相同或者近似,可以向商标评审委员会申请争议裁定,要求撤销该在后注册商标。争议制度的出发点是保护注册在先商标的专用权。申请注册商标争议裁定必须符合下列条件:

(1) 争议申请人必须是商标注册人,而且其商标的注册先于被争议商标的注册;

(2) 申请争议裁定的期限以被争议商标注册之日起一年内为限,超过一年时限,商标评审委员会不予受理;

(3) 争议的内容以商标的相同近似为限;

(4) 对核准注册前已经提出异议并经裁定的商标,不得再以相同的事实和理由申请争议裁定。

(四) 商标权的终止

商标权的终止,是指商标权人因法定原因出现导致其商标权丧失,注册商标不再受法律保护。商标权的终止有两大类情况:因注销而终止和因撤销而终止。

(1) 注销终止,是指因商标权人自动放弃商标权而导致商标局终止其商标注册的法律行为。具体情况有: ① 注册商标法定有效期届满不再续展的; ② 商标权人因发生停产、关闭、转产或其他原因不再使用注册商标,自动申请注销注册商标的; ③ 因商标权人死亡而无人要求继承其注册商标的。

(2) 撤销终止,是指因商标权人违反《商标法》的有关规定而导致商标局撤销其商标注册的法律行为。具体情况有: ① 因注册商标争议成立被撤销的。② 商标权人因下列违法行为被撤销的: 自行改变注册商标文字、图形或者其组合;自行改变注册商标注册人的名义、地址或者其他注册事项;自行转让注册商标;连续三年停止使用注册商标;使用注册商标的商品粗制滥造、以次充好,欺骗消费者等。③ 因商标注册不当被撤销的。

商标权人如果对商标局作出的撤销其注册商标的决定不服,可以在收到通知后15天内向商标评审委员会申请复审,由商标评审委员会作出终局裁定。

四、注册商标的续展、变更、转让和使用许可

(一) 注册商标的续展

注册商标的续展,是指注册商标所有人依法办理手续,延长注册商标的有效期。由于

随着商标使用时间的延长和使用范围的扩大，商标的知名度可能越来越高，而商标价值也随之提高。因此，各国商标法在规定注册商标有效期的同时，也规定了商标权可以续展，而且可以连续重复地申请续展注册，这样就可以保持商标权的长期有效，便于商标权人对商标的长期利用，以及保护商标这一无形财产权。

在我国，商标权的续展有效期与商标权的有效期一致，均为十年，且可以连续续展。商标权人申请续展注册，应在注册商标有效期届满前六个月内提出申请。如果在规定的期限内未提出申请，在有效期满后的六个月内还可以提出申请，但是要按规定缴纳一定的延迟费。这后六个月的时间，称为宽展期。宽展期后仍未提出申请续展的，商标局依法注销其注册商标，并予公告。

(二) 注册商标的变更

注册商标的变更是指注册商标的某些注册事项如名义、地址发生改变，商标注册人应依法向商标局申请改变相应注册事项的法律程序。注册商标的变更仅仅涉及商标权人的名称和地址的变化，并不改变商标所有权和商标专用权的范围，注册人所享有的权利仍然受到法律保护。但如果改变原注册商标的文字、图形或扩大注册商标的使用范围，就不属于变更，而应重新申请注册；如果涉及商标所有权变化，也不属于变更，而是注册商标转让；如果商标权人将注册商标借给他人使用，也不属于变更，而是注册商标许可使用。

(三) 注册商标的转让

注册商标的转让，是指商标注册人(转让人或出让人)依法定条件和程序，将其注册商标转让给他人所有，由他人(受让人)独占专用的一种法律行为。注册商标转让发生了商标所有权的转移，直接改变了商标保护的主体，因此转让人和受让人应当共同向商标局提出转让申请，由受让人办理申请手续，经商标局审查核准后，办理转让注册事宜，并予以公告后，转让才生效，商标专用权随之易主。

注册商标转让有两种形式：一种是合同转让，即转让人与受让人通过签订合同的方式转让其注册商标。这种转让大多是有偿的，转让人要收取转让费。另一种是继受转让，即受让人通过法律上的承继关系而依法继承，享有注册商标。继受转让有两种情况：一种是企业合并、兼并或拍卖出售，注册商标连同企业一同转让；另一种是原注册商标所有人为自然人，死亡后由法定的继承人继承其注册商标。

在我国，注册商标转让受到下列限制：

(1) 类似商品使用同一注册商标的不得分割转让。

(2) 已经许可他人使用的商标不得随意转让。

(3) 集体商标不得转让。

(4) 联合商标不得分开转让。

(5) 共同所有的商标，任何一个共有人或部分共有人不得私自转让。

(四) 注册商标的使用许可

注册商标使用许可，是指注册商标所有人(许可人)依照法律规定与他人订立许可使用合同，许可他人(被许可人)使用其注册商标并收取使用费的法律行为。注册商标的使用许可不涉及注册商标所有权的转移，许可人享有该注册商标的专用权，被许可人享有该注册商标的使用权。

注册商标的使用许可主要有三种形式：

(1) 独占许可，即许可人允许被许可人按合同约定，在一定期限、一定地域和指定商品上独占使用其注册商标，不允许包括许可人在内的任何人使用其注册商标。

(2) 排他许可，即许可人允许单个被许可人按合同约定使用其注册商标后，自己仍可以继续使用该注册商标，即由许可人与单个被许可人共同使用该注册商标。

(3) 普通许可，即许可人可以允许几个被许可人同时使用其注册商标，被许可人只获得一般的使用权。一般使用权仅限于在合同规定的商品范围和地域范围内，被许可人不具有独占排他性，不享有禁止权，不能直接对抗商标侵权行为，如果被许可人发现他人有侵犯注册商标专用权的行为，可以协助许可人查明事实并寻求司法保护。

五、个体私营经济的商标监督管理

(一) 商标管理机关

我国对商标的管理实行"集中注册、分级管理"，即国家工商行政管理总局下属的商标局主管全国商标注册和管理工作，国家商标评审委员会负责处理商标争议事宜，地方各级工商行政管理部门是地方上的各级商标管理机关。

1. 商标局的职责

商标局隶属于国家工商行政管理总局，是全国商标注册和管理工作的主管机关。其职责主要有：受理商标的申请注册；办理注册商标的转让、变更、注销和续展工作；对商标异议作出裁定；撤销违法使用的商标和注册不当的商标，办理商标使用许可的备案手续；加强驰名商标的认定和保护工作，负责特殊标志、官方标志的登记、备案和保护；依法保护商标专用权和查处商标侵权行为；指导全国商标管理工作及宣传教育；编辑出版《商标公告》；建立商标档案制度，保存全国的商标档案；负责商标查阅工作；负责国际商标使用事宜。

2. 商标评审委员会的职责

商标评审委员会隶属于国家工商行政管理总局，负责处理全国商标争议事宜，是与商标局平行的独立机构，其职责有：对不服商标局驳回注册申请、异议裁定、驳回转让注册商标、驳回续展申请、撤销注册商标等复审申请作出终局决定；对撤销注册不当商标的请求和注册商标争议的申请作出终局裁定。

3. 地方各级工商行政管理局的商标管理职责

地方各级工商行政管理局是地方上的各级商标管理机关，其内设的商标管理机构的职责主要是：对商标使用进行管理，如制止和制裁商标侵权行为，打击和取缔假冒商标，管理商标印制，对使用商标的商品质量进行监督，并负责经常性地宣传和普及商标法规的工作，对企业使用商标进行指导。

另外，还有公检法部门负责查处、公诉和审判假冒商标的犯罪行为。

(二) 商标监督管理的主要内容

商标监督管理，是指国家有关主管机关依法对商标的注册、使用、转让等行为进行监督检查等活动的总称。其目的是通过加强商标管理，保护商标专用权，促进生产者保证商品质量和维护商标信誉，以保障消费者的利益，促进社会主义商品经济的发展。

商标监督管理的主要内容有六个方面：

(1) 对注册商标使用情况的管理；

(2) 对未注册商标的管理；

(3) 商标标识印制的管理；

(4) 注册商标专用权的保护；

(5) 对商标使用许可的管理；

(6) 通过商标管理对商品质量进行监督。下面分别详细介绍前四个方面的情况。

1. 对注册商标使用的管理

在我国，主要由地方各级工商行政管理机关负责注册商标使用情况的管理，具体包括：

(1) 检查商标所有人是否按规定使用了注册商标的标记，如是否在商品或商品包装上标明"注册商标"、"注"、"R"等字样。

(2) 检查商标使用的范围是否属于商标局核定的商品范围。

(3) 检查商标注册人是否自行改变了注册商标的文字、图形或其组合，是否自行改变了注册人的名义、地址或其他注册事项。

(4) 检查商标注册人是否未经商标局核准而自行转让注册商标。

(5) 检查商标注册人许可他人使用其注册商标是否签订使用许可合同并向商标局备案。

(6) 检查商标注册人是否连续三年停止使用其注册商标。

(7) 检查是否存在非法印制或买卖商标标识的行为。

(8) 检查是否继续使用已被注销或被撤销的注册商标。

(9) 检查是否有伪造、遗失和擅自涂改、出借"商标注册证"的行为。

(10) 检查使用注册商标的商品质量是否有保障。

2. 对未注册商标使用的管理

未注册商标是指未经商标局核准注册而由商标使用人自行直接投放市场使用的商标。我国法律允许使用未注册商标，但未注册商标没有商标专用权，一般不受法律保护。

各级工商行政管理机关对未注册商标的管理主要包括：

(1) 未注册商标的式样不得违反《商标法》禁用的文字和图形。

(2) 未注册商标不得与他人在同一种或类似商品上已经注册的商标相同或者近似。

(3) 未注册商标使用人不得将其未注册商标冒充注册商标。

(4) 使用未注册商标的商品不得粗制滥造，以次充好，欺骗消费者。

(5) 未注册商标使用人必须在商品或包装上标明企业名称和厂址。

(6) 国家明文规定必须使用注册商标的商品不得使用未注册商标。

目前国家规定必须使用注册商标的商品有人用药品和烟草制品。其中，人用药品包括人用的中成药、药酒、化学原料药及其制剂、抗生素、生化药品、放射性药品、血清疫苗、血液制品和诊断药品等；烟草制品是指卷烟和雪茄烟。国家规定必须使用注册商标的商品，其商标未经核准注册的，不得在市场上销售。

3. 商标标识印制的管理

商标标识是附有商标文字、图形的各种物质实体，包括注册商标标识和未注册商标标识。注册商标标识是商标注册人的专用标识，是商标财产权的具体表现和存在方式，不属于流通物。商标标识印制管理是商标主管机关对商标标识印制行为进行监督检查，并对非法印制商标标识的行为予以查处的行政管理活动。

我国对商标标识的印制有严格规定：

(1) 商标印制单位的资格。在我国，凡是依法登记从事印刷、印染、制版、刻字、织字、晒蚀、印铁、铸模、冲压、烫印、贴花等项业务的企业和个体工商户，需要承接商标印制业务的，必须具备相应条件，并取得"印制商标单位证书"，方可承接商标印制业务。

(2) 商标印制单位的商标印制管理制度。商标印制单位必须建立和实施严格的商标印制管理制度，主要包括：承印商标核查制度；商标印制存档制度；商标标识出入库制度；废次商标标识销毁制度；其他制度，如业务登记、商标印制编号等。

(3) 商标印制的承印和拒印。商标印制单位必须依法对商标使用人交付的有关证明文件及商标图样进行审查，认为符合法律规定的条件时，方可承印。这些条件包括：① 商标印制委托人提供的有关证明文件(如营业执照副本、身份证明等)齐全有效。② 所要印制的注册商标样稿应与"商标注册证"上的商标图样相同，并标明注册标记。③ 印制未注册商标的，不得使用禁用文字、图形，不得标注注册标记。④ 被许可人印制商标的，要有明确的授权书或者出示的商标使用许可合同文本中含有许可人允许其印制商标的内容。商标印制单位对于不符合法定条件的商标印制要求应予以拒绝印制。

4. 注册商标专用权的保护

(1) 商标专用权的保护范围。注册商标专用权是由商标主管机关依法授予商标所有人并受到国家法律保护的权利。商标专用权由注册产生，以核准注册的商标和核定使用的商品为限。其中，核准注册的商标是指经商标局核准注册的商标文字、图形或者组合及颜色，而核定使用的商品是指经商标局核准在案的具体商品，包括核定使用该商标的商品类别和商品名称。

(2) 商标侵权行为。根据有关法规，下列行为均属于商标侵权行为：① 未经注册商标所有人许可，在同一种商品或者类似商品使用与其注册商标相同或近似的商标。如在同一种商品上使用与他人注册商标近似的商标；在同一种商品上使用与他人注册商标相同的商标；在类似商品上使用与他人的注册商标近似的商标；在类似商品上使用与他人注册商标相同的商标。这些侵权行为是广泛存在于世界各国的最普遍、最常见的商标侵权行为。② 销售明知是假冒注册商标的商品。③ 伪造、擅自制造他人注册商标标识或者销售伪造、擅自制造的注册商标标识。④ 未经商标注册人同意，更换其注册商标，并将该更换商标的商品又投入市场的行为。具体是指将他人在商品上合法贴附的注册商品消除、变动或者更换后冒充为自己的商品予以展示或者销售的行为。⑤ 给他人的注册商标专用权造成其他损害的行为。例如，经销明知或者应知是侵犯他人注册商标专用权的商品；在同一种或者类似商品上，将与他人注册商标相同或近似的文字、图形作为商品名称或者商品装潢使用，并足以造成误认；故意为侵犯他人注册商标专用权行为提供仓储、运输、邮寄、隐匿等便利条件；恶意抢注他人业已驰名的商标；等等。

(3) 对商标侵权行为的处理。在我国，有权处理商标侵权行为的机关是工商行政管理部门和人民法院。商标注册人在合法权益受到不法侵害时，既可以依照行政程序要求工商行政管理机关进行处理，请求保护；也可以依照诉讼程序请求法院通过审理判决，给予保护。

① 工商行政管理机关对商标侵权案件的处理。查处商标侵权行为，保护商标专用权，是商标管理工作的最重要内容之一。工商行政管理机关对商标侵权行为可以作出如下处理：责令立即停止销售；消除现存商品上的侵权商标；收缴并销毁侵权商标标识；收缴直接专门用于商标侵权的模具、印版和其他作案工具，为防止今后继续侵权作案，对直接专门用于商标侵权的作案工具必须予以收缴；采取前四项措施不足以制止侵权的，或者侵权商标与商品难于分离的，工商行政管理机关有权责令并监督销毁侵权物品；罚款，对于尚未构成犯罪的侵犯注册商标专用权的行为，可根据情节对侵权单位和侵权的直接责任人处以罚款；责令赔偿损失，赔偿额为侵权人在侵权期间因侵权所获得的利润或被侵权人在被侵权期间因被侵权所受到的损失。

② 人民法院对商标侵权案件的处理。法院受理的商标侵权案件分为三类：被侵权人不要求工商行政管理部门处理而直接向法院起诉的案件；经过工商行政管理部门处理，但当事人对处理决定不服，或对赔偿损害数额调解达不成协议而向法院起诉的案件；工商行政管理机关认为商标侵权已构成犯罪而移交司法机关处理，或司法机关受理控告检举而起诉的商标侵权刑事案件。

人民法院对前两类商标侵权案件的行为人以民事处罚为主，依法追究侵权人的民事责任，包括停止侵害、消除影响、恢复名誉和赔偿损失；对情节比较严重的行为人，还可以收缴从事商标侵权活动的财物和非法所得，并可以依法处以罚款、拘留。对于后一类商标侵权构成犯罪的，要依法追究刑事责任，并可以处以罚金。

(4) 对驰名商标的法律保护。

① 驰名商标的认定条件和方式。驰名商标是指具有较高知名度和声誉的商标。与普通商标相比，驰名商标更容易被假冒侵权，因而法律对其保护的范围更广，保护的力度更大。驰名商标是一个国际通用的法律概念，必须由法定的权威机关来认定。我国法律规定，国家商标局是驰名商标的认定机关。

认定驰名商标的基本条件包括：必须拥有较高信誉；在相关领域被公众所熟知；必须是注册商标。我国规定，在市场上拥有较高声誉并为相关公众所熟知的注册商标，可以按一定的程序认定为驰名商标。但对于尚未注册但确实在我国驰名的商标，仍按《保护工业产权巴黎公约》有关规定给以特殊保护和特别照顾。

在我国，驰名商标的认定方式有两类：第一，商标注册人申请认定。这往往是在驰名商标权益受到侵害时，该商标的注册人才向商标局申请认定，请求保护其驰名商标权益。这是一种被动认定方式。我国的"同仁堂"(中药)、"张裕"(葡萄酒)等许多驰名商标都是在权益受到侵害后，才请求商标局认定并给予特殊保护的。第二，商标局主动认定。这是商标局为保护国家利益，主动认定驰名商标。具有权威性的商标民间团体也可以向商标局推荐驰名商标。我国鼓励商标注册人申请认定驰名商标，同时商标局也可根据掌握的情况加强与企业的联系，主动认定驰名商标，以保证我国的商标更多地走向世界，能够在其他国家也得到保护，促进我国社会主义市场经济更大发展。

② 对驰名商标的特殊保护。我国对于驰名商标的特殊保护包括：第一，与他人驰名商标相同或近似的商标注册申请，不论用在类似或非类似商品上，均不予受理，已注册的五年内接到投诉仍可撤销。第二，与他人驰名商标相同或近似的文字作企业名称的一部分使用申请登记的，不予登记；已登记的，知道后两年内接到投诉的，仍可予以撤销。第三，使用与他人驰名商标相同或近似的商标，不论用在类似或非类似商品上，知道后两年内接到投诉的，仍可制止使用。第四，确认驰名商标被恶意抢注时，适用使用在先原则，并放宽显著性要求，同时对恶意抢注商标的撤销不受时间限制。

> **案 例**

中国葡萄酒业知识产权第一案——"解百纳"商标案

烟台张裕集团有限公司(简称张裕集团)成立于1892年，是中国第一家工业化专业生产葡萄酒的企业。1993年，张裕集团成为中国葡萄酒行业的第一个驰名商标。

2001年5月，张裕集团申请了"解百纳"商标注册，并于2002年4月获得注册，但此举遭到了中粮、王朝等为首的业内企业联合反对，双方争论的焦点是"解百纳"到底是一个商标名，还是一个葡萄酒品种名。对此，张裕一直坚持"解百纳"是其早在上世纪30年代就创立的葡萄酒品牌，自1997年上市以来，也一直在使用"解百纳"商标生产和销售葡萄酒；而反对方表示，"解百纳"是葡萄酒的通用名称，是酿造葡萄酒的主要原料，张裕无权独占。

虽然2002年曾被撤销注册，但2008年5月国家工商总局商标评审委员会(以下简称商评委)还是裁定"解百纳"不属于行业共用的葡萄酒品种或产品通用名称，维持张裕集团注册的第1748888号"解百纳"商标。同年6月，中粮、王朝等十几家葡萄酒生产企业群起反对，并提起诉讼。直到2010年6月，北京高院对该案作出终审判决，撤销了关于"解百纳"商标争议裁定书，发回商评委重新裁定。

2011年1月17日，张裕集团发布公告，经国家工商行政管理总局商标评审委员会调解，争议双方就"解百纳"商标使用问题的纠纷达成和解。张裕集团明确为第1748888号"解百纳"商标的合法持有人，即"解百纳"商标所有权归张裕集团所有；但张裕集团许可长城、王朝、威龙三家企业无偿、无限期使用"解百纳"商标；除经张裕集团许可使用的张裕集团和上述3家企业之外，其他葡萄酒生产经营企业不得再使用"解百纳"商标。

至此，旷日持久的中国葡萄酒知识产权第一案终于尘埃落定。

资料来源：人民网食品频道. 九年之争尘埃落定，解百纳商标终归张裕[OL]. http://shipin. people.com. cn/GB/107080/13757889.html. [2011-1-18].

> **名词解释**

个体私营经济的合同监督管理　　格式条款　　格式合同　个体私营经济的广告监督管理
广告审查制度　　广告证明制度　　广告业务档案保存制度　　商标注册　　商标专用权
商标监督管理　　驰名商标

复 习 题

1. 个体私营经济合同监督管理的作用是什么？
2. 工商行政管理部门的个体私营经济合同监督管理职责是什么？
3. 个体私营经济合同监督管理的范围有哪些？
4. 个体私营经济合同监督管理的方法有哪些？
5. 我国规定格式条款不得含有哪些内容？
6. 个体私营经济的广告监督管理的具体内容有哪些？
7. 工商行政管理部门在对个体私营经济的广告监督管理中主要有哪些职能？
8. 个体私营经济的广告监督管理制度包括哪些具体内容？
9. 个体私营经济主体广告违法行为有哪些？
10. 注册商标和未注册商标的主要区别有哪些？
11. 商标注册申请的原则是什么？
12. 申请注册商标的必备条件有哪些？
13. 办理注册商标的程序是什么？
14. 商标专用权的内容有哪些？
15. 如何取得商标专用权？
16. 商标权的终止有哪两大类情况？
17. 注册商标转让有哪两种形式？
18. 注册商标转让受到哪些限制？
19. 注册商标的使用许可主要有哪三种形式？
20. 商标各管理机关的职责是什么？
21. 商标监督管理的主要内容有哪些？
22. 我国对注册商标使用的具体管理有哪些？
23. 我国对未注册商标使用的具体管理有哪些？
24. 我国对商标标识印制的具体管理有哪些？
25. 哪些行为属于商标侵权行为？怎样处理这些商标侵权行为？
26. 认定驰名商标的基本条件有哪些？
27. 在我国，驰名商标的认定方式有哪两类？
28. 我国对于驰名商标的特殊保护有哪些？

扩展阅读

马德里体系

一、马德里体系

马德里协定，全称为《商标国际注册马德里协定》，是关于商标保护的国际条约，1891

年订立于西班牙的马德里，次年正式生效。马德里协定是对《巴黎公约》中关于商标国际保护的补充，同 1989 年签订的《马德里议定书》一起构成了关于商标国际保护的马德里体系。

马德里体系包括：① 马德里体系的基本原则和机制，以及国际注册的程序和形式要件，这个形式要件包括申请书的内容、申请的方式、向谁申请，以及程序中常常遇到的时限等问题。② 马德里体系是与每个国家的商标法律密切相关的规定。在马德里体系里，在申请注册商标时，凡是涉及到实质要件，即授权实质条件的，都是由每个缔约方的本土法来约束的。所以，在马德里体系里所执行的法律不单单是国际条例，还有每个缔约方的本土法。

在马德里体系里，通过加入国际条约的形式，所有的缔约方组成了"马德里联盟"，所有成员国承诺，在它们的领土上执行马德里体系，另外也承诺，按照自己本国的《商标法》和国际条约，在它们的领土上给予与通过本国主管局进行的商标注册一样的统一权益，承担要求的义务。

二、马德里体系的商标注册

马德里体系通过一个管理中心——世界知识产权组织国际局，方便商标所有人向海外申请商标注册，它把多项申请转换成一个向世界知识产权组织申请的简化程序。通过简化申请程序和每个成员国商标主管机关的工作，形成了一个简化、简便的马德里商标国际注册程序。例如，我们需要到马德里联盟的五个国家进行商标注册，有两种办法：一个是分别去五个国家申请；另一个是通过马德里体系，向一个商标主管局申请。要是到各国去申请，写申请书时，你去哪个国家就要用哪个国家的官方语言；而马德里体系只需选择三种语言(英文、法文和西班牙文)中的一种。另外，如果分别到各国去，起码还要兑换货币；而在马德里体系缴纳商标注册费是统一的货币。最后是注册程序和注册后的管理不同，在马德里体系中，可以只用一个方式向一个地方申请，填一份申请书，交一份费就可以获得这个商标所需要取得权利的五个国家的申请，而去五个不同国家，则要用五个方式向五个地方申请，填五份申请书，交五份费。另外，马德里体系还可以帮助企业，特别是中小企业节约开支，如代理费等。

在马德里体系进行商标注册，有以下特点：

(1) 马德里体系的有效范围到目前为止还不是世界上所有的国家，仅适用于目前 85 个成员国和组织。

(2) 在提交申请时有一个基本要求，注册的商标首先要在自己的国家进行注册，或者已经向本国主管局提交了申请，并得到基础商标。例如，中国的商标要在马德里体系注册，首先要在中国进行注册，然后这个商标的注册人或者申请人才有资格走马德里程序。

(3) 办理所有的程序，包括申请、变更只需填写一份申请书，向国际局递交一份费用，就可以使这个登记在所有涉及保护的国家生效。

(4) 与各国国家法律有关，体系规定的国际注册延伸到每个地域范围时，是由这个国家法律最终决定这个权益能不能在领土内得到保护。

(5) 中心打击原则，即在商标国际注册之日起 5 年之内，国际商标和基础商标是联系在一起的，如果基础商标被撤销，主管机关通知了世界知识产权组织国际局，并要求国际局撤销这个国际商标的时候，这个国际商标在所有要求保护国家取得的效力都会丧失，但是在马德里体系里面有一个补救的措施，就是把失去的权益转化成在那些国家的申请。

三、马德里体系的优势

(1) 手续简便。这体现在当我们通过马德里体系向域外申请商标注册保护时，不需要走出国门，只需要向本国商标局递交申请。马德里体系规定了一种很便利、很简单的手续，即我们在自己的国家使用自己的语言，跟自己熟悉的主管机关直接办理注册手续，所有企业商标所有人都能够体会到它的好处。

(2) 成本低廉。马德里体系的一个绝对优势是，填一份申请书，交一份申请注册费，就可以在每个国家分别注册。虽然马德里体系对每个国家的指定也要通过缴费的形式进行，但是它的费用是低于国家标准的，另外代理组织可以省去一些翻译费用，这也可降低成本。

(3) 灵活高效。在马德里体系里面，要求保护国家的数目是根据我们的需求决定的，可以选择一个国家，几个国家，最多到 84 个国家。因此，某个成员国的申请人只需填写一份申请书，就可能同时获得马德里体系其他 84 个国家的保护。

资料来源：陶俊英. 如何通过马德里体系进行国际商标注册[J]. 时代经贸，2010(10).

第六章

个体私营经济公平交易行为的监督管理

　　本章首先介绍了个体私营经济公平交易的概念、特点和原则，以及不公平交易和不正当竞争的概念；其次介绍了个体私营经济公平交易执法的概念、作用、执法机关、执法的内容和法律依据；最后介绍了反不正当竞争执法、反垄断执法和保护消费者权益的执法。

第一节　个体私营经济公平交易概述

一、交易的概念

　　简单说，交易是买卖的通称。任何一个交易行为或活动，都必须具备下述三个基本要素：

　　(1) 交易的主体，是商品的所有者或占有者。任何交易活动或买卖活动都有交易的主体，没有交易主体的商品交易是不存在的。

　　(2) 交易的客体，是用于交换的对象或标的。任何交易活动或买卖活动都有交易的客体，没有交易客体的商品交易也是不存在的。任何交易客体都必须具有使用价值和价值，如果交易客体没有使用价值和价值，这样的交易既无法产生，也无法实现。现代市场经济中，交易的客体既可以是有形物体(实体物品)，也可以是无形商品，如劳务活动、技术专利、商标、著作权等知识产权，还可以是股票、债券等有价证券。

　　(3) 交易的行为，是指交易主体为满足自身某种需要而做出的买和卖的行为。任何交易行为都与一定交易目的或动机相联系，没有交易目的或交易动机的交易是不存在的。

二、个体私营经济公平交易的概念、特点和原则

(一) 个体私营经济公平交易的概念

　　个体私营经济的公平交易，是指个体私营经济主体作为交易双方，在符合市场交易规则及商业交易习惯的基础上所进行的自愿、平等、公正、合理的交易活动或行为。因此，公平交易的基本含义就是买卖过程及其结果的公平、公正和合理。

　　在现代市场经济条件下，个体私营经济的公平交易还有更深、更广一层的含义，具体包括：

(1) 以机会均等作为公平交易的前提和条件，即在市场交易活动中，所有交易主体，包括个体私营经济主体和非个体私营经济主体，在交易机会和交易条件的取得、交易合同的签订等方面都是均等的。

(2) 交易机会及其经济优势的取得，是靠生产者和经营者改进技术、工艺，加强经营管理与服务，减少费用，降低成本等正当手段实现的。

(3) 任何以欺诈、假冒、引诱、贿赂、诋毁、贬低、隐瞒、混淆、串通、窃密、排挤、限制等不正当竞争手段或部门、行业垄断行为获取市场占有率并因此而达成的交易，都不是公平交易，都是与公平交易和公平竞争不相容的。

(二) 个体私营经济公平交易的特点

(1) 公认性，是指公平交易及其规则和标准被社会广泛认可、采用和遵守。这是在长期的交易中形成的，甚至有些规则和标准已上升为法律法规。

(2) 真实性，是指公平交易是交易双方真实意思表示一致的买卖活动过程。公平交易中，交易双方所体现的意志是真实的，没有欺诈、胁迫等不真实意志或不真实意思表示的存在。任何交易一旦失去了真实性，就必然成为一种不公平的交易。

(3) 合法性，是指公平交易是符合国家有关法律法规的。现代市场经济中，公平交易不能仅以人们所公认的商业道德与习惯规则为依据，更应该以国家制定的有关法律和法规为标准。因此，为了保护交易的公平与公正，世界各国不仅要求交易行为趋向法律化、规范化和合同化，而且对交易方式、交易对象、交易内容和交易程序也都逐步实现了法律化、制度化和规范化。

(4) 合理性，是指公平交易中，交易过程和交易结果是合理的，即交易一方所获得的交易客体的价值与其支付给另一方的货币价值要大致相等，不允许存在显失公平或明显有利于某一方的情形。因此可以说，公平交易所体现的合理性，是交易双方针对交易对象所实现的一种等价有偿、平等互利的买卖过程。合理性是公平交易的核心。当然，公平交易的合理性是相对的，而不是绝对的。

(5) 竞争性，是指公平交易在公平竞争的条件下进行并得以实现。没有公平竞争的交易不可能是公平的，可以说，公平竞争是公平交易的前提和内在要求，而公平交易是公平竞争的结果。公平交易的竞争性，体现的是竞争的精神，要求各个竞争者在同一市场条件下共同接受价值规律和优胜劣汰的作用与评判，以及竞争者各自独立承担竞争的结果。

(三) 个体私营经济公平交易的原则

这里的公平交易原则是从广义上讲，是指市场交易主体在交易活动过程中所必须遵循和遵守的基本原则。它适用于包括个体私营经济主体在内的一切市场主体的交易行为，其实质是对市场主体及其所从事的交易活动提出最根本的依据、标准和规则，同时也为公平交易监督执法机构衡量各种具体交易行为是否公平、正当、公正提供了最基本的执法依据和标准。一般地说，凡是符合公平交易原则的交易，就可以说该交易是公平的；凡是违背或违反公平交易原则的交易行为，就可以说该交易是不公平的或不正当的。

1. 自愿交易原则

自愿交易原则，是指市场交易主体在法律允许范围内所从事的交易活动，是交易者自己独立做出的自主、自愿、自由的行为。根据此原则，交易主体有权自主决定是否参加交易活动；有自愿、自由选择交易伙伴、交易对象、交易内容和交易方式的权利；任何交易都必须以双方真实自主的意思表示一致为基础，不受任何个人、组织或机构的威胁、利诱和强迫。

2. 平等交易原则

平等交易原则，是指市场交易主体在法律规定的范围内进行各种交易活动时，不仅具有平等的法律地位，而且平等地享有交易权利，承担交易义务。平等交易原则下，所有交易都是在公平一致的基础上所进行的平等互利、等价有偿的交易。平等原则是商品交易中最核心、最基本的原则，它要求任何交易主体，无论是否存在所有制、等级、大小、强弱的不同，均具有平等的交易地位和权利；还要求交易者相互尊重对方的独立法律地位，在交易中遵循等价互利的法则，不滥用经济优势或利用依法具有的独占地位以及政治行政权力与其他人进行不平等的交易。

3. 公平交易原则

这里的公平交易原则是从狭义上讲，是指市场交易是在互惠互利合理的基础上进行的，且所有愿意参与交易的人均受到公平、公正、合理的对待。根据这一原则，交易双方在交易关系中所享有的权利与所承担的义务不得显失公平，包括交易程序上显失公平和交易内容上显失公平。因此，凡是滥用自身经济优势或利用不正当手段使自己在交易中处于有利地位的，都是对公平交易原则的严重违反。

4. 诚实信用原则

诚实信用原则，是指市场交易主体应以忠于交易事实真相、不欺诈、恪守诺言、信守合同的主观善意态度从事交易活动。该原则的核心是以信用或信誉为基础，以善意态度忠于交易事实真相。根据这一原则，交易中，不得编造谎言欺骗对方；不得弄虚作假、隐瞒交易事实真相；不得胁迫、利诱；不得诋毁、诽谤、侵害他人信誉或声誉。因此，凡是利用上述手段进行交易活动，都是对诚实信用原则的违背，均属于不公平交易行为。

5. 遵守商业道德的原则

遵守商业道德的原则，是指所有市场主体普遍认同并共同遵守长期形成的、具有广泛社会积极意义的商业道德规范和行为准则。商业道德属于社会公德的范畴，它是在长期的市场交易活动中逐步形成的，其中有的商业道德已经被确认为法律原则，如前所述的自愿、平等、公平、诚实信用原则，而有的则没有被法律所确认，主要包括某些行业交易习惯、规则与标准。这一原则是对以上四原则的重要补充。根据这一原则，交易中不得以次充好、以假充真、短斤少两，不得盗取他人商业秘密以及收买竞争对手的雇员，也不应不尊重交易对方的生活习惯、宗教信仰等。

三、个体私营经济的不公平交易与不正当竞争

(一) 个体私营经济不公平交易的概念

个体私营经济的不公平交易是与个体私营经济的公平交易相对立的行为，它有广义和狭义之分。

广义的个体私营经济不公平交易，是指个体私营经济主体违反国家有关法律法规以及

公平交易原则，对正当、公平交易造成阻碍、影响、排斥甚至破坏之后果，以及由于其他违法因素导致交易关系或交易合同显失公平的行为。广义的不公平交易包括一切不公正、不公平、不合理的交易行为或活动，它不仅包括导致交易结果不公平的行为，还包括对公平交易可能带来不良影响的行为；既包括违背人们传统道德的不公道、不合理行为，如短斤少两、货不符实、以次充好等，还包括违反国家法律法规导致交易关系不对等、后果不公平的行为，如非法倒卖外汇、金银、文物、珍稀动植物、有价证券、走私物品等违法行为。

狭义的个体私营经济不公平交易，是特指个体私营经济主体为获得非法利益，违反国家法律法规和公平交易原则所实施的阻碍、排斥、限制、破坏、危害公平交易，损害他人合法权益和社会公共利益，扰乱社会经济秩序的不正当竞争行为。狭义的不公平交易被限定为不正当竞争行为，主要是因为造成市场交易活动的不公平，以及导致市场交易与竞争秩序混乱的主要原因，是各种不正当竞争行为的作用与影响。同时，公平交易监督执法的对象也主要是针对各种不正当竞争行为而言的。因此，从这种意义上讲，狭义的不公平交易实际上就是不公平竞争或不正当竞争行为。

(二) 个体私营经济不正当竞争行为的概念和类型

个体私营经济不正当竞争行为也有广义和狭义之分。广义的不正当竞争行为，就是泛指个体私营经济主体在市场交易活动中违背公平交易原则及公认的商业道德的行为。它大体上包括三类：

(1) 经济性的垄断行为，是指通过企业兼并等方式，形成不合理的企业规模和减少竞争者数量，实现对某个市场或某一行业的独占或控制，排斥市场有效竞争，使竞争机制失效，并获取垄断利润的行为。

(2) 限制竞争行为，是指经营者滥用经济优势排挤竞争对手，或几个经营者之间以合同或协议等联合方式共谋避免竞争，或排斥竞争，损害其他竞争对手利益的行为。

(3) 传统的或典型的不正当竞争行为，即狭义的不正当竞争行为，是指经营者采取欺骗、诋毁、贿赂、利诱、窃密、胁迫以及其他违背诚实信用和公平交易商业道德标准等不正当手段从事市场交易与竞争的行为。

目前，在我国，破坏市场的公平竞争秩序与竞争机制正常运行的不正当竞争行为，主要是限制竞争行为和传统的或典型的不正当竞争行为，而经济性的垄断行为在我国表现得尚不充分，还未成为竞争秩序与竞争机制正常化的阻碍及破坏力量。

(三) 个体私营经济不正当竞争行为的危害

随着我国市场经济体制的建立和完善，多层次、多方位和多渠道的经济往来及商品交易活动日趋活跃和繁荣，有力地促进了我国市场经济的发展。但是由于法制、体制和经营者自身素质等原因，我国现实经济生活中存在着大量不正当竞争行为，对我国社会经济秩序、社会风气，乃至国家的外贸信誉，都产生了极大的危害。

(1) 严重破坏市场公平交易和公平竞争秩序，阻碍社会生产力的发展。

公平交易和正当竞争行为有利于推动社会经济发展、提高企业经济效益和社会效益，而不正当竞争行为则会扰乱正常的社会经济秩序。特别是，企业或竞争者之间采取的联合固定价格，联合限定产量、销量，联合划分市场，联合抵制竞争对手等联合限制竞争的行为，不仅直接阻碍和抑制正当竞争，而且会削弱和窒息市场经济应有的活力，严重阻碍技术进步和社会生产力的发展。

(2) 严重损害其他经营者和广大消费者的合法权益。

不正当竞争行为会损害竞争对手的合法利益，还会损害广大消费者的合法权益。特别是，一些地方政府及其所属部门受地方保护主义的影响，滥用行政权力，限制、妨碍经营者的正当竞争行为，使假冒伪劣商品泛滥，严重影响了正当、公平、合理的市场交易活动和市场竞争秩序，导致许多合法经营者被迫退出市场，不仅使合法经营者遭受严重的经济损失，同时也给广大消费者带来了巨大的损害。

(3) 严重败坏社会风气，造成道德水准普遍下降。

不法经营者在通过不正当竞争行为获取大量不义资财的同时，致使许多合法经营者被迫退出市场，这就使得社会上许多人认为公平交易与正当竞争在市场经济中是行不通的，人们要赚钱就得靠不正当手段。基于这些错误的认识，一些人利用工作之便或各种关系相互拉拢，行贿受贿，谋取私利，为不正当交易等不法行为开方便之门，严重地败坏了社会风气，造成道德水准下降，且进一步使得正当竞争、公平交易、维护消费者合法权益等基本的商业道德受到更大损害。因此，必须采取有力措施，坚决制止、扫除和制裁不正当竞争行为。

(4) 严重影响了国家的外贸信誉及与国际惯例接轨。

不正当竞争行为还严重损害了我国的外贸信誉，影响了与国际惯例接轨，影响了外商来华投资的积极性。这主要表现在我国的假冒伪劣商品已蔓延到国际市场，特别是我国在国际上享有盛誉的名牌商品因被假冒而销路不畅，严重影响了我国商品在国际上的质量信誉和国家的外贸信誉。同时，我国经营者侵犯他国工业产权的不正当竞争行为经常发生，且由于我国监督制止力度不够，致使一些外商对中国的投资环境和贸易环境顾虑重重，影响来华投资。上述这些应该引起我们的高度重视，否则将阻碍我国改革开放的进程，拖延国内市场融入国际市场的时间，不利于我国与国际惯例接轨，最终将严重影响我国市场经济的健康发展。

对于我国目前存在的大量不公平交易和不正当竞争行为及其所造成的危害，我们应当采取有效措施，如进一步加强公平交易立法，强化公平交易执法，以及开展广泛的市场法制宣传教育等，制止市场交易与竞争中的不正常现象及混乱状况，从而维护市场竞争秩序，保护改革开放成果，促进社会主义市场经济健康发展。

第二节 个体私营经济的公平交易执法概述

一、个体私营经济公平交易执法的概念

公平交易执法，是指国家行政执法机关和司法机关，为了维护市场竞争秩序，保护公平竞争与交易，制止不正当竞争等违法行为，依照法律法规对各市场主体的不公平交易行为所进行的监督、检查、控制、协调以及处理等执法活动的总称。个体私营经济的公平交易执法，是指国家行政执法机关和司法机关，为了维护市场竞争秩序，保护公平竞争与交

易，制止不正当竞争等违法行为，依照法律法规对个体私营经济主体的不公平交易行为所进行的监督、检查、控制、协调以及处理等执法活动的总称。

个体私营经济公平交易执法的概念有广义和狭义之分。广义的个体私营经济公平交易执法，包括各类国家机关对个体私营经济主体不公平交易行为的监督与执法活动。狭义的个体私营经济公平交易执法，仅指工商行政管理机关对个体私营经济主体不公平交易行为的监督与执法活动，它具有以下特征：

(1) 个体私营经济公平交易执法的主体是工商行政管理机关。

(2) 个体私营经济公平交易执法的性质是行政执法，这主要是由于工商行政管理机关自身属于行政管理与执法机关，及工商行政管理机关在处理不公平交易或不正当竞争行为时运用的是行政力量。

(3) 个体私营经济公平交易执法的任务是监督检查个体私营经济主体的交易行为，包括个体私营经济主体的不正当竞争行为、限制竞争行为和损害消费者权益的行为等。

(4) 个体私营经济公平交易执法的权能具有法定性，这是由于公平交易执法是国家法律赋予工商行政管理机关的权力。本书所涉及的内容，主要是指狭义的个体私营经济公平交易执法，即工商行政管理机关的监督与执法，但也包含其他国家机关的监督与执法。

二、个体私营经济公平交易执法的作用

个体私营经济公平交易执法，通过工商行政管理机关对个体私营经济主体的日常行政执法活动而发挥功能作用，它在制止个体私营经济主体的不正当竞争行为、鼓励和保护公平交易与竞争、保护个体私营经营者和消费者合法权益、营造和建立公平竞争环境与经济秩序、促进市场经济健康发展方面，具有极其重要的作用。

(一) 保障个体私营经济的各项合法权益

市场经济中，个体私营经营者为经济利益而产生竞争，而独立、自主、平等与合法的竞争会增加市场活力和社会财富。因此，个体私营经济公平交易执法通过制止和惩处个体私营经济主体各种有碍于市场竞争的违法行为，维护和促进个体私营经济主体的公平交易和公平竞争，进而保障个体私营经济主体的各项合法权益。

(二) 促进市场经济的发展

市场经济下，国家通过个体私营经济公平交易执法，一方面可维护和促进市场经济健康有序运行；另一方面，国家授权的管理部门通过正确行使自由职权，对个体私营经济发展的新情况、新问题，及时进行宏观与微观方面的调整，促进市场经济的发展与完善。

(三) 营造公平竞争的环境

个体私营经济公平交易执法还具有营造公平竞争环境的作用。

(1) 行为引导的作用。个体私营经济公平交易执法可以促使个体私营经济主体在追求自身利益的同时，还会考虑自身的行为是否违法，是否会受到处罚，从而避免违法行为的发生。

(2) 协调服务的作用。个体私营经济公平交易执法可调节市场交易与竞争中产生的各种纠纷、侵权争议，还可通过简化执法程序，做好纠纷的调解或裁判工作。

(3) 范例探索的作用。公平交易执法通过对市场竞争和发展中出现的新情况、新问题依法予以妥善解决，其处理结果可能形成行政裁决或司法判决的典型案例，并可能成为制定新的市场竞争法规或在公平交易执法活动中提供参考依据和范例。

三、个体私营经济公平交易执法主管机关及其职权

(一) 个体私营经济设置公平交易执法主管机关的必要性

1. 主动干预不公平交易和不正当行为

设置个体私营经济公平交易执法主管机关是国家实现对个体私营经济不公平交易和不正当竞争行为保持主动干预的必要保障。众所周知，不公平交易和不正当竞争行为，不仅会抑制竞争，破坏市场机制和市场秩序，而且会给诚实竞争者的合法权益带来危害，是造成市场混乱的主要根源。因此，对于广泛存在的、具有危害性的不公平交易和不正当竞争行为，国家应该设立专门的主管机关依法加强监管，从而收到更好的监管效果。

2. 迅速救助利益受损的经营者

设置个体私营经济公平交易执法主管机关能为受到侵害或可能受到侵害的经营者提供迅速的禁止性救助。与司法机关严密复杂的诉讼程序和不告不理的执法原则相比，专门的主管机关的设立，能对各种形式的不正当竞争行为做出及时、迅速的反应，加之其相对简洁的处理程序，更有利于及时消除正在发生的不正当竞争行为对其他经营者的侵害。

3. 保证执法的公正性

设置个体私营经济公平交易执法主管机关有利于不公平交易执法的统一处理。公平交易和公平竞争是各市场主体都应该共同遵守的市场行为规则，同时不公平交易和不正当竞争行为范围广泛、形式复杂，涉及社会各个方面、各个层次，执法时必然涉及各个部门和各个方面的利益，因此需要统一的执法机关来对不公平交易行为进行统一执法，保证了执法的公正性。

(二) 个体私营经济公平交易执法机关

我国个体私营经济公平交易执法主体由两类机关构成，一类是个体私营经济公平交易的行政执法机关。这包括国务院反垄断委员会、工商行政管理局、国家发改委、商务部、技术监督机关、物价管理机关、药品监督检查机关、食品卫生监督机关等。在众多行政执法主体中，工商行政管理机关是个体私营经济公平交易执法的行政主管机关，而其他行政执法机构则根据有关法律法规，在维护公平交易、反对不正当竞争行为的某一方面、某一角度、某一领域拥有一定执法职权。另一类是个体私营经济公平交易的司法执法机关，主要有人民法院和检察院，它们是公平交易执法的审判机关和公诉机关。

工商行政管理机关作为公平交易执法的主管机关，既是由我国《反不正当竞争法》和其他调整市场关系的法律法规所规定的，也是符合我国的实际情况的。工商行政管理机关本身负有市场监督管理的职责，而《反不正当竞争法》所规定的内容，无不与市场监管的内容密切相关，加之长期的市场监管执法使工商管理机关建立了比较健全的执法系统和庞大的执法队伍，积累了大量的反不正当竞争的经验教训，因此它作为公平交易的执法机关责无旁贷。确定工商管理机关作为公平交易执法的主管机关，并不排斥其他有关部门在各

自职责范围内履行其公平交易执法的职责，但它们的执法活动应以配合工商管理部门的执法活动为主，相互配合与协调，共同做好制止不正当竞争行为、保护公平交易与公平竞争的执法工作。

(三) 工商行政管理机关在公平交易执法中的职权

工商行政管理部门作为个体私营经济公平交易执法的主管机关，依《反不正当竞争法》的规定，在个体私营经济公平交易执法中享有如下职权：

1. 监督检查权

这是工商行政管理机关在个体私营经济公平交易执法中的一项重要的经常行使的权能。其主要表现为：

(1) 宣传有关公平交易的各项法规，督促个体私营经济主体了解并掌握党和国家的各项方针政策，并检查其守法情况。

(2) 进行经常性的例行性监督检查，除了检查交易当事人的交易资格是否合法，还要监督其在交易资格范围内是否从事正当交易。

(3) 有权对不正当竞争行为和涉嫌进行不正当竞争行为的个体私营经济主体进行监督检查，包括查验证件、证明，以及有关物品、制品、钱财等。

2. 询问调查权

这是指工商行政管理部门在个体私营经济公平交易执法过程中对交易当事人及其知情人、证明人依法进行询问、搜查证据、查明真相的职权。其主要表现为：

(1) 执法者按照规定程序询问被检查的经营者、利害关系人、证明人，并要求其提供证明材料或者与不正当竞争行为有关的其他资料。

(2) 查询、复制与不正当竞争行为有关的协议、账册、单据、文件、记录、业务函电和其他资料，提取书证和视听资料。

(3) 调查与不正当竞争行为有关的财务来源，提取物证和制作现场笔录。

3. 强制措施权

这是指工商行政管理部门在个体私营经济公平交易执法中，为防止违法行为继续、违法后果扩大，保全有关证据，以国家强制力为后盾所采取的紧急处置措施的职权。其主要表现为：

(1) 责令被检查的经营者说明有问题商品的来源和数量。

(2) 责令被检查的经营者暂停销售有问题货物，听候检查，以防止危害后果继续扩大。

(3) 责令被检查者妥善保管被检查财物，不得转移、隐匿、销毁该财物，必要时可采取监督措施，防止违法行为人逃避监督检查，防止其继续对社会、其他经营者、消费者造成危害。

4. 行政处罚权

这是指工商行政管理部门在个体私营经济公平交易执法过程中，依据有关法律法规，对违法行为人给予行政制裁的职权。具体包括：行政警告；罚款；没收财物或非法所得；吊销营业执照；责令其停止违法行为；串通投标的，可裁定中标无效等。工商行政管理机关行使行政处罚权时，应当制作行政处罚决定书交付或送达违法当事人执行；对处罚决定不服者，可依法申请行政复议或者提起行政诉讼。

四、个体私营经济公平交易执法的内容

个体私营经济公平交易执法的对象，是指违背公平交易原则，以不正当手段阻碍、干扰、排斥、破坏、危害正当交易活动的交易行为，即各种不正当竞争行为。前面提到不正当竞争行为主要包括狭义的不正当竞争行为、限制竞争行为和经济垄断行为三个方面，因此，个体私营经济公平交易执法内容也就包括狭义的不正当竞争行为、限制竞争行为和经济垄断行为三个方面。

(1) 不正当竞争行为，即传统的不正当竞争行为，主要包括以下表现形式：① 欺诈行为；② 诋毁商誉行为；③ 商业贿赂行为；④ 侵犯商业秘密行为；⑤ 违法有奖销售行为。

(2) 限制竞争行为，即限制公平竞争的不正当竞争行为，属于广义不正当竞争行为中的一种特殊情况，主要有以下几种情况：① 限制转售价格；② 差别待遇；③ 掠夺性定价；④ 搭售和附加不合理交易条件；⑤ 强制交易；⑥ 联合限制竞争行为。

(3) 经济性的垄断行为，此行为一般包括经营者滥用经济优势妨碍、限制和破坏市场竞争机制，其表现形式主要有：① 独占；② 兼并；③ 股份保有；④ 董事兼任；⑤ 独家交易。

目前，经济性的垄断在我国表现并不明显，我国的垄断主要是行政权力作用下的行政垄断，包括部门垄断和地区垄断(地区封锁)。行政垄断在本质上是不同于市场经济条件下的经济性垄断的，但其消极作用不可忽视，因为它也是扼杀竞争的大敌。因此，坚持改革开放，加强市场制度和法规建设，坚决打破市场分割、封锁、壁垒以及地方保护主义等行政性垄断和正在出现及日渐发展的经济性垄断，以促进和保护公平竞争的顺利进行，是我国当前公平交易执法的重要内容与任务。

五、个体私营经济公平交易执法的法律依据

现代竞争法是市场经济国家调整市场竞争关系、规范市场行为、保护和促进市场公平竞争的基本法律制度，同时也是公平交易执法的法律依据。目前，我国的竞争法主要包括《反不正当竞争法》、《消费者权益保护法》和《反垄断法》，它们已成为个体私营经济公平交易执法的主要法律依据。

自 1949 年建国以来到改革开放前，竞争在我国一直被认为是资本主义的产物，直到改革开放后，才恢复了正面的含义。1980 年发布的《关于开展和保护社会主义竞争的暂行规定》，即《竞争十条》，是我国第一个规范竞争的行政法规。1982 年发布的《广告管理条例》第二条规定："禁止广告的垄断和不正当的竞争。"自此，"反不正当竞争"开始在我国的法规中使用。此后，1983 年的《国营工业企业暂行条例》又规定了不正当竞争的一些基本内容。1993 年 9 月，全国人大常委会审议通过了《反不正当竞争法》，同年 12 月 1 日起实施。这标志着我国反不正当竞争从此走向了有法可依的时代。

《反不正当竞争法》是一部旨在规范社会主义市场经济秩序，倡导公平有序竞争的法律。它对于保护合法市场参与者的权益和打击不法市场经济行为有着重要意义。其调整对象是在市场经济不正当竞争中所发生的各种社会关系，具体包括：

(1) 不正当竞争者之间的关系；

(2) 不正当竞争者与正当竞争者之间的关系；

(3) 不正当竞争者与消费者之间的关系；

(4) 不正当竞争者与反不正当竞争者之间的关系。

1993 年 10 月，我国又通过了以保护消费者权益为内容的《消费者权益保护法》。这部法律是为保护消费者的合法权益，维护社会经济秩序，促进社会主义市场经济健康发展而制定的。它在完善社会维权机制、解决消费权益纠纷、打击侵犯消费者权益违法行为、提高消费者依法维权意识以及促进消费维权运动蓬勃发展等方面发挥了很大的作用。该法调整的对象是为生活消费需要购买、使用商品或者接受服务的消费者和为消费者提供其生产、销售的商品或者提供服务的经营者之间的权利义务。

2007 年 8 月，我国通过了《反垄断法》。该法是为了预防和制止垄断行为，保护市场公平竞争，提高经济运行效率，维护消费者利益和社会公共利益，促进社会主义市场经济健康发展而制定的。《反垄断法》是市场经济国家的基本法律制度，在西方国家有"经济宪法"之称。该法的调整对象是我国境内经济活动中的垄断行为，以及对我国境内市场竞争产生排除、限制影响的境外垄断行为。尽管就目前我国的法律体制、市场状况和执法机制而言，《反垄断法》尚不能完全发挥"经济宪法"的作用，但该法弥补了我国市场监管中的一大漏洞，其作为市场竞争法律制度的核心，无疑会对我国培育公平、有序的市场竞争环境发挥重要作用，有助于促进企业的创新和经济的发展。

《反不正当竞争法》、《消费者权益保护法》与《反垄断法》是我国竞争法的重要组成，是公平交易执法的主要法律依据，它们从不同方面对监管个体私营经济不公平交易行为做了规定。《反不正当竞争法》和《反垄断法》都侧重于规范个体私营经济经营者的市场行为，都保护市场交易中公平诚实经营者的合法权益，同时也维护消费者的合法权益，但是前者主要制止的是市场中的不正当竞争行为，而后者主要制止的是垄断和限制竞争行为；《消费者权益保护法》则从保护消费者合法权益的角度，进一步明确了消费者的各项权利和经营者在市场交易活动中的各项义务，完善了市场竞争规则。这三部法律，立法目的有部分重合，存在着极为密切的相辅相成的关系，分别调整市场交易的不同方面，在维护市场交易秩序、保障社会主义市场经济健康发展方面发挥了巨大的作用。

第三节　反不正当竞争执法

某邮政局因强制收取包裹保价费受到惩处

2001 年 3 月 1 日起开始执行的新《国内邮件处理规则》第十一条规定"信函、包裹、直递包裹和特快专递邮件可以作保价邮件交递"，即从 2001 年 3 月 1 日起，用户交递包裹可以保价也可以不保价。

2001 年 6 月，某工商局接到群众举报称，某邮政局强制收取包裹保价费。为此，该工商局对被举报邮政局 2001 年 3 月以后的业务进行调查发现,该局及其下属支局仍然存在用户交递包裹必须交纳保价费的情况。其具体做法是:用户在向邮政局交递包裹时,邮政局工作人员在履行完必要的检查手续后,让用户填写一份国内包裹详情多联单。用户填写完收件人、寄件人的情况以及包内装有的物品及其价值,交给工作人员后,工作人员在未向其进行保价说明和询问,未征得用户同意的情况下,擅自在国内包裹详情单中的保价金额栏里人工填上数字并在保价费栏里人工填上或用微机打印上如"1.00 元"字样的费用并予以收取。在用户不愿填写保价金额栏进行保价的情况下,邮政局工作人员以"必须填写,不填写不办理交递手续"为由强行让用户交纳保价费。

据此,工商局认为,某邮政局利用其独占的经营地位,在事先未征得用户同意的情况下,擅自强行向用户收取保价费,限定用户购买其提供的保价服务,其行为违反了《中华人民共和国反不正当竞争法》的有关规定。根据《中华人民共和国反不正当竞争法》的规定,工商局责令邮政局停止违法行为,并处以 200 000 元罚款。

　　资料来源:华律网. 反不正当竞争法案例[OL]. http://www.66law.cn/topic2010/fbzdjzfal/18793.shtml.
　　　　[2012-4-27].

一、《反不正当竞争法》禁止的违法行为

根据《反不正当竞争法》,公平交易执法的具体对象包括下列 12 种不正当竞争行为:假冒行为;商业贿赂行为;虚假宣传广告行为;侵犯商业秘密行为;降价排挤行为;搭售行为;不正当奖售行为;诋毁商誉行为;通谋投标行为;政府限购行为;垄断;地方封锁行为。具体来说包括:

(1) 禁止假冒行为,包括:① 假冒他人的注册商标;② 擅自使用知名商品特有的名称、包装、装潢,或者使用与知名商品近似的名称、包装、装潢,造成和他人的知名商品相混淆,使购买者误认为是该知名商品;③ 擅自使用他人的企业名称或者姓名,引人误认为是他人的商品;④ 在商品上伪造或者冒用认证标志、名优标志等质量标志,伪造产地,对商品质量作引人误解的虚假表示。

(2) 禁止商业贿赂行为,包括:① 经营者不得采用财物或者其他手段进行贿赂以销售或者购买商品。② 在账外暗中给予对方单位或者个人回扣的,以行贿论处;对方单位或者个人在账外暗中收受回扣的,以受贿论处。但经营者销售或者购买商品时,可以以明示方式给对方折扣,可以给中间人佣金;而经营者给对方折扣、给中间人佣金的,必须如实入账;接受折扣、佣金的经营者也必须如实入账。

(3) 禁止虚假宣传和广告行为,包括:① 经营者不得利用广告或者其他方法,对商品的质量、制作成分、性能、用途、生产者、有效期限、产地等作引人误解的虚假宣传;② 广告的经营者不得在明知或者应知的情况下,代理、设计、制作、发布虚假广告。

(4) 禁止侵犯商业秘密行为,包括:① 不得以盗窃、利诱、胁迫或者其他不正当手段获取权利人的商业秘密;② 不得披露、使用或者允许他人使用以前项手段获取的权利人的商业秘密;③ 不得违反约定或者违反权利人有关保守商业秘密的要求,披露、使用或者允许他人使用其所掌握的商业秘密。如果第三人明知或者应知上述违法行为,获取、使用或

者披露他人的商业秘密，视为侵犯商业秘密。这里的商业秘密，是指不为公众所知悉、能为权利人带来经济利益、具有实用性并经权利人采取保密措施的技术信息和经营信息。

(5) 禁止降价排挤行为，包括：经营者不得以排挤竞争对手为目的，以低于成本的价格销售商品。但下列情形不属于不正当竞争行为：① 销售鲜活商品；② 处理有效期限即将到期的商品或者其他积压的商品；③ 季节性降价；④ 因清偿债务、转产、歇业降价销售商品。

(6) 禁止搭售行为，即经营者销售商品，不得违背购买者的意愿搭售商品或者附加其他不合理的条件。

(7) 禁止不正当有奖销售行为，包括：① 不得采用谎称有奖或者故意让内定人员中奖的欺骗方式进行有奖销售；② 不得利用有奖销售的手段推销质次价高的商品；③ 不得进行抽奖式的有奖销售，且最高奖的金额超过五千元。

(8) 禁止诋毁商誉行为，即经营者不得捏造、散布虚伪事实，损害竞争对手的商业信誉、商品声誉。

(9) 禁止通谋投标行为：包括：① 投标者不得串通投标，抬高标价或者压低标价；② 投标者和招标者不得相互勾结，以排挤竞争对手的公平竞争。

(10) 禁止垄断行为，指公用企业或者其他依法具有独占地位的经营者，不得限定他人购买其指定的经营者的商品，以排挤其他经营者的公平竞争。

(11) 禁止政府限购行为，指政府及其所属部门不得滥用行政权力，限定他人购买其指定的经营者的商品，限制其他经营者正当的经营活动。

(12) 禁止地方封锁行为，指政府及其所属部门不得滥用行政权力，限制外地商品进入本地市场，或者本地商品流向外地市场。

注意：在《反不正当竞争法》修订之前，《反不正当竞争法》中若干禁止垄断行为的规定，如串通投标、公用企业滥用市场支配地位、不正当贱卖、搭售等行为之禁止，在没有被正式删除并与《反垄断法》的规定保持一致前，仍然属于现行有效之规定，凡与《反垄断法》规定不冲突的，仍可作为工商行政管理机关反不正当竞争执法的依据。

二、对不正当竞争行为的执法

(一) 对不正当竞争行为的监督检查

我国《反不正当竞争法》规定，县级以上监督检查部门，主要是县级以上工商行政管理部门，对不正当竞争行为可以进行监督检查。监督检查部门在监督检查不正当竞争行为时，有权行使下列职权：

(1) 按照规定程序询问被检查的经营者、利害关系人、证明人，并要求提供证明材料或者与不正当竞争行为有关的其他资料；

(2) 查询、复制与不正当竞争行为有关的协议、账册、单据、文件、记录、业务函电和其他资料；

(3) 检查与不正当竞争行为有关的财物，必要时可以责令被检查的经营者说明该商品的来源和数量，暂停销售，听候检查，不得转移、隐匿、销毁该财物。

监督检查部门工作人员监督检查不正当竞争行为时，应当出示检查证件，而被检查的经营者、利害关系人和证明人应当如实提供有关资料或者情况。

(二) 不正当竞争行为的法律责任

经营者违反不正当竞争法，给被侵害的经营者造成损害的，应当承担损害赔偿责任，被侵害的经营者的损失难以计算的，赔偿额为侵权人在侵权期间因侵权所获得的利润，并应当承担被侵害的经营者因调查该经营者侵害其合法权益的不正当竞争行为所支付的合理费用。被侵害的经营者的合法权益受到不正当竞争行为损害的，可以向人民法院提起诉讼。

我国对不同的不正当竞争行为有不同的处罚规定，具体包括：

(1) 有假冒行为者，如经营者假冒他人的注册商标，擅自使用他人的企业名称或者姓名，伪造或者冒用认证标志、名优标志等质量标志，伪造产地，对商品质量作引人误解的虚假表示的，依照《中华人民共和国商标法》、《中华人民共和国产品质量法》的规定处罚。

如经营者擅自使用知名商品特有的名称、包装、装潢，或者使用与知名商品近似的名称、包装、装潢，造成和他人的知名商品相混淆，使购买者误认为是该知名商品的，监督检查部门应当责令停止违法行为，没收违法所得，可以根据情节处以违法所得 1 倍以上 3 倍以下的罚款；情节严重的可以吊销营业执照；销售伪劣商品，构成犯罪的，依法追究刑事责任。

(2) 有贿赂行为者，如经营者采用财物或者其他手段进行贿赂以销售或者购买商品，构成犯罪的，依法追究刑事责任；不构成犯罪的，监督检查部门可以根据情节处以 1 万元以上 20 万元以下的罚款，有违法所得的，予以没收。

(3) 有虚假宣传和广告行为者，如经营者利用广告或者其他方法，对商品作引人误解的虚假宣传的，监督检查部门应当责令停止违法行为，消除影响，可以根据情节处以 1 万元以上 20 万元以下的罚款。广告的经营者，在明知或者应知的情况下，代理、设计、制作、发布虚假广告的，监督检查部门应当责令停止违法行为，没收违法所得，并依法处以罚款。

(4) 有侵犯商业秘密行为者，监督检查部门应当责令停止违法行为，可以根据情节处以 1 万元以上 20 万元以下的罚款。

(5) 有不正当有奖销售行为者，监督检查部门应当责令停止违法行为，可以根据情节处以 1 万元以上 10 万元以下的罚款。

(6) 有通谋行为者，如投标者串通投标，抬高标价或者压低标价；投标者和招标者相互勾结，以排挤竞争对手的公平竞争的，其中标无效。监督检查部门可以根据情节处以 1 万元以上 20 万元以下的罚款。

(7) 经营者违反相关法规而被责令暂停销售者，不得转移、隐匿、销毁与不正当竞争行为有关的财物，如果有类似行为发生，监督检查部门可以根据情节处以被销售、转移、隐匿、销毁财物的价款的 1 倍以上 3 倍以下的罚款。

(8) 有垄断行为者，如公用企业或者其他依法具有独占地位的经营者，限定他人购买其指定的经营者的商品，以排挤其他经营者的公平竞争的，监督检查部门应当责令停止违法行为，可以根据情节处以 5 万元以上 20 万元以下的罚款；被指定的经营者借此销售质次价高商品或者滥收费用的，监督检查部门应当没收违法所得，可以根据情节处以违法所得 1 倍以上 3 倍以下的罚款。

(9) 政府及其所属部门违反《反不正当竞争法》，限定他人购买其指定的经营者的商品、限制其他经营者正当的经营活动，或者限制商品在地区之间正常流通的，由上级机关责令其改正；情节严重的，由同级或者上级机关对直接责任人员给予行政处分。被指定的经营者借此销售质次价高商品或者滥收费用的，监督检查部门应当没收违法所得，可以根据情节处以违法所得 1 倍以上 3 倍以下的罚款。

第四节　反垄断执法

一、反垄断执法的范围和内容

反垄断法是为预防和制止垄断而制定的法规，有助于保护市场公平竞争，提高经济运行效率，维护消费者利益和社会公共利益，促进社会主义市场经济健康发展。

反垄断执法的范围包括我国境内经济活动中的垄断行为，以及对我国境内市场竞争产生排除、限制影响的境外垄断行为。

反垄断执法的主要内容包括：

(1) 经营者达成垄断协议。

(2) 经营者滥用市场支配地位。

(3) 具有或者可能具有排除、限制竞争效果的经营者集中。

另外，考虑到我国的特殊国情，还规定：

(1) 国有经济占控制地位的关系国民经济命脉和国家安全的行业以及依法实行专营专卖的行业，不得利用其控制地位或者专营专卖地位损害消费者利益。

(2) 禁止行政机关以及行政机关和法律、法规授权的具有管理公共事务职能的组织滥用行政权力排除、限制竞争的行为。

二、反垄断执法机构

我国规定国家在反垄断方面具有下列职责：国家制定和实施与社会主义市场经济相适应的竞争规则，完善宏观调控，健全统一、开放、竞争、有序的市场体系。经营者可以通过公平竞争、自愿联合，依法实施集中，扩大经营规模，提高市场竞争能力。具有市场支配地位的经营者，不得滥用市场支配地位，排除、限制竞争。因此，为履行上述职责，国家授权国务院反垄断委员会、国家工商行政管理总局、国家发展和改革委员会、商务部，以及得到授权的地方相关部门，依照有关规定共同负责有关反垄断执法工作。

(一) 国务院反垄断委员会

国务院反垄断委员会是根据《反垄断法》第九条而成立的，它主要负责组织、协调、指导反垄断工作，具体包括：

① 研究拟订有关竞争政策；

② 组织调查、评估市场总体竞争状况，发布评估报告；

③ 制定、发布反垄断指南；

④ 协调反垄断行政执法工作。

反垄断委员会聘请法律、经济等方面的专家组成专家咨询组，对委员会需要研究的重大问题提供咨询。

国务院反垄断委员会的组成和工作规则由国务院规定。国务院反垄断委员会主任由一名国务院副总理担任，商务部部长、国家发改委主任、国家工商行政管理总局局长以及国务院副秘书长任副主任。成员单位除商务部、国家发改委、国家工商行政管理总局 3 家国务院反垄断执法机构外，还包括工业和信息化部、财政部、交通运输部、国资委、国家知识产权局等 14 家单位。

2008 年 9 月，国务院副总理、国务院反垄断委员会主任王岐山召开国务院反垄断委员会第一次会议，审议通过《国务院反垄断委员会工作规则》。工作规则中明确，反垄断委员会主要通过召开委员会全体会议、主任会议和专题会议履行职责，不替代成员单位和有关部门依法行政。

(二) 国务院反垄断执法的具体机构

国务院规定，由国家工商行政管理总局、国家发展和改革委员会、商务部负责《反垄断法》的具体执法工作，即这三个部门同属于国务院反垄断执法机构。

1. 国家工商行政管理总局

国家工商行政管理总局内设反垄断与反不正当竞争执法局，其在反垄断方面的主要职责是：负责垄断协议、滥用市场支配地位、滥用行政权力排除限制竞争方面的反垄断执法工作(价格垄断行为除外)。具体包括：

(1) 起草反垄断(反价格垄断除外)的相关法规，拟订配套规章及规范性文件；

(2) 除价格卡特尔(即价格垄断协议)之外的大部分垄断协议的禁止和查处工作；

(3) 除价格垄断行为之外的大部分滥用市场支配地位行为的禁止和查处工作；

(4) 滥用行政权力排除限制竞争行为的有关执法工作。

2. 国家发展和改革委员会

国务院规定，依法查处价格违法行为和价格垄断行为属于国家发展和改革委员会的一项职责。国家发展和改革委员会内设价格监督检查与反垄断局，其在反垄断方面的主要职责是：其一，起草反价格垄断的相关法规，拟订配套规章及规范性文件；其二，负责反价格垄断执法工作，调查、认定和处理重大的价格垄断行为和案件。

3. 商务部

国务院规定，依法对经营者集中行为进行反垄断审查，指导企业在国外的反垄断应诉工作，开展多、双边竞争政策交流与合作，是商务部的一项重要职责。商务部内设反垄断局，其在反垄断方面的主要职责是：

(1) 起草经营者集中相关法规，拟订配套规章及规范性文件；

(2) 依法对经营者集中行为进行反垄断审查，负责受理经营者集中反垄断磋商和申报，并开展相应的反垄断听证、调查和审查工作；

(3) 负责受理并调查向反垄断执法机构举报的经营者集中事项，查处违法行为；

(4) 负责依法调查对外贸易中的垄断行为，并采取必要措施消除危害；

(5) 负责指导我国企业在国外的反垄断应诉工作。

(三) 地方反垄断执法机关

除了以上三个国务院反垄断执法机构外,《反垄断法》还作了授权规定。《反垄断法》第十条第二款规定:国务院反垄断执法机构根据工作需要,可以授权省、自治区、直辖市人民政府相应的机构,依照本法规定负责反垄断执法工作。

地方反垄断执法机构的产生具有以下三个特点或条件:

(1) 经国务院反垄断执法机构授权。授权可由国务院反垄断执法机构直接行使,无需再得到授权,只要工作需要即可。

(2) 授权限于省一级的机构,即今后产生的地方反垄断执法机构只能产生于省、自治区、直辖市这一层次。

(3) 授权只能在相应机构内进行,即国家工商行政管理总局授权省级工商行政管理局,国家发展和改革委员会授权省级发展和改革委员会,商务部授权省级商务局(厅)。

三、反垄断协议的具体规定

《反垄断法》在反垄断协议方面的具体规定包括:

(1) 禁止具有竞争关系的经营者之间达成下列垄断协议:① 固定或者变更商品价格;② 限制商品的生产数量或者销售数量;③ 分割销售市场或者原材料采购市场;④ 限制购买新技术、新设备或者限制开发新技术、新产品;⑤ 联合抵制交易;⑥ 国务院反垄断执法机构认定的其他垄断协议。这里所称垄断协议,是指排除、限制竞争的协议、决定或者其他协同行为。

(2) 禁止经营者与交易相对人达成下列垄断协议:① 固定向第三人转售商品的价格;② 限定向第三人转售商品的最低价格;③ 国务院反垄断执法机构认定的其他垄断协议。

(3) 行业协会不得组织本行业的经营者从事上述禁止的垄断行为。

(4) 下列情形不属于垄断协议:① 为改进技术、研究开发新产品的;② 为提高产品质量、降低成本、增进效率,统一产品规格、标准或者实行专业化分工的;③ 为提高中小经营者经营效率,增强中小经营者竞争力的;④ 为实现节约能源、保护环境、救灾救助等社会公共利益的;⑤ 因经济不景气,为缓解销售量严重下降或者生产明显过剩的;上述5条,经营者还应当证明所达成的协议不会严重限制相关市场的竞争,并且能够使消费者分享由此产生的利益;⑥ 为保障对外贸易和对外经济合作中的正当利益的;⑦ 法律和国务院规定的其他情形。

四、禁止滥用市场支配地位的具体规定

《反垄断法》关于禁止滥用市场支配地位的具体规定包括:

(1) 禁止具有市场支配地位的经营者从事下列滥用市场支配地位的行为:① 以不公平的高价销售商品或者以不公平的低价购买商品;② 没有正当理由,以低于成本的价格销售商品;③ 没有正当理由,拒绝与交易相对人进行交易;④ 没有正当理由,限定交易相对人只能与其进行交易或者只能与其指定的经营者进行交易;⑤ 没有正当理由搭售商品,或者在交易时附加其他不合理的交易条件;⑥ 没有正当理由,对条件相同的交易相对人在交易价格等交易条件上实行差别待遇;⑦ 国务院反垄断执法机构认定的其他滥

用市场支配地位的行为。这里所称市场支配地位，是指经营者在相关市场内具有能够控制商品价格、数量或者其他交易条件，或者能够阻碍、影响其他经营者进入相关市场能力的市场地位。

(2) 认定经营者具有市场支配地位，应当依据下列因素：① 该经营者在相关市场的市场份额，以及相关市场的竞争状况；② 该经营者控制销售市场或者原材料采购市场的能力；③ 该经营者的财力和技术条件；④ 其他经营者对该经营者在交易上的依赖程度；⑤ 其他经营者进入相关市场的难易程度；⑥ 与认定该经营者市场支配地位有关的其他因素。

(3) 有下列情形之一的，可以推定经营者具有市场支配地位：① 一个经营者在相关市场的市场份额达到二分之一的；② 两个经营者在相关市场的市场份额合计达到三分之二的；③ 三个经营者在相关市场的市场份额合计达到四分之三的。

(4) 有下列情形之一，不应当认定具有市场支配地位：① 有上述第(1)、(3)条规定的情形，其中有的经营者市场份额不足十分之一的，不应当推定该经营者具有市场支配地位；② 被推定具有市场支配地位的经营者，有证据证明不具有市场支配地位的，不应当认定其具有市场支配地位。

五、禁止经营者集中的具体规定

《反垄断法》规定，经营者集中包括下列情形：

(1) 经营者合并；

(2) 经营者通过取得股权或者资产的方式取得对其他经营者的控制权；

(3) 经营者通过合同等方式取得对其他经营者的控制权或者能够对其他经营者施加决定性影响。

经营者集中达到国务院规定的申报标准的，经营者应当事先向国务院反垄断执法机构申报，未申报的不得实施集中。经营者集中有下列情形之一的，可以不向国务院反垄断执法机构申报：

(1) 参与集中的一个经营者拥有其他每个经营者百分之五十以上有表决权的股份或者资产的；

(2) 参与集中的每个经营者百分之五十以上有表决权的股份或者资产被同一个未参与集中的经营者拥有的。

经营者向国务院反垄断执法机构申报集中，应当提交的文件、资料包括：① 申报书；② 集中对相关市场竞争状况影响的说明；③ 集中协议；④ 参与集中的经营者经会计师事务所审计的上一会计年度财务会计报告；⑤ 国务院反垄断执法机构规定的其他文件、资料。申报书应当载明参与集中的经营者的名称、住所、经营范围、预定实施集中的日期和国务院反垄断执法机构规定的其他事项。

国务院反垄断执法机构应当自收到经营者提交的符合有关法律规定的文件、资料之日起三十日内，对申报的经营者集中进行初步审查，做出是否实施进一步审查的决定，并书面通知经营者。国务院反垄断执法机构做出决定前，经营者不得实施集中。国务院反垄断执法机构做出不实施进一步审查的决定或者逾期未做出决定的，经营者可以实施集中。国务院反垄断执法机构决定实施进一步审查的，应当自决定之日起九十日内审查完毕，做出是否禁止经营者集中的决定，并书面通知经营者。做出禁止经营者集中的决定，应当说明理由。审查期间，经营者不得实施集中。国务院反垄断执法机构经书面通知经营者，可以延长规定的审查期限，但最长不得超过六十日。国务院反垄断执法机构逾期未做出决定的，经营者可以实施集中。

审查经营者集中，应当考虑下列因素：

(1) 参与集中的经营者在相关市场的市场份额及其对市场的控制力；

(2) 相关市场的市场集中度；

(3) 经营者集中对市场进入、技术进步的影响；

(4) 经营者集中对消费者和其他有关经营者的影响；

(5) 经营者集中对国民经济发展的影响；

(6) 国务院反垄断执法机构认为应当考虑的影响市场竞争的其他因素。

经过审查，如果经营者集中具有或者可能具有排除、限制竞争效果的，国务院反垄断执法机构应当做出禁止经营者集中的决定。但是经营者能够证明该集中对竞争产生的有利影响明显大于不利影响，或者符合社会公共利益的，国务院反垄断执法机构可以做出对经营者集中不予禁止的决定。

六、禁止滥用行政权力排除、限制竞争的具体规定

《反垄断法》规定，禁止行政机关和法律、法规授权的具有管理公共事务职能的组织滥用行政权力，具体包括：

(1) 不得滥用行政权力，限定或者变相限定单位或者个人经营、购买、使用其指定的经营者提供的商品。

(2) 不得滥用行政权力实施下列行为，妨碍商品在地区之间的自由流通：对外地商品设定歧视性收费项目、实行歧视性收费标准，或者规定歧视性价格；对外地商品规定与本地同类商品不同的技术要求、检验标准，或者对外地商品采取重复检验、重复认证等歧视性技术措施，限制外地商品进入本地市场；采取专门针对外地商品的行政许可，限制外地商品进入本地市场；设置关卡或者采取其他手段，阻碍外地商品进入或者本地商品运出；妨碍商品在地区之间自由流通的其他行为。

(3) 不得滥用行政权力，以设定歧视性资质要求、评审标准或者不依法发布信息等方式，排斥或者限制外地经营者参加本地的招标投标活动。

(4) 不得滥用行政权力，采取与本地经营者不平等待遇等方式，排斥或者限制外地经营者在本地投资或者设立分支机构。

(5) 不得滥用行政权力，强制经营者从事法律规定的垄断行为。

《反垄断法》还规定，行政机关不得滥用行政权力，制定含有排除、限制竞争内容的规定。

七、对涉嫌垄断行为的调查

《反垄断法》规定，反垄断执法机构可依法对涉嫌垄断行为进行调查。调查涉嫌垄断

行为时，反垄断执法机构在向其主要负责人书面报告并经批准后，可以采取下列措施：

(1) 进入被调查的经营者的营业场所或者其他有关场所进行检查；

(2) 询问被调查的经营者、利害关系人或者其他有关单位或者个人，要求其说明有关情况；

(3) 查阅、复制被调查的经营者、利害关系人或者其他有关单位或者个人的有关单证、协议、会计账簿、业务函电、电子数据等文件、资料；

(4) 查封、扣押相关证据；

(5) 查询经营者的银行账户。

调查涉嫌垄断行为，反垄断执法机构执法人员不得少于二人，并应当出示执法证件。执法人员进行询问和调查，应当制作笔录，并由被询问人或者被调查人签字。反垄断执法机构及其工作人员对执法过程中知悉的商业秘密负有保密义务。被调查的经营者、利害关系人或者其他有关单位或者个人应当配合反垄断执法机构依法履行职责，不得拒绝、阻碍反垄断执法机构的调查。被调查的经营者、利害关系人有权陈述意见。反垄断执法机构应当对被调查的经营者、利害关系人提出的事实、理由和证据进行核实。反垄断执法机构对涉嫌垄断行为调查核实后，认为构成垄断行为的，应当依法做出处理决定，并可以向社会公布。

对反垄断执法机构调查的涉嫌垄断行为，被调查的经营者承诺在反垄断执法机构认可的期限内采取具体措施消除该行为后果的，反垄断执法机构可以决定中止调查。中止调查的决定应当载明被调查的经营者承诺的具体内容。

反垄断执法机构决定中止调查的，应当对经营者履行承诺的情况进行监督。经营者履行承诺的，反垄断执法机构可以决定终止调查。但有下列情形之一的，反垄断执法机构应当恢复调查：① 经营者未履行承诺的；② 做出中止调查决定所依据的事实发生重大变化的；③ 中止调查的决定是基于经营者提供的不完整或者不真实的信息做出的。

八、违反《反垄断法》的法律责任

针对不同的垄断违法行为，《反垄断法》规定了不同的法律责任，具体来说：

(1) 违反规定达成并实施垄断协议的：由反垄断执法机构责令停止违法行为，没收违法所得，并处上一年度销售额百分之一以上百分之十以下的罚款；尚未实施所达成的垄断协议的，可以处五十万元以下的罚款。经营者主动向反垄断执法机构报告达成垄断协议的有关情况并提供重要证据的，反垄断执法机构可以酌情减轻或者免除对该经营者的处罚。行业协会违反规定，组织本行业的经营者达成垄断协议的，可以处五十万元以下的罚款；情节严重的，社会团体登记管理机关可以依法撤销登记。

(2) 经营者违反规定滥用市场支配地位的：由反垄断执法机构责令停止违法行为，没收违法所得，并处上一年度销售额百分之一以上百分之十以下的罚款。

(3) 经营者违反规定实施集中的：由国务院反垄断执法机构责令停止实施集中、限期处分股份或者资产、限期转让营业以及采取其他必要措施恢复到集中前的状态，可以处五十万元以下的罚款。

(4) 除另有规定外，滥用行政权力实施排除、限制竞争行为的：由上级机关责令改正；

对直接负责的主管人员和其他直接责任人员依法给予处分。反垄断执法机构可以向有关上级机关提出依法处理的建议。

另外，① 经营者实施垄断行为，给他人造成损失的，依法承担民事责任。② 对反垄断执法机构依法实施的审查和调查，拒绝提供有关材料、信息，或者提供虚假材料、信息，或者隐匿、销毁、转移证据，或者有其他拒绝、阻碍调查行为的，由反垄断执法机构责令改正，并可根据情节轻重对个人和单位处以相应的罚款；构成犯罪的，可依法追究刑事责任。

反垄断执法时要注意以下两点：

(1) 经营者依照有关知识产权的法律、行政法规规定行使知识产权的行为，不适用《反垄断法》；但是，经营者滥用知识产权，排除、限制竞争的行为，适用《反垄断法》。

(2) 农业生产者及农村经济组织在农产品生产、加工、销售、运输、储存等经营活动中实施的联合或者协同行为，不适用《反垄断法》。

商务部禁止可口可乐收购汇源果汁

2008 年 9 月，世界第一大饮料企业——可口可乐公司宣布建议以现金收购中国第一大果汁企业——中国汇源果汁集团有限公司。该公司为香港上市公司，拥有汇源果汁在中国的业务。可口可乐公司建议收购要约为每股 12.2 港元，并等价收购已发行的可换股债券及期权。可口可乐公司已取得三个股东签署接受要约不可撤销的承诺。三个股东共占有汇源 66%股份。如此项建议交易获得接纳，将作价约为 24 亿美元。

这起天价收购案最后能否成功，取决于中国商务部的反垄断审查。2009 年 3 月 18 日，商务部正式发布了《关于对可口可乐收购汇源反垄断审查公告》。公告称，鉴于可口可乐对汇源果汁的收购可能妨碍或者限制竞争，影响中国果汁行业的健康发展，因此根据中国反垄断法，禁止可口可乐收购汇源。这是《反垄断法》自 2008 年 8 月 1 日实施以来，商务部已经受理的 40 多起反垄断申报中第一个没有通过反垄断审查的案例。中国商务部的这项决定，使一项本应成为有史以来最大规模的外商并购中国企业案胎死腹中。

资料来源：新浪财经. 可口可乐子公司全资收购汇源果汁[OL]. http://finance.sina.com.cn/focus1/klgqzhy/. [2008-9-3].

第五节　保护消费者权益的执法

一、保护消费者权益的执法机构

《消费者权益保护法》规定，国家保护消费者的合法权益不受侵害。保护消费者权益的执法机构包括：

(1) 各级政府。各级人民政府应当加强统一领导，组织、协调、督促有关行政部门做好保护消费者合法权益的工作；应当加强监督，预防危害消费者人身、财产安全行为的发生，及时制止危害消费者人身、财产安全的行为。

(2) 工商部门。各级人民政府工商行政管理部门应当依法在各自的职责范围内采取措施，保护消费者的合法权益；应当听取消费者及其社会团体对经营者交易行为、商品和服务质量问题的意见，及时调查处理。

(3) 其他国家机关。其他有关国家机关应当依照法律、法规的规定，惩处经营者在提供商品和服务中侵害消费者合法权益的违法犯罪行为。

(4) 人民法院。人民法院应当采取措施，方便消费者提起诉讼。对符合《中华人民共和国民事诉讼法》起诉条件的消费者权益争议，必须受理，及时审理。上述规定是以工商行政管理部门为主的各有关执法机构采取措施保护消费者合法权益的法律依据。

二、 工商行政管理机关保护消费者合法权益的具体职能

工商行政管理部门作为保护消费者合法权益的主要行政部门，内部专门设立了消费者权益保护机构，形成了一批专职的消费者权益保护行政执法人员。工商行政管理部门通过履行其基本职能，即依据有关法律法规，制止和查处各种违法行为，直接或间接地维护消费者权益。

(一) 直接保护消费者合法权益的职能

1. 受理消费者申诉

《消费者权益保护法》规定，消费者与经营者发生消费者权益争议时，可以向工商行政管理机关申诉，这赋予工商行政管理机关运用行政手段处理消费者权益争议的权力，增加了解决消费权益争议的途径。相对司法程序，这一途径具有节省人力、财力、精力，快捷、便民、行之有效的优点。行政机关在处理消费申诉时，一般应采用调解的方法。

2. 处罚侵害消费者权益的违法行为

《消费者权益保护法》规定，工商行政管理机关有处罚经营者侵害消费者合法权益行为的职能。工商行政管理机关针对侵害消费者合法权益的行为，可做出下列处罚：① 责令经营者改正；② 警告；③ 没收违法所得；④ 罚款；⑤ 情节严重的，可责令停业整顿，吊销营业执照。

3. 制止和打击严重损害消费者合法权益的现象和行为

工商行政管理机关对本辖区发生的各类侵害消费者合法权益的违法行为，应依照法定职权，积极行政，采取行之有效的措施及时予以制止，打击严重损害消费者权益的违法经营者，对触及刑律的严重违法行为人移交司法机关予以惩处。特别是对实际中不断出现的新情况、新问题，工商部门应根据《消费者合法权益保护法》等法律法规的立法精神，采取相应的措施及时予以制止和打击，防止损害消费者合法权益的违法现象蔓延和扩大。如近年来工商管理部门针对社会上出现的非法传销活动，采取了一系列必要的措施，及时遏止了不法经营者利用非法传销形式欺诈消费者、扰乱市场经济秩序的势头，维护了消费者的合法权益。

4. 完善保护消费者合法权益的法律法规

《消费者合法权益保护法》是保护消费者合法权益的基本法律，是消费者保护自己合法权益的重要武器，但不可能对所有的侵害消费者合法权益的违法行为及处罚办法一一加以详细和具体的规定，法律、法规的制定对那些目前尚未出现的现象也无法做出规定，因此需要在实施中不断完善。随着社会的发展，涌现出的新问题、新情况更多更复杂，法律滞后的问题也更严重。因此，工商管理部门可根据法律的授权和执法实践经验，及时研究和修订、制定必要的行政法规和规章，完善保护消费者合法权益的法律法规，弥补我国立法层面的不足，从而有效保护消费者的合法权益。

（二）间接保护消费者合法权益的职能

1. 通过企业登记管理维护消费者权益

任何人要成为经营者进入市场，首先必须依法获得合法的市场主体资格，企业登记管理就是对市场主体资格进行控制和监督，它是经营者进入市场的第一道程序。通过企业登记管理，工商管理部门在以下两个方面起着维护消费者权益的作用：一是促进生产经营，为消费者提供日益丰富的商品和更加便利的服务，促进商品质量和服务质量的日益优化，从而间接地为消费者带来更大的利益。二是发现和制止违法经营，保护消费者的合法权益不受损害。企业经登记进入市场后，工商管理部门依法享有对有关登记事项和经营状况进行监督检查的权力，因此通过对个体私营企业进行必要的经常性的检查，可发现和制止违法经营活动，从而保护消费者的合法权益。

2. 通过加强市场监督管理维护消费者权益

工商行政管理部门通过加强市场监督管理，可以促进市场培育和发展，搞活流通，繁荣经济，更好地满足消费者的需要；还可以查处各种坑害消费者的市场违法行为，保护合法经营，维护市场交易秩序，为消费者提供公平安全的消费环境。尤其是工作在第一线、整天与消费者和经营者打交道的工商行政管理所，在市场管理、市场巡查、保护消费者权益方面更要发挥重要的监督作用。

3. 通过商标管理维护消费者权益

各种商标侵权行为不仅侵害商标注册人的合法权益，给社会经济生活造成极大的混乱，且最终的受害人是消费者。工商行政管理部门可通过发现和制止商标侵权行为，保护消费者权益，这主要表现在：

（1）对使用注册商标，但商品粗制滥造、以次充好、欺骗消费者的，由工商管理部门分情况责令限期改正，并可以予以通报或者处以罚款，或者由商标局撤销其注册商标。

（2）对使用未注册商标，冒充注册商标或者粗制滥造、以次充好、欺骗消费者的，工商管理部门应予以制止，限期改正，并可以予以通报或者处以罚款。

4. 通过广告监督管理维护消费者权益

法律规定，广告传递的信息必须准确、真实、健康、清晰、明白，不得以任何形式欺骗用户和消费者。但是，少数不法经营者为牟取暴利，不惜以身试法，捏造事实，虚假宣传，夸大商品的作用，欺骗诱惑消费者。根据《广告法》的规定，工商行政管理部门有权依法对违反有关法律、法规规定的经营者予以处罚，并应受害人的请求，对因广告中违法行为受害的损害赔偿案件进行处理，以保护消费者的合法权益。

5. 通过个体私营经济管理维护消费者权益

个体经济和私营经济的发展，为广大消费者提供了丰富的商品和便利的服务。但是，个体经营者和私营企业侵害消费者合法权益的事件屡有发生。工商管理部门可通过加强个体私营经济管理，鼓励和教育个体工商户和私营企业主守法经营，制止和纠正损害消费者权益的违法行为，保护国家和消费者的利益。

6. 通过加强合同的监督管理维护消费者权益

工商管理部门通过加强合同的监督管理，开展"重信用、守合同"，督促企业讲究商业信誉，保证产品质量，增强企业知名度和竞争力，为广大消费者提供物美价廉的商品和优质的服务，这无疑在客观上会给消费者带来好处。针对利用格式合同条款侵害消费者权益的行为屡有发生，工商管理部门应重点加强对格式合同条款的监管，制止和处罚经营者利用格式合同条款，强迫消费者接受各种不平等条件的违法行为。

7. 通过反不正当竞争、反垄断维护消费者合法权益

不正当竞争行为和垄断的受害者，最初是经营者，而最终却是消费者。工商行政管理部门维护公平交易，查处不正当竞争行为、垄断行为，既维护了经营者的正当利益，也保护了消费者合法权益，二者是统一的。

三、消费者的权利

《消费者权益保护法》规定了消费者具有下列权利，这为管理部门保护消费者权益提供了法律依据。

(1) 安全保障权。消费者在购买、使用商品和接受服务时，享有人身、财产安全不受损害的权利；有权要求经营者提供的商品和服务，符合保障人身、财产安全的要求。

(2) 知悉真情权。消费者享有知悉其购买、使用的商品或者接受的服务的真实情况的权利；有权根据商品或者服务的不同情况，要求经营者提供商品的价格、产地、生产者、用途、性能、规格、等级、主要成份、生产日期、有效期限、检验合格证明、使用方法说明书、售后服务，或者服务的内容、规格、费用等有关情况。

(3) 自主选择权。消费者享有自主选择商品或者服务的权利。消费者有权自主选择提供商品或者服务的经营者，自主选择商品品种或者服务方式，自主决定购买或者不购买任何一种商品、接受或者不接受任何一项服务。消费者在自主选择商品或者服务时，有权进行比较、鉴别和挑选。对通过电话销售、邮售、上门销售等非固定场所的销售方式购买的商品，消费者有权在收到商品后三十日内退回商品，并不承担任何费用，但影响商品再次销售的除外。

(4) 消费者享有公平交易的权利。消费者在购买商品或者接受服务时，有权获得质量保障、价格合理、计量正确等公平交易条件，有权拒绝经营者的强制交易行为。

(5) 获得赔偿权。消费者因购买、使用商品或者接受服务受到人身、财产损害的，享有依法获得赔偿的权利。

(6) 成立团体权。消费者享有依法成立维护自身合法权益的社会团体的权利。

（7）获得相关知识权。消费者享有获得有关消费和消费者权益保护方面的知识的权利。消费者应当努力掌握所需商品或者服务的知识和使用技能，正确使用商品，提高自我保护意识。

（8）人格尊严、民族风俗习惯受尊重权。消费者在购买、使用商品和接受服务时，享有其人格尊严、民族风俗习惯得到尊重的权利。

（9）监督、批评、建议、检举、控告权。消费者享有对商品和服务以及保护消费者权益工作进行监督的权利。消费者有权检举、控告侵害消费者权益的行为和国家机关及其工作人员在保护消费者权益工作中的违法失职行为，有权对保护消费者权益工作提出批评、建议。

四、经营者的义务

《消费者权益保护法》规定了经营者在保护消费者权益方面需要履行下列义务，这为管理部门查处经营者侵害消费者权益的违法行为提供了法律依据。

（1）履行法律法规的义务。经营者向消费者提供商品或者服务，应当依照《中华人民共和国产品质量法》和其他有关法律、法规的规定履行义务。经营者和消费者有约定的，应当按照约定履行义务，但双方的约定不得违背法律、法规的规定。

（2）听取意见、接受监督的义务。经营者应当听取消费者对其提供的商品或者服务的意见，接受消费者的监督。

（3）保障人身安全的义务。经营者应当保证其提供的商品或者服务符合保障人身、财产安全的要求。对可能危及人身、财产安全的商品和服务，应当向消费者做出真实的说明和明确的警示，并说明和标明正确使用商品或者接受服务的方法以及防止危害发生的方法。经营者发现其提供的商品或者服务存在严重缺陷，即使正确使用商品或者接受服务仍然可能对人身、财产安全造成危害的，应当立即向有关行政部门报告和告知消费者，并采取防止危害发生的措施。

（4）提供真实信息的义务。经营者应当向消费者提供有关商品或者服务的真实信息，不得作引人误解的虚假宣传。经营者对消费者就其提供的商品或者服务的质量和使用方法等问题提出的询问，应当做出真实、明确的答复。商店提供商品应当明码标价。

（5）标明真实名称和标记的义务。经营者应当标明其真实名称和标记。租赁他人柜台或者场地的经营者，应当标明其真实名称和标记。

（6）出具单据的义务。经营者提供商品或者服务，应当按照国家有关规定或者商业惯例向消费者出具购货凭证或者服务单据；消费者索要购货凭证或者服务单据的，经营者必须出具。

（7）质量担保的义务。经营者应当保证在正常使用商品或者接受服务的情况下其提供的商品或者服务应当具有的质量、性能、用途和有效期限；但消费者在购买该商品或者接受该服务前已经知道其存在瑕疵的除外。经营者以广告、产品说明、实物样品或者其他方式表明商品或者服务的质量状况的，应当保证其提供的商品或者服务的实际质量与表明的质量状况相符。

（8）承担三包的义务。经营者提供商品或者服务，按照国家规定或者与消费者的约定，承担包修、包换、包退或者其他责任的，应当按照国家规定或者约定履行，不得故意拖延或者无理拒绝。

(9) 不使用不公平格式合同的义务。经营者不得以格式合同、通知、声明、店堂告示等方式做出对消费者不公平、不合理的规定，或者减轻、免除其损害消费者合法权益应当承担的民事责任。格式合同、通知、声明、店堂告示等含有上述所列内容的，其内容无效。

(10) 不侵犯人身自由的义务。经营者不得对消费者进行侮辱、诽谤，不得搜查消费者的身体及其携带的物品，不得侵犯消费者的人身自由。

酒瓶爆炸伤害消费者　产品存缺陷厂家赔偿

2007 年 7 月 25 日，张某在魏某经营的商店购买某啤酒有限公司生产的啤酒四瓶，当日饮用三瓶，剩余一瓶放置家中。2007 年 7 月 27 日晚，剩余的一瓶啤酒发生爆炸，导致原告张某右眼受伤，经医院检查确认为"右眼球破裂"。事故发生后，张某先后到多家医院住院治疗。后经法医鉴定，原告的伤情构成 7 级伤残。另查明，爆炸啤酒瓶生产日期是2002 年，国家建议啤酒瓶回收使用年限是两年，但涉案啤酒瓶使用年限达五年之久，已远超出建议使用年限。

张某将某啤酒有限公司和销售者告上法庭。法院经审理认为，产品的制造者和销售者因制造销售的产品存在缺陷造成他人的人身或者财产损害的，应承担相应的民事责任，而产品的销售者在销售过程中并无过错，不应承担赔偿责任。因此，判处某啤酒有限公司赔偿原告张某医疗费、伤残赔偿金等各项费用共计 156903.58 元。

资料来源：首都法院网. 酒瓶爆炸伤害消费者　产品存缺陷厂家赔偿[OL]. http://bj.9ask.cn/xiaofei
weiquan/xiaofeizhebaohuanli /201002/239081.html. [2010-2-6].

五、消费者组织的职能

消费者协会和其他消费者组织是依法成立的对商品和服务进行社会监督的保护消费者合法权益的社会团体。《消费者权益保护法》规定消费者协会应履行下列职能，来保护消费者合法权益：

(1) 向消费者提供消费信息和咨询服务；

(2) 参与有关行政部门对商品和服务的监督、检查；

(3) 就有关消费者合法权益的问题，向有关行政部门反映、查询，提出建议；

(4) 受理消费者的投诉，并对投诉事项进行调查、调解；

(5) 投诉事项涉及商品和服务质量问题的，可以提请鉴定部门鉴定，鉴定部门应当告知鉴定结论；

(6) 就损害消费者合法权益的行为，支持受损害的消费者提起诉讼；

(7) 对损害消费者合法权益的行为，通过大众传播媒介予以揭露、批评；

(8) 各级人民政府对消费者协会履行职能应当予以支持。

另外，还规定消费者组织不得从事商品经营和营利性服务，不得以牟利为目的向社会推荐商品和服务。

六、争议的解决

当消费者和经营者发生消费者权益争议时，《消费者权益保护法》规定可以通过下列途径解决：① 与经营者协商和解；② 请求消费者协会调解；③ 向有关行政部门申诉；④ 根据与经营者达成的仲裁协议提请仲裁机构仲裁；⑤ 向人民法院提起诉讼。

为减少纠纷，《消费者权益保护法》还对消费者合法权益受到损害时的具体赔偿责任作了规定如下：

(1) 消费者在购买、使用商品时，其合法权益受到损害的，可以向销售者要求赔偿。销售者赔偿后，属于生产者的责任或者属于向销售者提供商品的其他销售者的责任的，销售者有权向生产者或者其他销售者追偿。

(2) 消费者或者其他受害人因商品缺陷造成人身、财产损害的，可以向销售者要求赔偿，也可以向生产者要求赔偿。属于生产者责任的，销售者赔偿后，有权向生产者追偿。属于销售者责任的，生产者赔偿后，有权向销售者追偿。

(3) 消费者在接受服务时，其合法权益受到损害的，可以向服务者要求赔偿。

(4) 消费者在购买、使用商品或者接受服务时，其合法权益受到损害，因原企业分立、合并的，可以向变更后承受其权利义务的企业要求赔偿。

(5) 使用他人营业执照的违法经营者提供商品或者服务，损害消费者合法权益的，消费者可以向其要求赔偿，也可以向营业执照的持有人要求赔偿。

(6) 消费者在展销会、租赁柜台购买商品或者接受服务，其合法权益受到损害的，可以向销售者或者服务者要求赔偿。展销会结束或者柜台租赁期满后，也可以向展销会的举办者、柜台的出租者要求赔偿。展销会的举办者、柜台的出租者赔偿后，有权向销售者或者服务者追偿。

(7) 消费者因经营者利用虚假广告提供商品或者服务，使其合法权益受到损害的，可以向经营者要求赔偿。广告的经营者发布虚假广告的，消费者可以请求行政主管部门予以惩处。广告的经营者不能提供经营者的真实名称、地址的，应当承担赔偿责任。

七、违反《消费者权益保护法》的法律责任

《消费者权益保护法》规定，除《消费者权益保护法》另有规定外，经营者提供商品或者服务有下列情形之一的，应当依照《中华人民共和国产品质量法》和其他有关法律、法规的规定，承担民事责任：① 商品存在缺陷的；② 不具备商品应当具备的使用性能而出售时未作说明的；③ 不符合在商品或者其包装上注明采用的商品标准的；④ 不符合商品说明、实物样品等方式表明的质量状况的；⑤ 生产国家明令淘汰的商品或者销售失效、变质的商品的；⑥ 销售的商品数量不足的；⑦ 服务的内容和费用违反约定的；⑧ 对消费者提出的修理、重作、更换、退货、补足商品数量、退还货款和服务费用或者赔偿损失的要求，故意拖延或者无理拒绝的；⑨ 法律、法规规定的其他损害消费者权益的情形。

当经营者有上述侵害消费者权益的违法行为时，依据情况不同需要承担相应的责任。

(1) 经营者提供商品或者服务，造成消费者或者其他受害人人身伤害的，应当支付医疗费、治疗期间的护理费、因误工减少的收入等费用，造成残疾的，还应当支付残疾者生活自助具费、生活补助费、残疾赔偿金以及由其扶养的人所必需的生活费等费用；构成犯罪的，依法追究刑事责任。

(2) 经营者提供商品或者服务，造成消费者或者其他受害人死亡的，应当支付丧葬费、死亡赔偿金以及由死者生前扶养的人所必需的生活费等费用；构成犯罪的，依法追究刑事责任。

(3) 经营者侵害消费者的人格尊严或者人身自由的，应当停止侵害、恢复名誉、消除影响、赔礼道歉，并赔偿损失。

(4) 经营者提供商品或者服务，造成消费者财产损害的，应当按照消费者的要求，以修理、重作、更换、退货、补足商品数量、退还货款和服务费用或者赔偿损失等方式承担民事责任。消费者与经营者另有约定的，按照约定履行。

(5) 对国家规定或者经营者与消费者约定包修、包换、包退的商品，经营者应当负责修理、更换或者退货。在保修期内两次修理仍不能正常使用的，经营者应当负责更换或者退货。对包修、包换、包退的大件商品，消费者要求经营者修理、更换、退货的，经营者应当承担运输等合理费用。

(6) 经营者以邮购方式提供商品的，应当按照约定提供合格的商品；未按照约定提供的，应当按照消费者的要求履行约定或者退回货款；并应当承担消费者必须支付的合理费用。

(7) 经营者以预收款方式提供商品或者服务的，应当按照约定提供。未按照约定提供的，应当按照消费者的要求履行约定或者退回预付款；并应当承担预付款的利息、消费者必须支付的合理费用。

(8) 依法经有关行政部门认定为不合格的商品，消费者要求退货的，经营者应当负责退货。

(9) 经营者提供商品或者服务有欺诈行为的，应当按照消费者的要求增加赔偿其受到的损失，增加赔偿的金额为消费者购买商品的价款或者接受服务的费用的二倍。

对经营者有下列情形之一的，需严格处罚：《中华人民共和国产品质量法》和其他有关法律、法规对处罚机关和处罚方式有规定的，依照法律、法规的规定执行；法律、法规未作规定的，由工商行政管理部门责令改正，可以根据情节单处或者并处警告、没收违法所得、处以违法所得一倍以上五倍以下的罚款，没有违法所得的，处以一万元以下的罚款；情节严重的，责令停业整顿、吊销营业执照。

(1) 生产、销售的商品不符合保障人身、财产安全要求的；

(2) 在商品中掺杂、掺假，以假充真，以次充好，或者以不合格商品冒充合格商品的；

(3) 生产国家明令淘汰的商品或者销售失效、变质的商品的；

(4) 伪造商品的产地，伪造或者冒用他人的厂名、厂址，伪造或者冒用认证标志、名优标志等质量标志的；

(5) 销售的商品应当检验、检疫而未检验、检疫或者伪造检验、检疫结果的；

(6) 对商品或者服务作引人误解的虚假宣传的；

(7) 对消费者提出的修理、重作、更换、退货、补足商品数量、退还货款和服务费用或者赔偿损失的要求，故意拖延或者无理拒绝的；

(8) 法律、法规规定的对损害消费者权益应当予以处罚的其他情形。

名词解释

　　个体私营经济的公平交易　　自愿交易原则　　平等交易原则　　公平交易原则　　诚实信用原则　　遵守商业道德的原则　　个体私营经济不公平交易　　个体私营经济不正当竞争行为　　经济性垄断行为　　限制竞争行为　　公平交易执法　　个体私营经济公平交易执法

复 习 题

　　1. 个体私营经济公平交易的特点是什么？
　　2. 个体私营经济公平交易的原则有哪些？
　　3. 广义的个体私营经济不正当竞争行为包括哪些？
　　4. 个体私营经济不正当竞争行为的危害有哪些？
　　5. 狭义的个体私营经济公平交易执法具有哪些特征？
　　6. 个体私营经济公平交易执法的作用有哪些？
　　7. 工商行政管理机关在公平交易执法中的职权有哪些？
　　8. 个体私营经济公平交易执法的具体内容包括哪些？
　　9. 简要说明个体私营经济公平交易执法的法律依据。
　　10. 《反不正当竞争法》禁止的违法行为有哪些？
　　11. 我国规定不正当竞争行为的法律责任有哪些？
　　12. 反垄断执法的范围和内容分别是什么？
　　13. 反垄断执法的机构有哪些？它们的职责分别是什么？
　　14. 反垄断协议的具体规定是什么？
　　15. 禁止滥用市场支配地位的具体规定是什么？
　　16. 禁止经营者集中的具体规定是什么？
　　17. 禁止滥用行政权力排除、限制竞争的具体规定是什么？
　　18. 工商行政管理机关在保护消费者合法权益方面的具体职能有哪些？
　　19. 消费者的权利有哪些？
　　20. 经营者的义务有哪些？
　　21. 消费者组织的职能是什么？
　　22. 违反《消费者权益保护法》的法律责任有哪些？

扩展阅读

国务院反垄断委员会关于相关市场界定的指南

一、总则

(一) 指南的目的和依据

为了给相关市场界定提供指导，提高国务院反垄断执法机构执法工作的透明度，根据

《中华人民共和国反垄断法》(以下称《反垄断法》),制定本指南。

(二) 界定相关市场的作用

任何竞争行为(包括具有或可能具有排除、限制竞争效果的行为)均发生在一定的市场范围内,界定相关市场就是明确经营者竞争的市场范围。在禁止经营者达成垄断协议、禁止经营者滥用市场支配地位、控制具有或者可能具有排除、限制竞争效果的经营者集中等反垄断执法工作中,均可能涉及相关市场的界定问题。

科学合理地界定相关市场,对识别竞争者和潜在竞争者、判定经营者市场份额和市场集中度、认定经营者的市场地位、分析经营者的行为对市场竞争的影响、判断经营者行为是否违法以及在违法情况下需承担的法律责任等关键问题,具有重要的作用。因此,相关市场的界定通常是对竞争行为进行分析的起点,是反垄断执法工作的重要步骤。

(三) 相关市场的含义

相关市场是指经营者在一定时期内就特定商品或者服务(以下统称商品)进行竞争的商品范围和地域范围。在反垄断执法实践中,通常需要界定相关商品市场和相关地域市场。

相关商品市场,是根据商品的特性、用途及价格等因素,由需求者认为具有较为紧密替代关系的一组或一类商品所构成的市场。这些商品表现出较强的竞争关系,在反垄断执法中可以作为经营者进行竞争的商品范围。

相关地域市场,是指需求者获取具有较为紧密替代关系的商品的地理区域。这些地域表现出较强的竞争关系,在反垄断执法中可以作为经营者进行竞争的地域范围。

当生产周期、使用期限、季节性、流行时尚性或知识产权保护期限等已构成商品不可忽视的特征时,界定相关市场还应考虑时间性。

在技术贸易、许可协议等涉及知识产权的反垄断执法工作中,可能还需要界定相关技术市场,考虑知识产权、创新等因素的影响。

二、界定相关市场的基本依据

(一) 替代性分析

在反垄断执法实践中,相关市场范围的大小主要取决于商品(地域)的可替代程度。

在市场竞争中对经营者行为构成直接和有效竞争约束的,是市场里存在需求者认为具有较强替代关系的商品或能够提供这些商品的地域,因此,界定相关市场主要从需求者角度进行需求替代分析。当供给替代对经营者行为产生的竞争约束类似于需求替代时,也应考虑供给替代。

(二) 需求替代

需求替代是根据需求者对商品功能用途的需求、质量的认可、价格的接受以及获取的难易程度等因素,从需求者的角度确定不同商品之间的替代程度。

原则上,从需求者角度来看,商品之间的替代程度越高,竞争关系就越强,就越可能属于同一相关市场。

(三) 供给替代

供给替代是根据其他经营者改造生产设施的投入、承担的风险、进入目标市场的时间等因素，从经营者的角度确定不同商品之间的替代程度。

原则上，其他经营者生产设施改造的投入越少，承担的额外风险越小，提供紧密替代商品越迅速，则供给替代程度就越高，界定相关市场尤其在识别相关市场参与者时就应考虑供给替代。

三、界定相关市场的一般方法

(一) 界定相关市场的方法概述

界定相关市场的方法不是唯一的。在反垄断执法实践中，根据实际情况，可能使用不同的方法。界定相关市场时，可以基于商品的特征、用途、价格等因素进行需求替代分析，必要时进行供给替代分析。在经营者竞争的市场范围不够清晰或不易确定时，可以按照"假定垄断者测试"的分析思路来界定相关市场。

反垄断执法机构鼓励经营者根据案件具体情况运用客观、真实的数据，借助经济学分析方法来界定相关市场。

无论采用何种方法界定相关市场，都要始终把握商品满足消费者需求的基本属性，并以此作为对相关市场界定中出现明显偏差时进行校正的依据。

(二) 界定相关商品市场考虑的主要因素

从需求替代角度界定相关商品市场，可以考虑的因素包括但不限于以下各方面：

(1) 需求者因商品价格或其他竞争因素变化，转向或考虑转向购买其他商品的证据。

(2) 商品的外形、特性、质量和技术特点等总体特征和用途。商品可能在特征上表现出某些差异，但需求者仍可以基于商品相同或相似的用途将其视为紧密替代品。

(3) 商品之间的价格差异。通常情况下，替代性较强的商品价格比较接近，而且在价格变化时表现出同向变化趋势。在分析价格时，应排除与竞争无关的因素引起价格变化的情况。

(4) 商品的销售渠道。销售渠道不同的商品面对的需求者可能不同，相互之间难以构成竞争关系，则成为相关商品的可能性较小。

(5) 其他重要因素。如，需求者偏好或需求者对商品的依赖程度；可能阻碍大量需求者转向某些紧密替代商品的障碍、风险和成本；是否存在区别定价等。

从供给角度界定相关商品市场，一般考虑的因素包括：其他经营者对商品价格等竞争因素的变化做出反应的证据；其他经营者的生产流程和工艺，转产的难易程度，转产需要的时间，转产的额外费用和风险，转产后所提供商品的市场竞争力，营销渠道等。

任何因素在界定相关商品市场时的作用都不是绝对的，可以根据案件的不同情况有所侧重。

(三) 界定相关地域市场考虑的主要因素

从需求替代角度界定相关地域市场，可以考虑的因素包括但不限于以下各方面：

(1) 需求者因商品价格或其他竞争因素变化，转向或考虑转向其他地域购买商品的证据。

(2) 商品的运输成本和运输特征。相对于商品价格来说，运输成本越高，相关地域市场的范围越小，如水泥等商品；商品的运输特征也决定了商品的销售地域，如需要管道运输的工业气体等商品。

（3）多数需求者选择商品的实际区域和主要经营者商品的销售分布。

（4）地域间的贸易壁垒，包括关税、地方性法规、环保因素、技术因素等。如关税相对商品的价格来说比较高时，则相关地域市场很可能是一个区域性市场。

（5）其他重要因素。如，特定区域需求者偏好；商品运进和运出该地域的数量。

从供给角度界定相关地域市场时，一般考虑的因素包括：其他地域的经营者对商品价格等竞争因素的变化做出反应的证据；其他地域的经营者供应或销售相关商品的即时性和可行性，如将订单转向其他地域经营者的转换成本等。

四、关于假定垄断者测试分析思路的说明

（一）假定垄断者测试的基本思路

假定垄断者测试是界定相关市场的一种分析思路，可以帮助解决相关市场界定中可能出现的不确定性，目前为各国和地区制定反垄断指南时普遍采用。依据这种思路，人们可以借助经济学工具分析所获取的相关数据，确定假定垄断者可以将价格维持在高于竞争价格水平的最小商品集合和地域范围，从而界定相关市场。

假定垄断者测试一般先界定相关商品市场。首先从反垄断审查关注的经营者提供的商品（目标商品）开始考虑，假设该经营者是以利润最大化为经营目标的垄断者（假定垄断者），那么要分析的问题是，在其他商品的销售条件保持不变的情况下，假定垄断者能否持久地（一般为1年）小幅（一般为5%～10%）提高目标商品的价格。目标商品涨价会导致需求者转向购买具有紧密替代关系的其他商品，从而引起假定垄断者销售量下降。如果目标商品涨价后，即使假定垄断者销售量下降，但其仍然有利可图，则目标商品就构成相关商品市场。

如果涨价引起需求者转向具有紧密替代关系的其他商品，使假定垄断者的涨价行为无利可图，则需要把该替代商品增加到相关商品市场中，该替代商品与目标商品形成商品集合。接下来分析如果该商品集合涨价，假定垄断者是否仍有利可图。如果答案是肯定的，那么该商品集合就构成相关商品市场；否则还需要继续进行上述分析过程。

随着商品集合越来越大，集合内商品与集合外商品的替代性越来越小，最终会出现某一商品集合，假定垄断者可以通过涨价实现盈利，由此便界定出相关商品市场。

界定相关地域市场与界定相关商品市场的思路相同。首先从反垄断审查关注的经营者经营活动的地域（目标地域）开始，要分析的问题是，在其他地域的销售条件不变的情况下，假定垄断者对目标地域内的相关商品进行持久（一般为1年）小幅涨价（一般为5%～10%）是否有利可图。如果答案是肯定的，目标地域就构成相关地域市场；如果其他地域市场的强烈替代使得涨价无利可图，就需要扩大地域范围，直到涨价最终有利可图，该地域就是相关地域市场。

（二）假定垄断者测试的几个实际问题

原则上，在使用假定垄断者测试界定相关市场时，选取的基准价格应为充分竞争的当前市场价格。但在滥用市场支配地位、共谋行为和已经存在共谋行为的经营者集中案件中，当前价格明显偏离竞争价格，选择当前价格作为基准价格会使相关市场界定的结果不合理。在此情况下，应该对当前价格进行调整，使用更具有竞争性的价格。

此外，一般情况下，价格上涨幅度为 5%～10%，但在执法实践中，可以根据案件涉及行业的不同情况，对价格小幅上涨的幅度进行分析确定。

　　在经营者小幅提价时，并不是所有需求者(或地域)的替代反应都是相同的。在替代反应不同的情况下，可以对不同需求者群体(或地域)进行不同幅度的测试。此时，相关市场界定还需要考虑需求者群体和特定地域的情况。

资料来源： 商务部反垄断局. 国务院反垄断委员会关于相关市场界定的指南[OL]. http://fldj.mof com.gov.cn/aarticle/j/200907/20090706384131.html. [2009-7-7].

第七章

个体私营经济的税收管理

本章首先介绍个体私营经济税收管理的概念、内容、管理机构；其次介绍个体私营经济税收征收管理的概念、作用、税务登记管理、账簿凭证管理、纳税申报管理、税款征收管理，以及个体私营经济的税务检查与违法处罚；最后介绍我国主要税种，包括增值税、营业税、个人所得税。

▷▷▷▷▷▷▷▷▷▷▷▷▷▷▷▷▷▷▷▷▷▷▷▷▷

第一节 个体私营经济的税收管理

一、个体私营经济税收管理的概念

税收是国家为满足社会公共需要，凭借公共权力，按照法律所规定的标准和程序，参与国民收入分配，强制地、无偿地取得财政收入的一种特定分配方式。它体现了国家与纳税人在利益分配上的一种特殊关系。税收收入是国家财政收入的最主要来源。税收具有强制性、无偿性和固定性的特征，习惯上称为税收的"三性"。

税收管理是国家以法律为依据，根据税收的特点及其客观规律，对税收参与社会分配活动全过程进行决策、计划、组织、协调和监督控制，以保证税收职能得以实现的一种管理活动。个体私营经济的税收管理是指为了保证财政收入及时足额入库，并充分发挥税收对经济的调节作用，税收主管部门代表国家围绕个体私营经济主体纳税所进行的决策、计划、组织、协调和监督控制等管理活动。

广义上讲，个体私营经济税收管理的客体是指国家围绕个体私营经济进行税收分配的全过程，涉及中央与地方、国家与个体私营经济主体之间的分配关系及过程，也包括税收分配，即各级税务机关与纳税人——个体私营经济主体之间的征纳关系及过程。狭义上讲，个体私营经济税收管理的客体主要是指对个体私营经济主体纳税过程的监督管理过程。

二、个体私营经济税收管理的具体内容

税收管理的具体内容包括税收法制管理、税收征收监管、税收计划管理、税务行政管理。

(1) 税收法制管理，即税法的制定和实施，具体包括税收立法、税收执法和税收司法的全过程。税法是国家法律的组成部分，是整个国家税收制度的核心，是税收分配活动的准则和规范。

(2) 税收征收管理，即税法制定后，税务机关组织、计划、协调、指挥税务人员，将税法具体实施的过程。具体包括税务登记管理、账簿凭证管理、纳税申报管理、税款征收管理、减税免税及退税管理、纳税检查和税务稽查、纳税档案资料管理。这是一种执行性管理。

(3) 税收计划管理，主要包括税收计划管理、税收重点税源管理、税收会计管理、税收统计管理。

(4) 税务行政管理，即对税务机关内部的机构设置和人员配备进行的管理，也称税务组织管理。具体包括税务机构的设置管理、征收机关的组织与分工管理、税务工作的程序管理、税务人员的组织建设与思想建设管理、对税务人员的监督与考核、税务行政复议与诉讼的管理。

三、个体私营经济税收管理部门

个体私营经济税收管理的主体是国家，国务院税务主管部门代表国家主管全国税收征收管理工作，各地国家税务局、地方税务局、海关以及地方财政部门按照国务院规定的税收征收管理范围分别进行征收管理。

(一) 税务部门

1. 国家税务总局

国家税务总局是国务院主管税收工作的直属机构，正部级。前身是财政部税务总局(正局级)，成立于 1950 年，1988 年改名为国家税务局，为国务院直属机构(副部级)，1993 年定名为国家税务总局。国家税务总局在社会主义市场经济的发展过程中，承担着组织财政收入、调控经济、调节社会分配的职能。

国家税务总局的具体职责包括：

(1) 具体起草税收法律法规草案及实施细则并提出税收政策建议，与财政部共同上报和下发，制定贯彻落实的措施。负责对税收法律法规执行过程中的征管和一般性税政问题进行解释，事后向财政部备案。

(2) 承担组织实施中央税、共享税及法律法规规定的基金(费)的征收管理责任，力争税款应收尽收。

(3) 参与研究宏观经济政策、中央与地方的税权划分并提出完善分税制的建议，研究税负总水平并提出运用税收手段进行宏观调控的建议。

(4) 负责组织实施税收征收管理体制改革，起草税收征收管理法律法规草案并制定实施细则，制定和监督执行税收业务、征收管理的规章制度，监督检查税收法律法规、政策的贯彻执行，指导和监督地方税务工作。

(5) 负责规划和组织实施纳税服务体系建设，制定纳税服务管理制度，规范纳税服务行为，制定和监督执行纳税人权益保障制度，保护纳税人合法权益，履行提供便捷、优质、高效纳税服务的义务，组织实施税收宣传，拟订注册税务师管理政策并监督实施。

(6) 组织实施对纳税人进行分类管理和专业化服务，组织实施对大型企业的纳税服务和税源管理。

(7) 负责编报税收收入中长期规划和年度计划，开展税源调查，加强税收收入的分析预测，组织办理税收减免等具体事项。

(8) 负责制定税收管理信息化制度，拟订税收管理信息化建设中长期规划，组织实施金税工程建设。

(9) 开展税收领域的国际交流与合作，参加国家(地区)间税收关系谈判，草签和执行有关的协议、协定。

(10) 办理进出口商品的税收及出口退税业务。

(11) 对全国国税系统实行垂直管理，协同省级人民政府对省级地方税务局实行双重领导，对省级地方税务局局长的任免提出意见。

2. 地方各级税务部门

1994 年税制改革，我国省级税务系统以下分设国家税务局系统和地方税务局系统。地方国税系统分为三级，即省(自治区、直辖市)国家税务局，地(市、州、盟)国家税务局，县(市、旗)国家税务局。国家税务局系统实行国家税务总局垂直管理的领导体制。地方税务系统分为三级，即省(自治区、直辖市)地方税务局，地(市、州、盟)地方税务局，县(市、旗)地方税务局。省(自治区、直辖市)地方税务局实行省(自治区、直辖市)人民政府和国家税务总局双重领导，以地方政府领导为主的管理体制。国家税务总局对省(自治区、直辖市)地方税务局的领导，主要体现在税收政策、业务的指导和协调以及对国家统一的税收制度、政策的监督和组织经验交流等方面。省(自治区、直辖市)以下地方税务局实行上级税务机关和同级政府双重领导、以上级税务机关垂直领导为主的管理体制。

按照国务院的规定，国家税务局和地方税务局有着不同的征收范围，具体划分如下：

(1) 国家税务局主要负责征收和管理的项目有：增值税，消费税，铁道、各银行总行、保险总公司集中缴纳的营业税、所得税和城市维护建设税，中央企业所得税，中央与地方所属企、事业单位组成的联营企业、股份制企业的所得税，2002 年 1 月 1 日以后在各级工商行政管理部门办理设立(开业)登记企业的企业所得税，地方和外资银行及非银行金融企业所得税，海洋石油企业所得税、资源税，对储蓄存款利息所得征收的个人所得税，对证券交易征收的印花税，车辆购置税，出口产品退税，中央税的滞补罚收入，按中央税、共享税附征的教育费附加(属于铁道、银行总行、保险总公司缴纳的入中央库，其他入地方库)。

(2) 地方税务局主要负责征收和管理的项目有(不包括已明确由国家税务局负责征收的地方税部分)：营业税，企业所得税，个人所得税，土地增值税，城市维护建设税，车船税，房产税，城市房地产税，资源税，城镇土地使用税，耕地占用税，契税，烟叶税，印花税，固定资产投资方向调节税(暂停征收)，地方税的滞补罚收入，按地方营业税附征的教育费附加。在部分地区还负责社会保险费及其他一些地方规费的征收。

(二) 海关

中华人民共和国海关是国家进出境监督管理机关，实行垂直领导体制。海关总署是中国海关的领导机关，是中华人民共和国国务院下属的正部级直属机构，统一管理全国海关。

全国海关目前共有 46 个直属海关单位(广东分署，天津、上海特派办，41 个直属海关，2 所海关院校)，600 个隶属海关和办事处，通关监管点近 4000 个。

海关在税收征管方面的职责是负责征收关税和船舶税，还负责代征进口产品的增值税和消费税，主要包括：

(1) 参与研究进出口税收政策及税则税率的调整；承担关税立法调研、起草工作和税法执行过程中的一般性解释工作。

(2) 研究提出关税、进口环节税等税费征收、减免、退补管理规章制度并组织监控实施。

(3) 组织实施国家进出口关税和进口环节税减免的各项政策和规定。

(4) 研究提出海关对边境贸易、边民互市、对台小额贸易等特殊贸易方式进出口货物的税收征管规章制度并组织监控实施。

(5) 研究提出进出口货物海关估价的规章制度并组织监控实施，对境外价格调查工作实施业务管理；管理、维护商品价格资料库。

(6) 研究提出海关进出口商品分类目录并组织监控实施；管理海关商品归类和化验工作，确定疑难商品的税则归类；管理、维护进出口商品归类指导数据库。

(7) 研究提出国家进出口商品原产地规则并组织监控实施。

(8) 参与反倾销调查，组织实施反倾销措施、反补贴措施、保障措施及其他关税措施。

(9) 组织、参与各项优惠贸易协定下原产地规则的国际谈判。

(10) 对海关商品价格信息机构、原产地管理机构、商品归类机构和化验机构实施业务管理。

(三) 地方财政部门

目前，在我国部分地区，耕地占用税和契税由地方财政部门征收和管理。耕地占用税是我国对占用耕地建房或从事非农业建设的单位或个人所征收的一种税收，其作用主要表现在，利用经济手段限制乱占滥用耕地，促进农业生产的稳定发展；补偿占用耕地所造成的农业生产力的损失，为大规模的农业综合开发提供必要的资金来源。契税是以所有权发生转移变动的不动产为征税对象，向产权承受人征收的一种财产税。凡是在中华人民共和国境内转移土地、房屋权属，包括土地使用权出售、赠与和交换，房屋买卖、赠与、交换等，承受的单位和个人都应缴纳契税。

第二节　个体私营经济的税收征收管理

一、个体私营经济的税收征收管理的概念和作用

个体私营经济的税收征收管理是税务机关为了贯彻税收的基本法规，实现对个体私营经济的税收计划，协调对个体私营经济的征纳关系，组织个体私营经济的税款入库而开展的组织管理和监督检查等各项活动的总称，具体包括个体私营经济的税务登记管理、账簿

凭证管理、纳税申报管理、税款征收管理、纳税检查和税务稽查等内容。

　　加强对个体私营经济的税收征收管理，对于完成税收收入计划，保证财政收入和实现对经济运行的调控及监督，促进我国社会主义市场经济的健康发展，都具有非常重要的意义和作用。个体私营经济的税收征收管理具有以下作用：① 可以使税收法律得到贯彻实施；② 可以实现税收财政职能；③ 可以实现税收调控经济的职能；④ 可以实现税收监督的职能；⑤ 可以增强公民的纳税意识、提高纳税的自觉性。

二、个体私营经济的税务登记管理

　　税务登记又称纳税登记，是税收管理的重要内容。它是指税务机关根据税法规定，对纳税人(包括个体私营经济主体等)的生产、经营活动进行登记管理的一项法定制度，也是纳税人依法履行纳税义务的法定手续。税务登记是税务机关对纳税人实施税收管理的首要环节和基础工作，是征纳双方法律关系成立的依据和证明，也是纳税人必须依法履行的义务。

　　我国关于税务登记管理的具体规定包括下述内容：

　　1. 开业税务登记的规定

　　从事生产、经营的纳税人应当自领取营业执照之日起 30 日内，向生产、经营地或者纳税义务发生地的主管税务机关申报办理税务登记，如实填写税务登记表，并按照税务机关的要求提供有关证件、资料。上述规定以外的纳税人，除国家机关和个人外，应当自纳税义务发生之日起 30 日内，持有关证件向所在地的主管税务机关申报办理税务登记。

　　2. 变更税务登记的规定

　　纳税人税务登记内容发生变化的，应当自工商行政管理机关或者其他机关办理变更登记之日起 30 日内，持有关证件向原税务登记机关申报办理变更税务登记。纳税人税务登记内容发生变化，不需要到工商行政管理机关或者其他机关办理变更登记的，应当自发生变化之日起 30 日内，持有关证件向原税务登记机关申报办理变更税务登记。

　　3. 注销税务登记的规定。

　　(1) 纳税人发生解散、破产、撤销以及其他情形，依法终止纳税义务的，应当在向工商行政管理机关或者其他机关办理注销登记前，持有关证件向原税务登记机关申报办理注销税务登记；按照规定不需要在工商行政管理机关或者其他机关办理注册登记的，应当自有关机关批准或者宣告终止之日起 15 日内，持有关证件向原税务登记机关申报办理注销税务登记。

　　(2) 纳税人因住所、经营地点变动，涉及改变税务登记机关的，应当在向工商行政管理机关或者其他机关申请办理变更或者注销登记前或者住所、经营地点变动前，向原税务登记机关申报办理注销税务登记，并在 30 日内向迁达地税务机关申报办理税务登记。

　　(3) 纳税人被工商行政管理机关吊销营业执照或者被其他机关予以撤销登记的，应当自营业执照被吊销或者被撤销登记之日起 15 日内，向原税务登记机关申报办理注销税务登记。

　　(4) 纳税人在办理注销税务登记前，应当向税务机关结清应纳税款、滞纳金、罚款，缴销发票、税务登记证件和其他税务证件。

4. 报告存款账户的规定

从事生产、经营的纳税人应当自开立基本存款账户或者其他存款账户之日起 15 日内，向主管税务机关书面报告其全部账号；发生变化的，应当自变化之日起 15 日内，向主管税务机关书面报告。

5. 税务登记证使用、管理的规定

(1) 悬挂税务登记证件的规定。纳税人应当将税务登记证件正本在其生产、经营场所或者办公场所公开悬挂，接受税务机关检查。

(2) 除按照规定不需要发给税务登记证件的外，纳税人办理下列事项时，必须持税务登记证件：开立银行账户；申请减税、免税、退税；申请办理延期申报、延期缴纳税款；领购发票；申请开具外出经营活动税收管理证明；办理停业、歇业；其他有关税务事项。

(3) 纳税人遗失税务登记证件的，应当在 15 日内书面报告主管税务机关，并登报声明作废。

6. 验证和换证的规定

税务机关对税务登记证件实行定期验证和换证制度。纳税人应当在规定的期限内持有关证件到主管税务机关办理验证或者换证手续。

7. 外出经营的规定

从事生产、经营的纳税人到外县(市)临时从事生产、经营活动的，应当持税务登记证副本和所在地税务机关填开的外出经营活动税收管理证明，向营业地税务机关报验登记，接受税务管理。从事生产、经营的纳税人外出经营，在同一地累计超过 180 天的，应当在营业地办理税务登记手续。

三、个体私营经济的账簿、凭证管理

我国关于个体私营经济账簿、凭证管理的具体规定包括下述内容：

1. 设置账簿的规定

(1) 从事生产、经营的纳税人应当自领取营业执照或者发生纳税义务之日起 15 日内，按照国家有关规定设置账簿。这些账簿，是指总账、明细账、日记账以及其他辅助性账簿。总账、日记账应当采用订本式。

(2) 生产、经营规模小又确无建账能力的纳税人，可以聘请经批准从事会计代理记账业务的专业机构或者经税务机关认可的财会人员代为建账和办理账务；聘请上述机构或者人员有实际困难的，经县以上税务机关批准，可以按照税务机关的规定，建立收支凭证粘贴簿、进货销货登记簿或者使用税控装置。

(3) 扣缴义务人应当自税收法律、行政法规规定的扣缴义务发生之日起 10 日内，按照所代扣、代收的税种，分别设置代扣代缴、代收代缴税款账簿。

(4) 纳税人、扣缴义务人会计制度健全，能够通过计算机正确、完整计算其收入和所得或者代扣代缴、代收代缴税款情况的，其计算机输出的完整的书面会计记录，可视同会计账簿。

(5) 纳税人、扣缴义务人会计制度不健全，不能通过计算机正确、完整计算其收入和所得或者代扣代缴、代收代缴税款情况的，应当建立总账及与纳税或者代扣代缴、代收代缴税款有关的其他账簿。

2. 财会制度备案的规定。

(1) 从事生产、经营的纳税人应当自领取税务登记证件之日起 15 日内，将其财务、会计制度或者财务、会计处理办法报送主管税务机关备案。

(2) 纳税人使用计算机记账的，应当在使用前将会计电算化系统的会计核算软件、使用说明书及有关资料报送主管税务机关备案。纳税人建立的会计电算化系统应当符合国家有关规定，并能正确、完整地核算其收入或者所得。

3. 其他规定

(1) 账簿、会计凭证和报表，应当使用中文。民族自治地方可以同时使用当地通用的一种民族文字。外商投资企业和外国企业可以同时使用一种外国文字。

(2) 账簿、记账凭证、报表、完税凭证、发票、出口凭证以及其他有关涉税资料应当合法、真实、完整。

(3) 纳税人应当按照税务机关的要求安装、使用税控装置，并按照税务机关的规定报送有关数据和资料。

(4) 账簿、记账凭证、报表、完税凭证、发票、出口凭证以及其他有关涉税资料应当保存 10 年；但是，法律、行政法规另有规定的除外。

四、个体私营经济的纳税申报管理

纳税申报是指纳税人、扣缴义务人在发生法定纳税义务后，按照税法或税务机关相关行政法规所规定的内容，在申报期限内，以书面形式向主管税务机关提交有关纳税事项及应缴税款的法律行为。

我国关于个体私营经济纳税申报管理的具体规定包括：

1. 纳税申报方式的规定

(1) 经税务机关批准，纳税人、扣缴义务人可以采取上门申报、邮寄申报、数据电文申报方式办理纳税申报或者报送代扣代缴、代收代缴税款报告表。其中，上门申报，是指纳税人、扣缴义务人、代征人应当在纳税申报期限内到主管国家税务机关办理纳税申报、代扣代缴、代收代缴税款或委托代征税款报告；邮寄申报，是指纳税人采取邮寄方式办理纳税申报的，应当使用统一的纳税申报专用信封，并以邮政部门收据作为申报凭据；数据电文申报，是指税务机关确定的电话语音、电子数据交换和网络传输等电子方式。

(2) 纳税人采取邮寄方式办理纳税申报的，应当使用统一的纳税申报专用信封，并以邮政部门收据作为申报凭据。邮寄申报以寄出的邮戳日期为实际申报日期。

(3) 纳税人采取电子方式办理纳税申报的，应当按照税务机关规定的期限和要求保存有关资料，并定期书面报送主管税务机关。

（4）实行定期定额缴纳税款的纳税人，可以实行简易申报、简并征期等申报纳税方式。

2. 无应纳税款、享受减免税待遇的纳税申报规定

（1）纳税人在纳税期内没有应纳税款的，也应当按照规定办理纳税申报。

（2）纳税人享受减税、免税待遇的，在减税、免税期间应当按照规定办理纳税申报。

3. 纳税申报的主要内容

纳税人、扣缴义务人的纳税申报或者代扣代缴、代收代缴税款报告表的主要内容包括：税种、税目，应纳税项目或者应代扣代缴、代收代缴税款项目，计税依据，扣除项目及标准，适用税率或者单位税额，应退税项目及税额、应减免税项目及税额，应纳税额或者应代扣代缴、代收代缴税额，税款所属期限、延期缴纳税款、欠税、滞纳金等。

4. 报送证件、资料的规定

纳税人办理纳税申报时，应当如实填写纳税申报表，并根据不同的情况相应报送下列有关证件、资料：

（1）财务会计报表及其说明材料；

（2）与纳税有关的合同、协议书及凭证；

（3）税控装置的电子报税资料；

（4）外出经营活动税收管理证明和异地完税凭证；

（5）境内或者境外公证机构出具的有关证明文件；

（6）税务机关规定应当报送的其他有关证件、资料。

扣缴义务人办理代扣代缴、代收代缴税款报告时，应当如实填写代扣代缴、代收代缴税款报告表，并报送代扣代缴、代收代缴税款的合法凭证以及税务机关规定的其他有关证件、资料。

5. 纳税申报延期的规定

（1）纳税人、扣缴义务人按照规定的期限办理纳税申报或者报送代扣代缴、代收代缴税款报告表确有困难，需要延期的，应当在规定的期限内向税务机关提出书面延期申请，经税务机关核准，在核准的期限内办理。

（2）纳税人、扣缴义务人因不可抗力，不能按期办理纳税申报或者报送代扣代缴、代收代缴税款报告表的，可以延期办理；但是，应当在不可抗力情形消除后立即向税务机关报告。税务机关应当查明事实，予以核准。

五、个体私营经济的税款征收管理

税款征收是指税务机关按照税法规定将纳税人应纳的税款收缴入库的活动。它是税收征收管理的中心环节，直接关系到国家税收能及时、足额入库。我国关于个体私营经济税款征收的具体规定包括：

1. 税款征收机关的规定

（1）税务机关依照法律、行政法规的规定征收税款，不得违反法律、行政法规的规定开征、停征、多征、少征、提前征收、延缓征收或者摊派税款。

（2）除税务机关、税务人员以及经税务机关依照法律、行政法规委托的单位和人员外，任何单位和个人不得进行税款征收活动。

2. 代扣、代收税款的规定

(1) 扣缴义务人依照法律、行政法规的规定履行代扣、代收税款的义务。

(2) 对法律、行政法规没有规定负有代扣、代收税款义务的单位和个人，税务机关不得要求其履行代扣、代收税款义务。

(3) 扣缴义务人依法履行代扣、代收税款义务时，纳税人不得拒绝。

(4) 纳税人拒绝的，扣缴义务人应当及时报告税务机关处理。

(5) 税务机关按照规定付给扣缴义务人代扣、代收手续费。

3. 按期缴纳税款的规定

(1) 纳税人、扣缴义务人按照法律、行政法规规定或者税务机关依照法律、行政法规的规定确定的期限，缴纳或者解缴税款。

(2) 纳税人因有特殊困难，不能按期缴纳税款的，经省、自治区、直辖市国家税务局、地方税务局批准，可以延期缴纳税款，但是最长不得超过三个月。

(3) 纳税人未按照规定期限缴纳税款的，扣缴义务人未按照规定期限解缴税款的，税务机关除责令限期缴纳外，从滞纳税款之日起，按日加收滞纳税款万分之五的滞纳金。

4. 减免税的规定

(1) 纳税人可以依照法律、行政法规的规定书面申请减税、免税。

(2) 减税、免税的申请须经法律、行政法规规定的减税、免税审查批准机关审批。

(3) 地方各级人民政府、各级人民政府主管部门、单位和个人违反法律、行政法规规定，擅自作出的减税、免税决定无效，税务机关不得执行，并向上级税务机关报告。

5. 应纳税额核定与调整的规定

(1) 纳税人有下列情形之一的，税务机关有权核定其应纳税额：依照法律、行政法规的规定可以不设置账簿的；依照法律、行政法规的规定应当设置但未设置账簿的；擅自销毁账簿或者拒不提供纳税资料的；虽设置账簿，但账目混乱或者成本资料、收入凭证、费用凭证残缺不全，难以查账的；发生纳税义务，未按照规定的期限办理纳税申报，经税务机关责令限期申报，逾期仍不申报的；纳税人申报的计税依据明显偏低，又无正当理由的。税务机关核定应纳税额的具体程序和方法由国务院税务主管部门规定。

(2) 企业或者外国企业在中国境内设立的从事生产、经营的机构、场所与其关联企业之间的业务往来，应当按照独立企业之间的业务往来收取或者支付价款、费用；不按照独立企业之间的业务往来收取或者支付价款、费用，而减少其应纳税的收入或者所得额的，税务机关有权进行合理调整。

6. 处理欠逃税款的规定

(1) 对未办理税务登记的纳税人以及临时从事经营的纳税人，由税务机关核定其应纳税额，责令缴纳；不缴纳的，税务机关可以扣押其价值相当于应纳税款的商品、货物。扣押后缴纳应纳税款的，税务机关必须立即解除扣押，并归还所扣押的商品、货物；扣押后仍不缴纳应纳税款的，经县以上税务局(分局)局长批准，依法拍卖或者变卖所扣押的商品、货物，以拍卖或者变卖所得抵缴税款。

(2) 纳税人有逃避纳税义务行为的，税务机关可以在规定的纳税期之前，责令限期缴纳应纳税款；在限期内发现纳税人有明显的转移、隐匿其应纳税的商品、货物以及其他财产或者应纳税的收入的迹象的，税务机关可以责成纳税人提供纳税担保。如果纳税人不能提供纳税担保，经县以上税务局(分局)局长批准，税务机关可以采取下列税收保全措施：书面通知纳税人开户银行或者其他金融机构冻结纳税人的金额相当于应纳税款的存款；扣押、查封纳税人的价值相当于应纳税款的商品、货物或者其他财产。纳税人在上述规定的限期内缴纳税款的，税务机关必须立即解除税收保全措施；限期期满仍未缴纳税款的，经县以上税务局(分局)局长批准，税务机关可以书面通知纳税人开户银行或者其他金融机构从其冻结的存款中扣缴税款，或者依法拍卖或者变卖所扣押、查封的商品、货物或者其他财产，以拍卖或者变卖所得抵缴税款。注意，个人及其所扶养家属维持生活必需的住房和用品，不在税收保全措施的范围之内。纳税人在限期内已缴纳税款，税务机关未立即解除税收保全措施，使纳税人的合法利益遭受损失的，税务机关应当承担赔偿责任。

(3) 未按期缴纳或者解缴税款，纳税担保人未按期缴纳所担保的税款，由税务机关责令限期缴纳，逾期仍未缴纳的，经县以上税务局(分局)局长批准，税务机关可以采取下列强制执行措施：书面通知其开户银行或者其他金融机构从其存款中扣缴税款；扣押、查封、依法拍卖或者变卖其价值相当于应纳税款的商品、货物或者其他财产，以拍卖或者变卖所得抵缴税款。税务机关采取强制执行措施时，对上述所列纳税人、扣缴义务人、纳税担保人未缴纳的滞纳金同时强制执行。注意，个人及其所扶养家属维持生活必需的住房和用品，不在强制执行措施的范围之内；法律规定的采取税收保全措施、强制执行措施的权力，不得由法定的税务机关以外的单位和个人行使。

(4) 欠缴税款的纳税人或者他的法定代表人需要出境的，应当在出境前向税务机关结清应纳税款、滞纳金或者提供担保。未结清税款、滞纳金，又不提供担保的，税务机关可以通知出境管理机关阻止其出境。

7. 征收税款优先权的规定

(1) 征收税款优先于无担保债权，法律另有规定的除外；纳税人欠缴的税款发生在纳税人以其财产设定抵押、质押或者纳税人的财产被留置之前的，税收应当先于抵押权、质押权、留置权执行。

(2) 纳税人欠缴税款，同时又被行政机关决定处以罚款、没收违法所得的，税收优先于罚款、没收违法所得。

(3) 纳税人有合并、分立情形的，应当向税务机关报告，并依法缴清税款。纳税人合并时未缴清税款的，应当由合并后的纳税人继续履行未履行的纳税义务；纳税人分立时未缴清税款的，分立后的纳税人对未履行的纳税义务应当承担连带责任。

(4) 欠缴税款数额较大的纳税人在处分其不动产或者大额资产之前，应当向税务机关报告。

(5) 欠缴税款的纳税人因怠于行使到期债权，或者放弃到期债权，或者无偿转让财产，或者以明显不合理的低价转让财产而受让人知道该情形，对国家税收造成损害的，税务机关可以依法行使代位权、撤销权，但不免除欠税人尚未履行的纳税义务和应承担的法律责任。

8. 处理多缴税款的规定

(1) 纳税人超过应纳税额缴纳的税款，税务机关发现后应当立即退还。

(2) 纳税人自结算缴纳税款之日起三年内发现的，可以向税务机关要求退还多缴的税款并加算银行同期存款利息，税务机关及时查实后应当立即退还。

(3) 涉及从国库中退库的，依照法律、行政法规有关国库管理的规定退还。

9. 处理非故意欠税的规定

(1) 因税务机关的责任，致使纳税人、扣缴义务人未缴或者少缴税款的，税务机关在三年内可以要求纳税人、扣缴义务人补缴税款，但是不得加收滞纳金。

(2) 因纳税人、扣缴义务人计算错误等失误，未缴或者少缴税款的，税务机关在三年内可以追征税款、滞纳金；有特殊情况的，追征期可以延长到五年。

(3) 对偷税、抗税、骗税的，税务机关追征其未缴或者少缴的税款、滞纳金或者所骗取的税款，不受上述规定期限的限制。

10. 税款缴入国库的规定

(1) 国家税务局和地方税务局应当按照国家规定的税收征收管理范围和税款入库预算级次，将征收的税款缴入国库。

(2) 对审计机关、财政机关依法查出的税收违法行为，税务机关应当根据有关机关的决定、意见书，依法将应收的税款、滞纳金按照税款入库预算级次缴入国库，并将结果及时回复有关机关。

六、个体私营经济的税务检查与违法处罚

(一) 个体私营经济的税务检查

我国税务机关有权对个体私营经济进行下列税务检查：

(1) 检查纳税人的账簿、记账凭证、报表和有关资料，检查扣缴义务人代扣代缴、代收代缴税款账簿、记账凭证和有关资料；

(2) 到纳税人的生产、经营场所和货物存放地检查纳税人应纳税的商品、货物或者其他财产，检查扣缴义务人与代扣代缴、代收代缴税款有关的经营情况；

(3) 责成纳税人、扣缴义务人提供与纳税或者代扣代缴、代收代缴税款有关的文件、证明材料和有关资料；

(4) 询问纳税人、扣缴义务人与纳税或者代扣代缴、代收代缴税款有关的问题和情况；

(5) 到车站、码头、机场、邮政企业及其分支机构检查纳税人托运、邮寄应纳税商品、货物或者其他财产的有关单据、凭证和有关资料；

(6) 经县以上税务局(分局)局长批准，凭全国统一格式的检查存款账户许可证明，查询从事生产、经营的纳税人、扣缴义务人在银行或者其他金融机构的存款账户。税务机关在调查税收违法案件时，经设区的市、自治州以上税务局(分局)局长批准，可以查询案件涉嫌人员的储蓄存款。税务机关查询所获得的资料，不得用于税收以外的用途。

税务机关依法进行上述税务检查时，① 发现纳税人有逃避纳税义务行为，并有明显的

转移、隐匿其应纳税的商品、货物以及其他财产或者应纳税的收入的迹象的，可以按照规定的批准权限采取税收保全措施或者强制执行措施。纳税人、扣缴义务人必须接受税务机关依法进行的税务检查，如实反映情况，提供有关资料，不得拒绝、隐瞒。② 有权向有关单位和个人调查与纳税或者代扣代缴、代收代缴税款有关的情况，有关单位和个人有义务向税务机关如实提供有关资料及证明材料。③ 如果是调查税务违法案件，税务机关可以记录、录音、录像、照相和复制与案件有关的情况和资料。④ 税务机关派出的人员应当出示税务检查证和税务检查通知书，并有责任为被检查人保守秘密；未出示税务检查证和税务检查通知书的，被检查人有权拒绝检查。

(二) 对个体私营经济税收违法行为的处罚

我国对个体私营经济税收违法行为的处罚主要包括以下内容：

(1) 轻微违法行为的处罚。纳税人有下列行为之一的，由税务机关责令限期改正，可以处二千元以下的罚款；情节严重的，处二千元以上一万元以下的罚款：① 未按照规定的期限申报办理税务登记、变更或者注销登记的；② 未按照规定设置、保管账簿或者保管记账凭证和有关资料的；③ 未按照规定将财务、会计制度或者财务、会计处理办法和会计核算软件报送税务机关备查的；④ 未按照规定将其全部银行账号向税务机关报告的；⑤ 未按照规定安装、使用税控装置，或者损毁或者擅自改动税控装置的。

(2) 对不按规定办理税务登记的处罚。纳税人不办理税务登记的，由税务机关责令限期改正；逾期不改正的，经税务机关提请，由工商行政管理机关吊销其营业执照；纳税人未按照规定使用税务登记证件，或者转借、涂改、损毁、买卖、伪造税务登记证件的，处二千元以上一万元以下的罚款；情节严重的，处一万元以上五万元以下的罚款。

(3) 对违法印制发票的处罚。违反规定，非法印制发票的，由税务机关销毁非法印制的发票，没收违法所得和作案工具，并处一万元以上五万元以下的罚款；构成犯罪的，依法追究刑事责任。

(4) 偷漏税的处罚。① 纳税人伪造、变造、隐匿、擅自销毁账簿、记账凭证，或者在账簿上多列支出或者不列、少列收入，或者经税务机关通知申报而拒不申报或者进行虚假的纳税申报，不缴或者少缴应纳税款的，是偷税。对纳税人偷税的，由税务机关追缴其不缴或者少缴的税款、滞纳金，并处不缴或者少缴的税款百分之五十以上五倍以下的罚款；构成犯罪的，依法追究刑事责任。② 扣缴义务人采取上述所列手段，不缴或者少缴已扣、已收税款，由税务机关追缴其不缴或者少缴的税款、滞纳金，并处不缴或者少缴的税款百分之五十以上五倍以下的罚款；构成犯罪的，依法追究刑事责任。③ 纳税人、扣缴义务人编造虚假计税依据的，由税务机关责令限期改正，并处五万元以下的罚款。④ 纳税人不进行纳税申报，不缴或者少缴应纳税款的，由税务机关追缴其不缴或者少缴的税款、滞纳金，并处不缴或者少缴的税款百分之五十以上五倍以下的罚款。⑤ 纳税人欠缴应纳税款，采取转移或者隐匿财产的手段，妨碍税务机关追缴欠缴的税款的，由税务机关追缴欠缴的税款、滞纳金，并处欠缴税款百分之五十以上五倍以下的罚款；构成犯罪的，依法追究刑事责任。

(5) 骗税的处罚。① 以假报出口或者其他欺骗手段，骗取国家出口退税款，由税务机关追缴其骗取的退税款，并处骗取税款一倍以上五倍以下的罚款；构成犯罪的，依法追究刑事责任。② 对骗取国家出口退税款的，税务机关可以在规定期间内停止为其办理出口退税。

(6) 抗税的处罚。以暴力、威胁方法拒不缴纳税款的，是抗税，除由税务机关追缴其拒缴的税款、滞纳金外，依法追究刑事责任。情节轻微，未构成犯罪的，由税务机关追缴其拒缴的税款、滞纳金，并处拒缴税款一倍以上五倍以下的罚款。

(7) 追缴税款。① 纳税人、扣缴义务人在规定期限内不缴或者少缴应纳或者应解缴的税款，经税务机关责令限期缴纳，逾期仍未缴纳的，税务机关除依照法律规定采取强制执行措施追缴其不缴或者少缴的税款外，可以处不缴或者少缴的税款百分之五十以上五倍以下的罚款。② 扣缴义务人应扣未扣、应收而不收税款的，由税务机关向纳税人追缴税款，对扣缴义务人处应扣未扣、应收未收税款百分之五十以上三倍以下的罚款。

(8) 纳税人、扣缴义务人涉嫌犯罪的，税务机关应当依法移交司法机关追究刑事责任。

(9) 阻挠税务机关检查的处罚。① 纳税人、扣缴义务人逃避、拒绝或者以其他方式阻挠税务机关检查的，由税务机关责令改正，可以处一万元以下的罚款；情节严重的，处一万元以上五万元以下的罚款；拒不接受税务机关处理的，税务机关可以收缴其发票或者停止向其发售发票。② 纳税人、扣缴义务人的开户银行或者其他金融机构拒绝接受税务机关依法检查纳税人、扣缴义务人存款账户，或者拒绝执行税务机关作出的冻结存款或者扣缴税款的决定，或者在接到税务机关的书面通知后帮助纳税人、扣缴义务人转移存款，造成税款流失的，由税务机关处十万元以上五十万元以下的罚款，对直接负责的主管人员和其他直接责任人员处一千元以上一万元以下的罚款。

案　例

上海破获 2.88 亿出口骗税案

2012 年 1 月，上海海关在对某公司出口至香港的电容、二极管和按摩棒等商品进行数据查询时，发现其申报价格高于同类商品国内实际零售价数十倍。扩大风险分析范围后，发现还有 5 家企业自 2009 年起均以相同的手法申报出口上述商品。经查，上述涉案的 6 家公司以 4.5%～5.5% 的费用购买增值税专用发票，并以高于同类产品数十倍的价格将电容、二极管和按摩棒等涉案货物申报出口至香港等地，随后雇佣"水客"再将出口至香港的电子元器件走私入境，循环往复骗取出口退税。

2012 年 5 月 7 日，上海海关与上海市公安局宣布，双方携手破获这起特大出口骗退税案件，案值 2.88 亿元人民币，涉嫌骗取退税 4200 余万元，已抓获犯罪嫌疑人 10 名。

资料来源： 施玫. 上海破 2.88 亿出口骗税案[N]. 人民日报海外版，[2012-5-8].

第三节　我国主要税种

一、增值税

增值税是对销售货物或者提供加工、修理、修配劳务以及进口货物的单位和个人就其实现的增值额征收的税种。增值税已经成为中国最主要的税种之一。2010 年，国内增值税的收入为 21093.48 亿元，占当年中国全部税收的 28.8%，是最大的税种。

(一) 纳税人

我国增值税的纳税人包括在中国境内销售、进口货物，提供加工、修理、修配劳务(以下简称应税劳务)的各类企业、单位、个体经营者和其他个人。

(二) 税目、税率

我国增值税税率分为三档：一般纳税人：17%、13%，小规模纳税人：3%，出口货物：适用零税率。具体内容如表 7-1 所示。

表 7-1　增值税税目、税率

税　目	税　率
1. 出口货物(国务院另有规定的除外)	0%
2. 销售或者进口下列货物：粮食、食用植物油，自来水、暖气、冷气、热水、煤气、石油液化气、天然气、沼气、居民用煤炭制品，图书、报纸、杂志，饲料、化肥、农药、农机、农膜，国务院规定的其他货物	13%
3. 销售或者进口货物(除上述商品外)	17%
4. 提供加工、修理修配劳务(以下称应税劳务)	17%

(三) 计税方法

一般纳税人在计算应纳增值税税额的时候，先分别计算其当期销项税额和进项税额，然后以销项税额抵扣进项税额后的余额为实际应纳税额。应纳税额计算公式：

$$应纳税额 = 当期销项税额 - 当期进项税额$$

其中，增值税的销项税额是指，对于增值税纳税人销售货物和应交税劳务，按照销售额和适用税率计算并向购买方收取的增值税税额，当期销项税额 = 当期销售额 × 适用税率；进项税额是指当期购进货物或应税劳务缴纳的增值税税额。

(四) 免税规定

农业生产单位和个人销售的自产初级农业产品；来料加工复出口的货物；国家鼓励发展的外商投资项目和国内投资项目的投资总额之内进口的自用设备；避孕药品和用具；向社会收购的古旧图书；直接用于科学研究和教学的进口仪器、设备；外国政府、国际组织无偿援助的进口物资和设备；残疾人组织直接进口的供残疾人专用的物品，可以免征增值税。

二、营业税

营业税是对在我国境内提供应税劳务、转让无形资产或销售不动产的单位和个人，就其所取得的营业额征收的一种税。营业税是中国最主要的税种之一。2010 年，国内营业税的收入为 11157.91 亿元，约占当年中国全部税收的 15.2%。

(一) 纳税人

我国营业税的纳税人包括在中国境内提供应税劳务、转让无形资产和销售不动产的各类企业、单位、个体经营者和其他个人。

(二) 税目、税率

我国营业税税目、税率如表 7-2 所示。

表7-2　营业税税目、税率

税　　目	税　　率
1. 交通运输业	3%
2. 建筑业	3%
3. 金融保险业	5%
4. 邮电通信业	3%
5. 文化体育业	3%
6. 娱乐业	5%～20%
7. 服务业	5%
8. 转让无形资产	5%
9. 销售不动产	5%

(三) 计税方法

营业税的应纳税额按照营业额和规定的适用税率计算。除规定情况外，纳税人的营业额为纳税人提供应税劳务、转让无形资产或者销售不动产收取的全部价款和价外费用。应纳税额计算公式：

$$应纳税额 = 营业额 \times 适用税率$$

(四) 免税规定

托儿所、幼儿园、养老院、残疾人福利机构提供的育养服务，婚姻介绍，殡葬服务；残疾人员个人为社会提供的劳务；医院、诊所和其他医疗机构提供的医疗服务；学校和其他教育机构提供的教育劳务，学生勤工俭学提供的劳务；农业机耕、排灌、病虫害防治、植物保护、农牧业保险以及相关的技术培训业务，家禽、牲畜、水生动物的配种和疾病防治；纪念馆、博物馆、文化馆、美术馆、展览馆、书画院、图书馆、文物保护单位举办文化活动的门票收入，宗教场所举办文化、宗教活动的门票收入，可以免征营业税。

三、个人所得税

个人所得税是对从中国境内或境外取得的所得征收的一种税。个人所得税已经成为中国最主要的税种之一。2010 年，我国个人所得税为 4837.27 亿元，占当年全部税收的 6.6%。

(一) 纳税人

个人所得税的纳税人包括在中国境内有住所，或者无住所而在境内居住满一年，并从中国境内和境外取得所得的个人；在中国境内无住所又不居住或者无住所而在境内居住不满一年，但从中国境内取得所得的个人。

(二) 税目、税率

下列各项个人所得，应缴纳个人所得税：① 工资、薪金所得；② 个体工商户的生产、经营所得；③ 对企事业单位的承包经营、承租经营所得；④ 劳务报酬所得；⑤ 稿酬所得；⑥ 特许权使用费所得；⑦ 利息、股息、红利所得；⑧ 财产租赁所得；⑨ 财产转让所得；⑩ 偶然所得；⑪ 经国务院财政部门确定征税的其他所得。

不同类型的个人所得，其税率规定不同。具体如下：

(1) 工资、薪金所得：适用超额累进税率，税率为 3%～45%，具体内容见表 7-3。

表7-3　个人所得税税率(工资、薪金所得适用)

级数	全月应纳税所得额	税率(%)
1	不超过1500元的	3
2	超过1500元至4500元的部分	10
3	超过4500元至9000元的部分	20
4	超过9000元至35000元的部分	25
5	超过35000元至55000元的部分	30
6	超过55000元至80000元的部分	35
7	超过80000元的部分	45

注：表 7-2 所称全月应纳税所得额是指依照规定，以每月收入额减除费用3500元以及附加减除费用后的余额。

(2) 生产、经营所得和对企事业单位的承包经营、承租经营所得：适用 5%～35%的超额累进税率，具体内容见表 7-4。

表7-4　个人所得税税率

(个体工商户的生产、经营所得和对企事业单位的承包经营、承租经营所得适用)

级数	全年应纳税所得额	税率(%)
1	不超过1500元的	5
2	超过15000元至30000元的部分	10
3	超过30000元至60000元的部分	20
4	超过60000元至100000元的部分	30
5	超过100000元的部分	35

注：本表所称全年应纳税所得额是指依照规定，以每一纳税年度的收入总额减除成本、费用以及损失后的余额。

(3) 稿酬所得：适用比例税率，税率为 20%，并按应纳税额减征 30%。

(4) 劳务报酬所得：适用比例税率，税率为 20%。对劳务报酬所得一次收入畸高的，可以实行加成征收，具体办法由国务院规定。

(5) 特许权使用费所得：利息、股息、红利所得，财产租赁所得，财产转让所得，偶然所得和其他所得，适用比例税率，税率为 20%。

(三) 计税方法

个人所得税的应纳税额按照应纳税所得额和规定的适用税率计算。应纳税额计算公式：

$$应纳税额 = 应纳税所得额 \times 适用税率$$

上述公式中，对应不同类型的收入，其应纳税所得额是不同的，具体如下：

(1) 工资、薪金所得：以每月收入额减除费用 3500 元后的余额，为应纳税所得额。

(2) 个体工商户的生产、经营所得：以每一纳税年度的收入总额减除成本、费用以及损失后的余额，为应纳税所得额。

(3) 对企事业单位的承包经营、承租经营所得：以每一纳税年度的收入总额，减除必要费用后的余额，为应纳税所得额。

(4) 劳务报酬、稿酬、特许权使用费、财产租赁所得：每次收入不超过 4000 元的，减除费用 800 元；4000 元以上的，减除 20% 的费用，其余额为应纳税所得额。

(5) 财产转让所得：以转让财产的收入额减除财产原值和合理费用后的余额，为应纳税所得额。

(6) 利息、股息、红利所得：偶然所得和其他所得，以每次收入额为应纳税所得额。其中，对储蓄存款利息所得开征、减征、停征个人所得税及其具体办法，由国务院规定。

另外，个人将其所得用于教育事业和其他公益事业捐赠的部分，按照国务院有关规定从应纳税所得中扣除。

(四) 减免税规定

有下列情形之一的，经批准可以减征个人所得税：

(1) 残疾、孤老人员和烈属的所得；

(2) 因严重自然灾害造成重大损失的；

(3) 其他经国务院财政部门批准减税的。

下列各项个人所得，免纳个人所得税：

(1) 省级人民政府、国务院部委和中国人民解放军军以上单位，以及外国组织、国际组织颁发的科学、教育、技术、文化、卫生、体育、环境保护等方面的奖金；

(2) 国债和国家发行的金融债券利息；

(3) 按照国家统一规定发给的补贴、津贴；

(4) 福利费、抚恤金、救济金；

(5) 保险赔款；

(6) 军人的转业费、复员费；

(7) 按照国家统一规定发给干部、职工的安家费、退职费、退休工资、离休工资、离休生活补助费；

(8) 依照我国有关法律规定应予免税的各国驻华使馆、领事馆的外交代表、领事官员和其他人员的所得；

(9) 中国政府参加的国际公约、签订的协议中规定免税的所得；

(10) 经国务院财政部门批准免税的所得。

名词解释

　　个体私营经济的税收管理　个体私营经济的税收征收管理　税务登记　纳税申报　税款征收　增值税　营业税　个人所得税

复 习 题

1. 个体私营经济税收管理的具体内容包括哪些？
2. 个体私营经济税收管理部门有哪些？它们的职责分别是什么？
3. 我国关于税务登记管理的具体规定包括哪些？
4. 我国关于个体私营经济账簿、凭证管理的具体规定包括哪些？
5. 我国关于个体私营经济纳税申报管理的具体规定包括哪些？
6. 我国关于个体私营经济税款征收的具体规定包括哪些？
7. 我国税务机关对个体私营经济的税务检查包括哪些？
8. 什么是增值税？其纳税人包括哪些？其税率分别是多少？
9. 什么是营业税？其纳税人包括哪些？其税率分别是多少？
10. 什么是个人所得税？其纳税人包括哪些？其税率分别是多少？

扩展阅读

我国分税制改革

一、分税制

　　分税制是按税种划分中央和地方收入来源的一种财政管理体制。实行分税制，要求按照税种实现"三分"：即分权、分税、分管。所以，分税制实质上就是为了有效地处理中央政府和地方政府之间的事权和财权关系，通过划分税权，将税收按照税种划分为中央税、地方税(有时还有共享税)两大税类进行管理而形成的一种财政管理体制。

　　实行分税制是市场经济国家的一般惯例。市场竞争要求财力相对分散，而宏观调控又要求财力相对集中，这种集中与分散的关系问题，反映到财政管理体制上就是中央政府与地方政府之间的集权与分权的关系问题。从历史上看，每个国家在其市场经济发展的过程中都曾遇到过这个问题，都曾经过反复的探讨和实践；从现状看，不论采取什么形式的市场经济的国家，一般都是采用分税制的办法来解决中央集权与地方分权问题的。1994年，我国开始实施分税制财政管理体制，这对于理顺中央与地方的分配关系，调动中央、地方两个积极性，加强税收征管，保证财政收入和增强宏观调控能力，都发挥了积极作用。

二、我国分税制改革的背景

我国分税制改革是建立社会主义市场经济体制的要求，是国家财力不断削弱，中央财政难以为继的要求。

(1) 1992 年，党的十四大提出建立社会主义市场经济体制，构建间接宏观调控体系，这就要求在财政体制框架方面从原来的行政性分权转变到经济性分权，建立与市场经济相适应的财政体制。

(2) 改革开放以来，我国财政收入占 GDP 的比重不断下降，由 1986 年的 20.65%滑落到 1993 年的 12.31%，大约每年下降 1%；国家财政赤字逐年增加，1986 年的财政赤字为 82.90 亿元，到 1993 年已达 293.35 亿元。国家债务负担持续加重，国家发行公债从 1986 年 138.25 亿元扩大到 1993 年的 739.22 亿元。

(3) 自 1980 年我国财政实行包干体制以来，中央财政收入占全国财政收入的比重不断下降，从 1984 年的 40.5%下降为 1993 年的 22%。到 20 世纪 90 年代初，中央财政已难以为继，先后三次向地方借款，这严重削弱了中央政府对宏观经济的调控能力，迫使中央下定决心改革财政体制。

三、我国分税制改革的具体内容

1994 年，根据事权与财权相结合的原则，我国改革当时的财政包干制，将税种统一划分为中央税、地方税、中央与地方共享税，建起了中央和地方两套税收管理制度，并分设中央与地方两套税收机构分别征管；在核定地方收支数额的基础上，实行了中央财政对地方财政的税收返还和转移支付制度，成功地实现了中央与地方的"分灶吃饭"。

(一) 中央与地方事权和支出的划分

中央政府与地方政府的事权和支出分别是：

(1) 中央财政主要承担国家安全、外交和中央国家机关运转所需经费，调整国民经济结构、协调地区发展、实施宏观调控所必需的支出以及由中央直接管理的事业发展支出。具体包括：国防费，武警经费，外交和援外支出，中央级行政管理费，中央统管的基本建设投资，中央直属企业的技术改造和新产品试制费，地质勘探费，由中央财政安排的支农支出，由中央负担的国内外债务的还本付息支出，以及中央本级负担的公检法支出和文化、教育、卫生、科学等各项事业费支出。

(2) 地方财政主要承担本地区政权机关运转所需支出以及本地区经济、事业发展所需支出。具体包括：地方行政管理费，公检法支出，部分武警经费，民兵事业费，地方统筹的基本建设投资，地方企业的技术改造和新产品试制经费，支农支出，城市维护和建设经费，地方文化、教育、卫生等各项事业费，价格补贴支出以及其他支出。

(二) 中央与地方收入的划分

在划分了事权后，根据事权与财权相结合的原则，按税种划分中央与地方收入。将维护国家权益、实施宏观调控所必需的税种划为中央税；将同经济发展直接相关的主要税种划为中央与地方共享税；将适合地方征管的税种划为地方税，并充实地方税税种，增加地方税收入。具体划分如下：

(1) 中央固定收入包括：关税，海关代征消费税和增值税、消费税，中央企业所得税，地方银行和外资银行及非银行金融企业所得税，铁道部门、各银行总行、各保险总公司等集中交纳的收入(包括营业税、所得税、利润和城市维护建设税)，中央企业上交利润等。外贸企业出口退税，除 1993 年地方已经负担的 20%部分列入地方上交中央基数外，以后发生的出口退税全部由中央财政负担。

(2) 地方固定收入包括：营业税(不含铁道部门、各银行总行、各保险总公司集中交纳的营业税)，地方企业所得税(不含上述地方银行和外资银行及非银行金融企业所得税)，地方企业上交利润，个人所得税，城镇土地使用税，固定资产投资方向调节税，城市维护建设税(不含铁道部门、各银行总行、各保险总公司集中交纳的部分)，房产税，车船使用税，印花税，屠宰税，农牧业税，对农业特产收入征收的税(简称农业特产税)，耕地占用税，契税，遗产和赠予税，土地增值税，国有土地有偿使用收入等。

(3) 中央与地方共享收入包括：增值税、资源税、证券交易税。增值税中央分享 75%，地方分享 25%。资源税按不同的资源品种划分，大部分资源税作为地方收入，海洋石油资源税作为中央收入。证券交易税，中央与地方各分享 50%。

(三) 中央财政对地方税收返还数额的确定

为了保持现有地方既得利益格局，逐步达到改革的目标，中央财政对地方税收返还数额以 1993 年为基期年核定。按照 1993 年地方实际收入以及税制改革和中央与地方收入划分情况，核定 1993 年中央从地方净上划的收入数额(即消费税+75%的增值税－中央下划收入)。1993 年中央净上划收入，全额返还地方，保证现有地方既得财力，并以此作为以后中央对地方税收返还基数。1994 年以后，税收返还额在 1993 年基数上逐年递增，递增率按 1:0.3 确定，即全国增值税和消费税平均每增长 1%，中央财政对地方的税收返还增长 0.3%。如若 1994 年以后中央净上划收入达不到 1993 年基数，则相应扣减税收返还数额。

另外，为使得分税制改革得以顺利实施，我国还出台了诸多配套改革和其他政策措施，具体包括：改革国有企业利润分配制度；同步进行税收管理体制改革，建立以增值税为主体的流转税体系，统一企业所得税制；改进预算编制办法，硬化预算约束；建立并规范国债市场；妥善处理原由省级政府批准的减免税政策问题；各地要进行分税制配套改革。

四、我国分税制改革的成果

分税制改革后，我国财政收入实现了快速增长。1993～2002 年，全国财政收入增长了 3.35 倍，年均增收 1618 亿元；地方财政收入同口径比较增长了 3.2 倍。全国财政收入占 GDP 的比重由 1993 年的 12.33%提高到 2004 年的 19.3%。

分税制改革还有力地保证了中央财政收入的稳定增长。实行分税制后，中央财政收入占全国财政收入的比重逐年提高，基本实现了改革的初衷。

分税制改革适应了社会主义市场经济发展的需要，还取得了积极的制度效应。一方面分税制财政管理体制的实施，逐步规范稳定了政府间财政关系，实现了财政体制的全国统一，为推动全国统一大市场的形成和发展提供了财政制度保障；另一方面，现行财政管理体制初步理顺了政府间的责权利关系，在政府间初步建立了各司其职、各负其责、各得其利的约束机制和费用分担、利益共享机制。特别是分税制改革强化了对地方的预算约束，提高了地方维持财政平衡、注重收支管理的主动性和自主性。

需要指出的是，1994 年的分税制改革虽然取得了一定的成绩，但也遗留了许多问题，例如省以下迟迟没有形成真正的分税制，导致上级政府可以单方面决定下级政府的收入分配模式，造成了地方政府财力逐渐向省、市级财政集中，县乡财政却日益困难的局面，而财权的层层向上集中，造成基层政府财权与事权高度不对称，不能有效履行各自的职能。为了促进本地经济社会发展，满足基本支出需要，地方政府不得不依靠"收费财政"和"土地财政"，产生更为严重的社会经济问题。

资料来源：许多奇. 我国分税制改革之宪政反思与前瞻[J]. 法商研究，2011(5).

第八章

个体私营经济的劳动管理

❖▩❖

　　本章首先介绍了个体私营经济劳动管理的概念、主要机构及其职责；其次，介绍了个体私营经济劳动管理的法律依据；最后介绍了个体私营经济劳动监察执法的内容以及对违反劳动法规行为的处罚。

▷▷▷▷▷▷▷▷▷▷▷▷▷▷▷▷▷▷▷▷▷▷▷▷▷

第一节　个体私营经济的劳动管理概述

一、个体私营经济劳动管理的概念和意义

　　所谓劳动管理就是指有关合理组织社会劳动和调整人们在社会劳动过程中的相互关系的各项管理工作的总称。个体私营经济的劳动管理就是有关合理组织个体私营经济体中的社会劳动和调整人们在这些社会劳动过程中的相互关系的各项管理工作的总称。

　　个体私营经济的劳动管理就其工作的对象和范围来讲，可以区分为宏观管理和微观管理两个层次。个体私营经济的宏观劳动管理是指国家对个体私营经济劳动用工的管理；个体私营经济的微观劳动管理是指个体私营经济实体内部对劳动的管理；二者相互渗透、相互交叉，有着不可分割的内在联系。本章侧重对个体私营经济的宏观劳动管理的讨论。

　　加强个体私营经济的劳动管理是一项十分重要的工作，它不仅密切关系着国民经济和社会发展，而且直接关系到广大群众的切身利益。做好这项工作，能够有效预防和减少劳动违法案件的发生，有利于保障劳动者的合法权益，调动群众的生产劳动积极性；有利于促进用人单位和劳动者之间建立和谐稳定的劳动关系，从而在全社会营造良好的法治环境，促进国民经济持续、稳定、协调地发展。

二、我国个体私营经济劳动管理的主要机构

　　对个体私营经济的劳动用工进行宏观管理，是我国各级政府组织管理国家经济和社会生活的一项重要内容。改革开放以来，我国已逐步形成适应市场经济的个体私营经济劳动管理体制。当前我国对个体私营经济的劳动用工进行宏观管理的机构主要包括人力资源和

社会保障部门、国家安全生产监督管理部门等。

(一) 人力资源和社会保障部门

建国以来，我国进行宏观劳动管理的机构设置经历几次大的变动。1949 年 11 月，中央人民政府成立劳动部，主管全国的劳动行政事务。1970 年 6 月，劳动部与国家计划委员会、国家经济委员会等部门合并成立国家计委劳动局。1975 年 9 月，又成立了国家劳动总局，作为国务院直属机构。1982 年 5 月，根据五届人大常委会第 23 次会议通过的《关于国务院部委机构改革实施方案的决议》，国家劳动总局、国家人事局、国家编制委员会、国务院科技干部局等机构合并，组成劳动人事部。1988 年 4 月，根据七届人大一次会议批准的《国务院机构改革方案》，撤销劳动人事部，成立了新的劳动部。1998 年 3 月，改组为劳动和社会保障部。2008 年 3 月，根据第十一届全国人民代表大会第一次会议通过的《国务院机构改革方案》，劳动保障部与人事部合并组成人力资源和社会保障部。

我国劳动法规定，县级以上各级人民政府劳动管理部门依法对用人单位遵守劳动法律、法规的情况进行监督检查，对违反劳动法律、法规的行为有权制止，并责令改正。现在，由原劳动保障部门与原人事部门合并组成的人力资源和社会保障部门承担了原劳动部门监管劳动违法行为的职责，成为我国进行宏观劳动管理的主管机构，其主要职责如下：

(1) 拟订人力资源和社会保障事业发展规划、政策，起草人力资源和社会保障法律法规草案，制定部门规章，并组织实施和监督检查。

(2) 拟订人力资源市场发展规划和人力资源流动政策，建立统一规范的人力资源市场，促进人力资源合理流动、有效配置。

(3) 负责促进就业工作，拟订统筹城乡的就业发展规划和政策，完善公共就业服务体系，拟订就业援助制度，完善职业资格制度，统筹建立面向城乡劳动者的职业培训制度，牵头拟订高校毕业生就业政策，会同有关部门拟订高技能人才、农村实用人才培养和激励政策。

(4) 统筹建立覆盖城乡的社会保障体系。统筹拟定城乡社会保险及其补充保险政策和标准，组织拟订社会保险关系转续办法和基础养老金统筹办法，会同有关部门拟订社会保险及其补充保险基金管理和监督制度，编制全国保险基金预决算草案，参与制定社会保障基金投资政策。

(5) 负责就业、失业、社会保险基金预测预警和信息引导，拟订应对预案，实施预防、调节和控制，保持就业形势稳定和社会保险基金总体收支平衡。

(6) 建立工资正常增长和支付保障机制，拟订福利和离退休政策。

(7) 参与人才管理工作，制定专业技术人员管理和继续教育政策，牵头推进深化职称制度改革工作，负责高层次专业技术人才选拔和培养工作，拟订吸引国(境)外专家、留学人员来华(回国)工作或定居政策。

(8) 会同有关部门拟订农民工工作综合性政策和规划，推动农民工相关政策的落实，协调解决重点难点问题，维护农民工合法权益。

(9) 统筹拟订劳动、人事争议调节仲裁制度和劳动关系政策，完善劳动关系协调机制，制定消除非法使用童工政策和女工、未成年工的特殊劳动保护政策，组织实施劳动监察，协调劳动者维权工作，依法查处重大案件。

(二) 安全生产监督管理部门

安全生产关系到广大劳动者生命财产安全，我国对安全生产进行综合监督执法的机构是安全生产监督管理部门。2005 年，为强化安全生产的监督执法，促进安全生产形势的稳定好转，国务院进一步调整设立国家安全生产监督管理总局(正部级)，指导协调和监督管理全国的安全生产工作。地方各级安全生产监督管理部门则负责指导协调和监督管理本行政区的安全生产工作。

安全生产监督管理部门通过生产安全的监管保障劳动者权益，其具体承担的主要职责如下：

(1) 组织起草安全生产综合性法律法规草案，拟订安全生产政策和规划，指导协调安全生产工作，分析和预测安全生产形势，发布安全生产信息，协调解决安全生产中的重大问题。

(2) 承担安全生产综合监督管理责任，依法行使综合监督管理职权，指导协调、监督检查安全生产工作，监督考核并通报安全生产控制指标执行情况，监督事故查处和责任追究落实情况。

(3) 承担工矿商贸行业安全生产监督管理责任，按照分级、属地原则，依法监督检查工矿商贸生产经营单位贯彻执行安全生产法律法规情况及其安全生产条件和有关设备(特种设备除外)、材料、劳动防护用品的安全生产管理工作，负责监督管理工矿商贸企业安全生产工作。

(4) 承担非煤矿矿山企业和危险化学品、烟花爆竹生产企业安全生产准入管理责任，依法组织并指导监督实施安全生产准入制度；负责危险化学品安全监督管理综合工作和烟花爆竹安全生产监督管理工作。

(5) 承担工矿商贸作业场所职业卫生监督检查责任，负责职业卫生安全许可证的颁发管理工作，组织查处职业危害事故和违法违规行为。

(6) 制定和发布工矿商贸行业安全生产规章、标准和规程并组织实施，监督检查重大危险源监控和重大事故隐患排查治理工作，依法查处不具备安全生产条件的工矿商贸生产经营单位。

(7) 负责组织安全生产大检查和专项督查，根据授权，依法组织特别重大事故调查处理和办理结案工作，监督事故查处和责任追究落实情况。

(8) 负责组织指挥和协调安全生产应急救援工作，综合管理生产安全伤亡事故和安全生产行政执法统计分析工作。

(9) 负责综合监督管理煤矿安全监察工作，拟订煤炭行业管理中涉及安全生产的重大政策，按规定制定煤炭行业规范和标准，指导煤炭企业安全标准化、相关科技发展和煤矿整顿关闭工作，对重大煤炭建设项目提出意见，会同有关部门审核煤矿安全技术改造和瓦斯综合治理与利用项目。

(10) 负责监督检查职责范围内新建、改建、扩建工程项目的安全设施与主体工程同时设计、同时施工、同时投产使用情况。

(11) 组织指导并监督特种作业人员的考核工作和工矿商贸生产经营单位主要负责人、安全生产管理人员的安全资格考核工作，监督检查工矿商贸生产经营单位安全生产和职业安全培训工作。

(12) 指导协调安全生产检测检验工作，监督管理安全生产社会中介机构和安全评价工作，监督和指导注册安全工程师执业资格考试和注册管理工作。

(13) 指导协调和监督安全生产行政执法工作。

(14) 组织拟订安全生产科技规划，指导协调安全生产重大科学技术研究和推广工作。

第二节 个体私营经济劳动管理的法律依据

劳动法，从广义上讲，是调整劳动关系以及与劳动关系密切联系的社会关系的法律规范总称；从狭义上讲，是指 1994 年 7 月 5 日八届人大通过，1995 年 1 月 1 日起施行的《中华人民共和国劳动法》。劳动法既是我国调整劳动关系、保护劳动者合法权益的法律法规，同时也是我国进行劳动管理的法律依据。劳动法的主要内容包括：劳动者的主要权利和义务、劳动就业方针政策和规定、劳动合同和集体合同签订、执行办法、工作时间和休息休假制度、工资制度、劳动安全卫生规定、女职工和未成年工特殊保护、职业培训办法、社会保险和福利制度、劳动争议解决办法等。

一、劳动者的劳动权利和义务

(一) 关于权利的规定

(1) 劳动者的基本权利。劳动者享有平等就业和选择职业的权利、取得劳动报酬的权利、休息休假的权利、获得劳动安全卫生保护的权利、接受职业技能培训的权利、享受社会保险和福利的权利、提请劳动争议处理的权利以及法律规定的其他劳动权利。

(2) 劳动者有权依法参加和组织工会。工会代表和维护劳动者的合法权益，依法独立自主地开展活动。

(3) 劳动者有权参与管理。劳动者依照法律规定，通过职工大会、职工代表大会或者其他形式，参与民主管理或者就保护劳动合法权益与用人单位进行平等协商。

(4) 劳动者就业，不因民族、种族、性别、宗教信仰不同而受歧视。

(5) 妇女享有与男子平等的就业权利。在录用职工时，除国家规定的不适合妇女的工种或者岗位外，不得以性别为由拒绝录用妇女或者提高对妇女的录用标准。

(6) 残疾人、少数民族人员、退出现役的军人的就业，法律、法规有特别规定的，从其规定。

(7) 禁止用人单位招用未满十六周岁的未成年人。文艺、体育和特种工艺单位招用未满十六周岁的未成年人，必须依照国家有关规定，履行审批手续，并保障其接受义务教育的权利。

(二) 关于义务的规定

劳动者应当完成劳动任务，提高职业技能，执行劳动安全卫生规程，遵守劳动纪律和职业道德。

(三) 其他规定

(1) 用人单位应当依法建立和完善规章制度，保障劳动者享有劳动权利和履行劳动义务。

(2) 国家采取各种措施，促进劳动就业，发展职业教育，制定劳动标准，调节社会收入，完善社会保险，协调劳动关系，逐步提高劳动者的生活水平。

(3) 国家提倡劳动者参加义务劳动，开展劳动竞赛和合理化建议活动，鼓励和保护劳动者进行科学研究、技术革新和发明创造，表彰和奖励劳动模范和先进工作者。

二、劳动合同

(一) 劳动合同的订立

(1) 劳动合同是劳动者与用人单位确立劳动关系、明确双方权利和义务的协议。建立劳动关系应当订立劳动合同。

(2) 订立和变更劳动合同，应当遵循平等自愿、协商一致的原则，不得违反法律、行政法规的规定。

(3) 劳动合同依法订立即具有法律约束力，当事人必须履行劳动合同规定的义务。

(4) 下列劳动合同无效或者部分无效：① 以欺诈、胁迫的手段或者乘人之危，使对方在违背真实意思的情况下订立或者变更劳动合同的；② 用人单位免除自己的法定责任、排除劳动者权利的；③ 违反法律、行政法规强制性规定的。 对劳动合同的无效或者部分无效有争议的，由劳动争议仲裁机构或者人民法院确认。

(5) 劳动合同应当以书面形式订立，并具备以下条款：① 用人单位的名称、住所和法定代表人或者主要负责人；② 劳动者的姓名、住址和居民身份证或者其他有效身份证件号码；③ 劳动合同期限；④ 工作内容和工作地点；⑤ 工作时间和休息休假；⑥ 劳动报酬；⑦ 社会保险；⑧ 劳动保护、劳动条件和职业危害防护；⑨ 法律、法规规定应当纳入劳动合同的其他事项。 劳动合同除上述必备条款外，用人单位与劳动者可以约定试用期、培训、保守秘密、补充保险和福利待遇等其他事项。

(二) 劳动合同的解除

(1) 经劳动合同当事人协商一致，劳动合同可以解除。

(2) 劳动者提前三十日以书面形式通知用人单位，可以解除劳动合同。劳动者在试用期内提前三日通知用人单位，可以解除劳动合同。

(3) 用人单位有下列情形之一的，劳动者可以解除劳动合同：① 未按照劳动合同约定提供劳动保护或者劳动条件的；② 未及时足额支付劳动报酬的；③ 未依法为劳动者缴纳社会保险费的；④ 用人单位的规章制度违反法律、法规的规定，损害劳动者权益的；⑤ 法律规定的无效劳动合同；⑥ 法律、行政法规规定劳动者可以解除劳动合同的其他情形。

用人单位以暴力、威胁或者非法限制人身自由的手段强迫劳动者劳动的，或者用人单位违章指挥、强令冒险作业危及劳动者人身安全的，劳动者可以立即解除劳动合同，不需事先告知用人单位。

(4) 劳动者有下列情形之一的，用人单位可以解除劳动合同：① 在试用期间被证明不符合录用条件的；② 严重违反用人单位的规章制度的；③ 严重失职，营私舞弊，给用人单位造成重大损害的；④ 劳动者同时与其他用人单位建立劳动关系，对完成本单位的工作任务造成严重影响，或者经用人单位提出，拒不改正的；⑤ 因欺诈等致使劳动合同无效的；⑥ 被依法追究刑事责任的。

(5) 有下列情形之一的，用人单位提前三十日以书面形式通知劳动者本人或者额外支付劳动者一个月工资后，可以解除劳动合同：① 劳动者患病或者非因工负伤，在规定的医疗期满后不能从事原工作，也不能从事由用人单位另行安排的工作的；② 劳动者不能胜任工作，经过培训或者调整工作岗位，仍不能胜任工作的；③ 劳动合同订立时所依据的客观情况发生重大变化，致使劳动合同无法履行，经用人单位与劳动者协商，未能就变更劳动合同内容达成协议的。

(6) 有下列情形之一，用人单位可以裁减人员需要裁减人员二十人以上或者裁减不足二十人但占企业职工总数百分之十以上的，用人单位提前三十日向工会或者全体职工说明情况，听取工会或者职工的意见后，裁减人员方案经向劳动管理部门报告，方可进行：① 依照企业破产法规定进行重整的；② 生产经营发生严重困难的；③ 企业转产、重大技术革新或者经营方式调整，经变更劳动合同后，仍需裁减人员的；④ 其他因劳动合同订立时所依据的客观经济情况发生重大变化，致使劳动合同无法履行的。

裁减人员时，应当优先留用下列人员：① 与本单位订立较长期限的固定期限劳动合同的；② 与本单位订立无固定期限劳动合同的；③ 家庭无其他就业人员，有需要扶养的老人或者未成年人的。

(7) 劳动者有下列情形之一的，用人单位不得解除劳动合同：① 从事接触职业病危害作业的劳动者未进行离岗前职业健康检查，或者疑似职业病病人在诊断或者医学观察期间的；② 在本单位患职业病或者因工负伤并被确认丧失或者部分丧失劳动能力的；③ 患病或者非因工负伤，在规定的医疗期内的；④ 女职工在孕期、产期、哺乳期的；⑤ 在本单位连续工作满十五年，且距法定退休年龄不足五年的；⑥ 法律、行政法规规定的其他情形。

(8) 用人单位单方解除劳动合同，应当事先将理由通知工会。用人单位违反法律、行政法规规定或者劳动合同约定的，工会有权要求用人单位纠正。用人单位应当研究工会的意见，并将处理结果书面通知工会。

(9) 有下列情形之一的，劳动合同终止：① 劳动合同期满的；② 劳动者开始依法享受基本养老保险待遇的；③ 劳动者死亡，或者被人民法院宣告死亡或者宣告失踪的；④ 用人单位被依法宣告破产的；⑤ 用人单位被吊销营业执照、责令关闭、撤销或者用人单位决定提前解散的；⑥ 法律、行政法规规定的其他情形。

(10) 解除劳动合同，用人单位应当依法向劳动者支付经济补偿。经济补偿按劳动者在本单位工作的年限，每满一年支付一个月工资的标准向劳动者支付。六个月以上不满一年的，按一年计算；不满六个月的，向劳动者支付半个月工资的经济补偿。

劳动者月工资高于用人单位所在直辖市、设区的市级人民政府公布的本地区上年度职工月平均工资三倍的，向其支付经济补偿的标准按职工月平均工资三倍的数额支付，向其支付经济补偿的年限最高不超过十二年。这里的月工资是指劳动者在劳动合同解除或者终止前十二个月的平均工资。

(11) 继续履行劳动合同。用人单位违反规定解除或者终止劳动合同，劳动者要求继续履行劳动合同的，用人单位应当继续履行；劳动者不要求继续履行劳动合同或者劳动合同已经不能继续履行的，用人单位应当依规定支付赔偿金。

(12) 终止劳动合同需履行相关手续。用人单位应当在解除或者终止劳动合同时出具解除或者终止劳动合同的证明，并在十五日内为劳动者办理档案和社会保险关系转移手续。劳动者应当按照双方约定，办理工作交接。用人单位依规定应当向劳动者支付经济补偿的，在办结工作交接时支付。

三、集体劳动合同

我国关于集体劳动合同的规定包括：

1. 一般集体合同的订立

企业职工一方与用人单位通过平等协商，可以就劳动报酬、工作时间、休息休假、劳动安全卫生、保险福利等事项订立集体合同。集体合同草案应当提交职工代表大会或者全体职工讨论通过。集体合同由工会代表企业职工一方与用人单位订立；尚未建立工会的用人单位，由上级工会指导劳动者推举的代表与用人单位订立。

2. 专项集体合同的订立

企业职工一方与用人单位可以订立劳动安全卫生、女职工权益保护、工资调整机制等专项集体合同。

3. 行业性、区域性集体合同的订立

在县级以下区域内，建筑业、采矿业、餐饮服务业等行业可以由工会与企业方面代表订立行业性集体合同，或者订立区域性集体合同。

4. 集体合同的效力

集体合同订立后，应当报送劳动管理部门；劳动管理部门自收到集体合同文本之日起十五日内未提出异议的，集体合同即行生效。依法订立的集体合同对用人单位和劳动者具有约束力。行业性、区域性集体合同对当地本行业、本区域的用人单位和劳动者具有约束力。

5. 对集体合同标准的要求

集体合同中劳动报酬和劳动条件等标准不得低于当地人民政府规定的最低标准；用人单位与劳动者订立的劳动合同中劳动报酬和劳动条件等标准不得低于集体合同规定的标准。

6. 工会对用人单位违反合同的权利诉求

用人单位违反集体合同，侵犯职工劳动权益的，工会可以依法要求用人单位承担责任；因履行集体合同发生争议，经协商解决不成的，工会可以依法申请仲裁、提起诉讼。

四、工作时间和休息休假

(一) 法定工作时间

(1) 我国对于工作时间的规定：国家实行劳动者每日工作时间不超过 8 小时、平均每周工作时间不超过 44 小时的工时制度。

(2) 对计件工作的规定：对实行计件工作的劳动者，用人单位应当根据法律规定的工时制度合理确定其劳动定额和计件报酬标准。

(二) 休假制度

(1) 用人单位应当保证劳动者每周至少休息 1 日。企业因生产特点不能履行法律规定的工作时间和休息制度，经劳动管理部门批准，可以实行其他工作和休息办法。

(2) 用人单位在法定假日应当依法安排劳动者休假。

(3) 用人单位由于生产经营需要，经与工会和劳动者协商后可以延长工作时间，一般每日不得超过 1 小时；因特殊原因需要延长工作时间的在保障劳动者身体健康的条件下延长工作时间每日不得超过 3 小时，但是每月不得超过 36 小时。

(4) 国家实行带薪年休假制度。劳动者连续工作 1 年以上的，享受带薪年休假。

(三) 工作时间的延长

(1) 用人单位不得违反法律规定延长劳动者的工作时间。

(2) 有下列情形之一的，延长工作时间不受法律规定的限制：① 发生自然灾害、事故或者因其他原因，威胁劳动者生命健康和财产安全，需要紧急处理的；② 生产设备、交通运输线路、公共设施发生故障，影响生产和公众利益，必须及时抢修的；③ 法律、行政法规规定的其他情形。

(3) 有下列情形之一的，用人单位应当按照下列标准支付工资报酬：① 安排劳动者延长时间的，支付不低于工资的百分之一百五十的工资报酬；② 休息日安排劳动者工作又不能安排补休的，支付不低于工资的百分之二百的工资报酬；③ 法定休假日安排劳动者工作的，支付不低于工资的百分之三百的工资报酬。

五、工资

我国关于工资的规定包括：

(1) 工资分配应当遵循按劳分配原则，实行同工同酬。工资水平在经济发展的基础上逐步提高。国家对工资总量实行宏观调控。

(2) 用人单位根据本单位的生产经营特点和经济效益，依法自主确定本单位的工资分配方式和工资水平。

(3) 国家实行最低工资保障制度。最低工资的具体标准由省、自治区、直辖市人民政府规定，报国务院备案。确定和调整最低工资标准应当综合参考下列因素：① 劳动者本人及平均赡养人口的最低生活费用；② 社会平均工资水平；③ 劳动生产率；④ 就业状况；⑤ 地区之间经济发展水平的差异。

(4) 工资应当以货币形式按月支付给劳动者本人。不得克扣或者无故拖欠劳动者的工资。

(5) 劳动者在法定休假日和婚丧假期间以及依法参加社会活动期间，用人单位应当依法支付工资。

六、劳动安全卫生

我国关于劳动安全卫生的规定包括：

(1) 用人单位必须建立、健全劳动卫生制度，严格执行国家劳动安全卫生规程和标准，对劳动者进行劳动安全卫生教育，防止劳动过程中的事故，减少职业危害。

(2) 劳动安全卫生设施必须符合国家规定的标准。新建、改建、扩建工程的劳动安全卫生设施必须与主体同时设计、同时施工、同时投入生产和使用。

(3) 用人单位必须为劳动者提供符合国家规定的劳动安全卫生条件和必要的劳动防护用品，对从事有职业危害作业的劳动者应当定期进行健康检查。

(4) 从事特种作业的劳动者必须经过专门培训并取得特种作业资格。

(5) 劳动者在劳动过程中必须严格遵守安全操作规程。劳动者对用人单位管理人员违章指挥、强令冒险作业，有权拒绝执行；对危害生命安全和身体健康的行为，有权提出批评、检举和控告。

(6) 国家建立伤亡和职业病统计报告和处理制度。县级以上各级人民政府劳动管理部门、有关部门和用人单位应当依法对劳动者在劳动过程中发生的伤亡事故和劳动者的职业病状况，进行统计、报告和处理。

七、女职工和未成年工特殊保护

国家对女职工和未成年工实行特殊劳动保护，其中未成年工是指年满 16 周岁未满 18 周岁的劳动者。这些特殊保护具体包括：

(1) 女职工特殊时期的保护规定。禁止安排女职工从事矿山井下、国家规定的第四级体力劳动强度的劳动和其他禁忌从事的劳动；不得安排女职工在经期从事高处、低温、冷水作业和国家规定的第三级体力劳动强度的劳动；不得安排女职工在怀孕期间从事国家规定的第三级体力劳动强度的劳动和孕期禁忌从事的劳动；对怀孕 7 个月以上的女职工，不得安排其延长工作时间和夜班劳动；女职工生育享受不少于 90 天的产假；不得安排女职工在哺乳未满 1 周岁的婴儿期间从事国家规定的第三级体力劳动强度的劳动和哺乳期禁忌从事的其他劳动，不得安排其延长工作时间和夜班劳动。

(2) 未成年工的保护规定。不得安排未成年工从事矿山井下、有毒有害、国家规定的第四级体力劳动强度的劳动和其他禁忌从事的劳动；用人单位应当对未成年工定期进行健康检查。

八、职业培训

(1) 国家通过各种途径，采取各种措施，发展职业培训事业，开发劳动者的职业技能，提高劳动者素质，增强劳动者的就业能力和工作能力。

(2) 各级人民政府应当把发展职业培训纳入社会经济发展的规划，鼓励和支持有条件的企业、事业组织、社会团体和个人进行各种形式的职业培训。

(3) 用人单位应当建立职业培训制度。用人单位应当按照国家规定提取和使用职业培训经费，根据本单位实际，有计划地对劳动者进行职业培训。从事技术工种的劳动者，上岗前必须经过培训。

(4) 国家确定职业分类，对规定的职业制定职业技能标准，实行职业资格证书制度，由经过政府批准的考核鉴定机构负责对劳动者实施职业技能考核鉴定。

九、社会保险和福利

我国关于社会保险和福利的规定包括：

(1) 国家要大力发展社会保险，建立社会保险制度，设立社会保险基金，使劳动者在年老、患病、工伤、失业、生育等情况下获得帮助和补偿。

(2) 社会保险水平应当与社会经济发展水平和社会承受能力相适应。

(3) 社会保险基金按照保险类型确定资金来源，逐步实行社会统筹。用人单位和劳动者必须依法参加社会保险，缴纳社会保险费。

(4) 劳动者在下列情形下，依法享受社会保险待遇：① 退休；② 患病；③ 因工伤残或者患职业病；④ 失业；⑤ 生育。

(5) 劳动者死亡后，其遗属依法享受遗属津贴。

(6) 劳动者享受的社会保险金必须按时足额支付。

(7) 社会保险基金经办机构依照法律规定收支、管理和运营社会保险基金，并负有使社会保险基金保值增值的责任。社会保险基金监督机构依照法律规定，对社会保险基金的收支、管理和运营实施监督。社会保险基金经办机构和社会保险基金监督机构的设立和职能由法律规定。任何组织和个人不得挪用社会保险基金。

(8) 国家鼓励用人单位根据本单位实际情况为劳动者建立补充保险。国家提倡劳动者个人进行储蓄性保险。

(9) 国家发展社会福利事业，兴建公共福利设施，为劳动者休息、修养和疗养提供条件。用人单位应当创造条件，改善集体福利，提高劳动者的福利待遇。

十、劳动争议

我国关于劳动争议的规定包括：

(1) 用人单位与劳动者发生劳动争议，当事人可以依法申请调解、仲裁、提起诉讼，也可以协商解决。调解原则适用于仲裁和诉讼程序。

(2) 解决劳动争议，应当根据合法、公正、及时处理的原则，依法维护劳动争议当事人的合法权益。

(3) 劳动争议发生后，当事人可以向本单位劳动争议调解委员会申请调解；调解不成，当事人一方要求仲裁的，可以向劳动争议仲裁委员会申请仲裁。当事人一方也可以直接向劳动争议仲裁委员会申请仲裁。对仲裁裁决不服的，可以向人民法院提出诉讼。

(4) 在用人单位内，可以设立劳动争议调解委员会。劳动争议调解委员会由职工代表、用人单位代表和工会代表组成。劳动争议调解委员会主任由工会代表担任。劳动争议经调解达成协议的，当事人应当履行。

(5) 劳动争议仲裁委员会由劳动管理部门代表、同级工会代表、用人单位代表方面的代表组成。劳动争议仲裁委员会主任由劳动管理部门代表担任。

(6) 提出仲裁要求的一方应当自劳动争议发生之日起 60 日内向劳动争议仲裁委员会提出书面申请。仲裁裁决一般应在收到仲裁申请的 60 日内作出。对仲裁裁决无异议的，当事人必须履行。

(7) 劳动争议当事人对仲裁裁决不服的，可以自收到仲裁裁决书之日起 15 日内向人民法院提起诉讼。一方当事人在法定期限内不起诉又不履行仲裁裁决的，另一方当事人可以申请强制执行。

(8) 因签定集体合同发生争议，当事人协商解决不成的，当地人民政府劳动管理部门可以组织有关各方协调处理。因履行集体合同发生争议，当事人协商解决不成的，可以向劳动争议仲裁委员会申请仲裁；对仲裁裁决不服的，可以自收到仲裁裁决书之日起 15 日内向人民法院提出诉讼。

第三节　个体私营经济的劳动监察执法

一、个体私营经济劳动监察执法的内容

个体私营经济劳动管理的重要内容之一就是监督检查个体私营经济遵守劳动法律法规的情况和查处其劳动违法行为。根据有关法律法规，人力资源与社会保障部门设立劳动监察部门，对个体私营经济等实体(以下称用人单位)进行劳动监察，监督检查用人单位遵守劳动法律、法规的情况，对违反劳动法律、法规的行为有权制止，并责令改正。

我国规定，劳动监察部门应遵循公正、公开、高效、便民的原则，坚持教育与处罚相结合，并在社会的监督下，履行下列职责：

(1) 宣传劳动保障法律、法规和规章，督促用人单位贯彻执行；

(2) 检查用人单位遵守劳动保障法律、法规和规章的情况；

(3) 受理对违反劳动保障法律、法规或者规章的行为的举报、投诉；

(4) 依法纠正和查处违反劳动保障法律、法规或者规章的行为。

劳动监察部门对个体私营经济实体的劳动监察执法具体内容包括：

(1) 用人单位制定内部劳动保障规章制度的情况；

(2) 用人单位与劳动者订立劳动合同的情况；

(3) 用人单位遵守禁止使用童工规定的情况；

(4) 用人单位遵守女职工和未成年工特殊劳动保护规定的情况；

(5) 用人单位遵守工作时间和休息休假规定的情况；

(6) 用人单位支付劳动者工资和执行最低工资标准的情况；

(7) 用人单位参加各项社会保险和缴纳社会保险费的情况；

(8) 职业介绍机构、职业技能培训机构和职业技能考核鉴定机构遵守国家有关职业介绍、职业技能培训和职业技能考核鉴定的规定的情况；

(9) 法律、法规规定的其他劳动监察事项。

在我国，劳动监察以日常巡视检查、审查用人单位按照要求报送的书面材料以及接受举报投诉等形式进行。劳动监察部门认为用人单位有违反劳动保障法律、法规或者规章的行为，需要进行调查处理的，应当及时立案，特别是对因违反劳动保障法律、法规或者规

章的行为引起的群体性事件，劳动监察部门应当根据应急预案，迅速会同有关部门处理。

劳动监察部门进行劳动监察执法时，有权采取下列具体的调查、检查措施：

(1) 进入用人单位的劳动场所进行检查；

(2) 就调查、检查事项询问有关人员；

(3) 要求用人单位提供与调查、检查事项相关的文件资料，并作出解释和说明，必要时可以发出调查询问书；

(4) 采取记录、录音、录像、照相或者复制等方式收集有关情况和资料；

(5) 委托会计师事务所对用人单位工资支付、缴纳社会保险费的情况进行审计；

(6) 法律、法规规定可以由劳动监察部门采取的其他调查、检查措施。

劳动监察部门对事实清楚、证据确凿、可以当场处理的违反劳动保障法律、法规或者规章的行为有权当场予以纠正。

劳动监察部门对违反劳动保障法律、法规或者规章的行为，根据调查、检查的结果，可作出以下处理：① 对依法应当受到行政处罚的，依法作出行政处罚决定；② 对应当改正未改正的，依法责令改正或者作出相应的行政处理决定；③ 对情节轻微且已改正的，撤销立案。发现违法案件不属于劳动监察事项的，应当及时移送有关部门处理；涉嫌犯罪的，应当依法移送司法机关。

二、违法行为的处罚

用人单位制定的劳动规章制度违反法律、法规规定的，劳动监察部门可给予警告，责令改正；对劳动者造成损害的，应当承担赔偿责任。具体内容如下。

(一) 合同违法行为的处罚

(1) 用人单位与劳动者建立劳动关系不依法订立劳动合同的，劳动监察部门应责令其改正。

(2) 由于用人单位的原因订立的无效合同，对劳动者造成损害的，应当承担赔偿责任。

(3) 用人单位违反劳动法规定的条件解除劳动合同或者故意拖延不订立劳动合同的，劳动监察部门应责令改正；对劳动者造成损害的，应当承担赔偿责任。

(4) 用人单位招用尚未解除劳动合同的劳动者，对原用人单位造成经济损失的，该用人单位应当依法承担连带赔偿责任。

(二) 违反对女职工和未成年人保护规定的处罚

1. 对非法招用未成年人的处罚

用人单位非法招用未满 16 周岁的未成年人的，由劳动监察部门责令改正，处以罚款；情节严重的，由工商行政管理部门吊销营业执照。

2. 对违反保护女职工和未成年工法律的处罚

用人单位违反劳动法对女职工和未成年工的保护规定，侵害其合法权益的，劳动监察部门可责令改正，处以罚款；对女职工或者未成年工造成损害的，应当承担赔偿责任。具体来说，用人单位有下列行为之一的，由劳动监察部门责令改正，按照受侵害的劳动者每人 1000 元以上 5000 元以下的标准计算，处以罚款：① 安排女职工从事矿山井下劳动、国家规定的第四级体力劳动强度的劳动或者其他禁忌从事的劳动的；② 安排女职工在经期从事高处、低温、冷水作业或者国家规定的第三级体力劳动强度的劳动的；③ 安排女职工在怀孕期间从事国家规定的第三级体力劳动强度的劳动或者孕期禁忌从事的劳动的；④ 安排怀孕 7 个月以上的女职工夜班劳动或者延长其工作时间的；⑤ 女职工生育享受产假少于 90 天的；⑥ 安排女职工在哺乳未满 1 周岁的婴儿期间从事国家规定的第三级体力劳动强度的劳动或者哺乳期禁忌从事的其他劳动，以及延长其工作时间或者安排其夜班劳动的；⑦ 安排未成年工从事矿山井下、有毒有害、国家规定的第四级体力劳动强度的劳动或者其他禁忌从事的劳动的；⑧ 未对未成年工定期进行健康检查的。

(三) 违反劳动时间、工资、社会保险规定的处罚

1. 对违规延长劳动时间的处罚

用人单位违反规定，延长劳动者工作时间的，劳动监察部门可给予警告，责令改正，并可以处以罚款。

2. 对侵害劳动者合法权益的下列情形的处罚

用人单位有下列侵害劳动者合法权益情形之一的，劳动监察部门可责令其支付劳动者的工资报酬、经济补偿，并可以责令其支付赔偿金：① 克扣或者无故拖欠劳动者工资的；② 拒不支付劳动者延长工作时间的工资报酬的；③ 低于当地最低工资标准支付劳动者工资的；④ 解除劳动合同后，未依照劳动法规定给予劳动者经济补偿的。

3. 对违规缴纳社会保险费的处罚

用人单位无故不缴纳社会保险费的，由劳动监察部门责令其限期缴纳；逾期不缴的，可以加收滞纳金；向社会保险经办机构申报应缴纳的社会保险费数额时，瞒报工资总额或者职工人数的，由劳动监察部门责令改正，并处瞒报工资数额 1 倍以上 3 倍以下的罚款；骗取社会保险待遇或者骗取社会保险基金支出的，由劳动监察部门责令退还，并处骗取金额 1 倍以上 3 倍以下的罚款；构成犯罪的，依法追究刑事责任。

(四) 违反人身安全卫生规定的处罚

1. 对劳动保护不达标的处罚

用人单位的劳动安全设施和劳动卫生条件不符合国家规定或者未向劳动者提供必要的劳动防护用品和劳动保护设施的，由劳动监察部门或者有关部门责令改正，可以处以罚款；情节严重的，提请县级以上人民政府决定责令停产整顿；对事故隐患不采取措施，致使发生重大事故，造成劳动者生命和财产损失的，对责任人员依规定追究刑事责任。

2. 对强令冒险作业的处罚

用人单位强令劳动者违章冒险作业，发生重大伤亡事故，造成严重后果的，对责任人员依法追究刑事责任。

3. 对强迫劳动等行为的处罚

用人单位有下列行为之一，由公安机关对责任人员处以 15 日以下拘留、罚款或者警告；构成犯罪的，对责任人员依法追究刑事责任：一是以暴力、威胁或者非法限制人身自由的手段强迫劳动的；二是侮辱、体罚、殴打、非法搜查和拘禁劳动者的。

案 例

山西省洪洞县黑砖窑事件

2006 年农历正月，衡庭汉经其弟介绍承包了山西省洪洞县广胜寺镇曹生村王兵兵的砖厂，该砖厂未办理任何手续。随后被告人衡庭汉通过中介以每名民工 350 元的中介费，先后从郑州火车站、山西芮城、西安火车站拐骗回民工 31 名(其中智障人员 9 名)。

砖厂于 2006 年 3 月开工后，衡庭汉为防止民工逃跑，先后雇佣赵延兵、刘东升、衡明阳、赵丰弟等人负责看守民工，并授意看守人员：如发现民工干活不积极或逃跑的，可使用暴力进行殴打。砖厂生产期间，民工每天干活时间长达 14 至 16 个小时，晚上则都被囚在一个大工棚内，若要出去上厕所，则有专人跟随看守，回棚后将门继续锁上。

为追求砖厂的生产量，在砖还未降温的情况下，衡庭汉等人就硬逼民工出砖，致使民工多人受伤，甚至重伤。看守赵延兵、刘东升多次殴打民工，导致民工受伤，甚至死亡。窑主王兵兵在衡庭汉承包经营期间，为私利纵容衡庭汉等人非法拘禁强迫民工超长时间超常负荷劳动，且有亲自殴打和提供交通工具追找逃跑民工的行为，并伙同衡庭汉从西安火车站骗回民工 3 名。同时，王兵兵还饲养了 4 只狼狗在砖厂看场护院。

2007 年 5 月，这一黑砖场虐工案被山西洪洞警方破获，解救出 31 名民工，其中有部分童工。案件引起中央震动，国家主席胡锦涛等作出批示，并先后抓捕了涉案嫌疑人。以上就是"黑砖窑事件"。

2007 年 7 月 4 日和 7 月 11 日，山西省临汾市中级人民法院公开开庭审理了衡庭汉、赵延兵、王兵兵等 5 人故意伤害、非法拘禁一案。经审理后，法院认为，被告等人犯有故意伤害、非法拘禁罪，依法判决如下：

(1) 被告人赵延兵犯故意伤害罪判处死刑，剥夺政治权利终身；犯非法拘禁等罪，判处有期徒刑三年，决定执行死刑，剥夺政治权利终身。

(2) 被告人衡庭汉犯故意伤害罪，判处无期徒刑，剥夺政治权利终身；犯非法拘禁罪，判处有期徒刑十年，决定执行无期徒刑，剥夺政治权利终身。

(3) 被告人王兵兵犯非法拘禁罪，判处有期徒刑九年。

(4) 被告人衡明阳犯非法拘禁罪，判处有期徒刑二年。

(5) 被告人刘东升犯非法拘禁罪，判处有期徒刑二年。

同时，中共山西省纪律检查委员会、山西省监察委员会在查清了黑砖窑事件中有关党员干部、公职人员监管不利、失职渎职，以及个别党员干部参与黑砖窑承包等严重问题后，根据情节对有关人员做出了开除党籍、撤销职务、行政开除、留党察看、严重警告等处理；对构成犯罪的，移交司法机关进行审判。

资料来源： 新浪网新闻中心. 山西黑砖场虐待工人[OL]. http://news.sina.com.cn. [2007-7-31].

(五) 职业机构违法行为的处罚

1. 对职业机构违规行为的处罚

职业介绍机构、职业技能培训机构或者职业技能考核鉴定机构违反国家有关职业介绍、职业技能培训或者职业技能考核鉴定的规定的，由劳动监察部门责令改正，没收违法所得，并处 1 万元以上 5 万元以下的罚款；情节严重的，吊销许可证。

2. 对无资格职业机构的处罚

未经许可，从事职业介绍、职业技能培训或者职业技能考核鉴定的组织或者个人，由劳动监察部门、工商行政管理部门依照国家有关无照经营查处取缔的规定查处取缔。

(六) 妨碍工会工作的处罚

用人单位违反《中华人民共和国工会法》，有下列行为之一的，由劳动监察部门责令改正：

(1) 阻挠劳动者依法参加和组织工会，或者阻挠上级工会帮助、指导劳动者筹建工会的；

(2) 无正当理由调动依法履行职责的工会工作人员的工作岗位，进行打击报复的；

(3) 劳动者因参加工会活动而被解除劳动合同的；

(4) 工会工作人员因依法履行职责被解除劳动合同的。

(七) 阻挠行政部门执法的处罚

用人单位无理阻挠劳动监察部门、有关部门及其工作人员行使监督检查权，打击报复举报人员的，由劳动监察部门或者有关部门责令改正；情节严重的，可处以罚款；构成犯罪的，对责任人员依法追究刑事责任。

(八) 劳动者违法行为的处罚

劳动者违反劳动法规定的条件解除劳动合同或者违反劳动合同中约定的保密事项，对用人单位造成经济损失的，应当依法承担赔偿责任。

名词解释

劳动管理　个体私营经济的劳动管理

复 习 题

1. 人力资源和社会保障部门在劳动管理方面的主要职责是什么？

2. 安全生产监督管理部门的主要职责是什么？

3. 我国关于劳动者的权利和义务的规定包括哪些？

4. 我国关于劳动合同的规定包括哪些？

5. 我国关于集体劳动合同的规定包括哪些？

6. 我国关于工作时间和休息休假的规定包括哪些？

7. 我国关于工资的规定包括哪些？

8. 我国关于劳动安全卫生的规定包括哪些？

9. 我国对女职工和未成年工的特殊劳动保护有哪些具体规定？

10. 我国关于社会保险和福利的规定包括哪些？

11. 我国关于劳动争议的规定包括哪些？

12. 我国个体私营经济劳动监察执法的具体内容包括哪些？

扩展阅读

社会责任国际标准体系

社会责任国际标准体系(Social Accountability 8000 International standard，简称 SA8000)是一种基于国际劳工组织宪章(ILO 宪章)、联合国儿童权利公约、世界人权宣言而制定的，以保护劳动环境和条件、劳工权利等为主要内容的管理标准体系。

一、SA8000 的产生过程

20 世纪 90 年代初，美国服装制造商 Levi-Strauss 被美国媒体曝光，原因是它在海外的一家企业让年轻女工在非常恶劣的条件下工作。随后，其他企业的类似情况也接二连三地被揭露出来。这种非人性地对待工人的做法引起了美国公众、劳工组织及非政府组织的强烈抗议。Levi-Strauss 为了挽救其社会形象，制定并公布了一份《公司社会责任守则》。接着，耐克、沃尔玛、迪斯尼、盖普、雅芳等大型跨国公司也都接受了"企业社会责任"的观念，纷纷制定各自的工厂守则或生产守则，并要求其海外企业和供货商共同遵守。后来，这一做法逐步为其他发达国家的跨国公司采纳，欧美等国还出现了一些"企业社会责任"多边组织，逐渐形成了声势浩大的企业社会责任运动。据统计，当时出现的守则多达 400余种。这些五花八门的守则，对于规范企业的经济行为确实起到了一定的积极作用。

但是，新的问题又出现了。对于一家公司来说，它既要推广本公司的守则，同时还要遵守行业、地区、全国乃至全球性的守则，以应对不同利益团体的需要。因此，往往在一年之内要接受不同客户的多次检查、审核。对于公众和消费者来说，他们对公司这种缺乏透明度的内部监督制度也不满意。于是，有人就提出制定一个类似 ISO9000 标准的、通用于全球的社会责任标准，同时建立一套独立的认证机制，以提高社会责任审核的透明度和公信力，避免因重复审核造成的资源浪费。

纽约有一家研究公司社会责任绩效已达 30 多年的非政府组织——经济优先权委员会(CEP)，它的主要任务是评估企业的社会责任表现，并将结果提供给消费者和投资者。1997年，经济优先权委员会分析了来自美国公司的 71 个守则，发现这些守则显然没有覆盖劳动者的自由联合权、集体谈判权，也没有包含劳动时间的限制和基本的工资标准。后来，国际劳工组织分析了 200 家公司的守则，也发现了同样的问题。因此，经济优先权委员会提出，要研究制订一个更全面的、适用性更强的社会责任标准。他们召集成立了一个国际咨询委员会，负责社会责任国际标准的起草，其组成人员来自 11 个国家的大型商业机构、非政府组织、工会、人权及儿童组织、学术团体、会计师事务所和认证机构的有关人士。1997年秋天，咨询委员会制订并公开发表了 SA8000 第一版。同年，还成立了经济优先权鉴定委员会(CEPAA)。经济优先权鉴定委员会负责社会责任标准的修订，原则上 SA8000 标准每四年修订一次，并在修订版颁布两年后颁布新的认证指南。经济优先权鉴定委员会还担负另一项重要职责，那就是负责对社会责任标准认证机构的评估和认可。2001 年，经济优先权鉴定委员会更名为社会责任国际(SAI)。

SA8000 标准的问世，是全球经济发展史上的一件大事，它标志着"以人为本"、"以社会责任为己任"的理念已经被越来越多的企业所接受，并正在形成实践这一理念的新的世界性潮流。

二、SA8000 的主要内容

SA8000 的总的要求是：公司应遵守国家及其他适用法律、公司签署的其他规章以及本标准。当国家及其他适用法律、公司签署的其他规章与本标准所规范的议题相同时，应采用其中最严格的条款。SA8000 在以下九个方面做了详细规定。

（一）关于童工的规定

公司不应使用或支持使用童工。如果发现有儿童从事工作，公司应建立、记录、保留旨在救济这些儿童的政策和措施，并将其向员工及利益相关方有效传达。公司还应给这些儿童提供足够支持以使之接受学校教育直到超过儿童年龄为止。公司应该建立、记录、维持国际劳工组织第 146 号建议条款所涉及的旨在推广针对儿童及符合当地义务教育法规年龄规定或正在就学中的未成年工教育的政策和措施，并将其向员工及利益相关方有效传达。公司所采取的政策和措施还应包括一些具体的方法来确保在上课时间杜绝使用儿童或未成年工的现象。另外，这些儿童和未成年工每日交通(工作地点与学校之间)、上课和工作所有时间加起来不能超过 10 小时。无论工作地点内外，公司都不得将儿童或未成年工置于危险、不安全、不健康的环境中。

（二）关于强制雇佣的规定

企业不得使用或支持使用强制劳工或在雇佣中使用诱饵或要求抵押金，企业必须允许雇员轮班后离开并允许雇员辞职。标准禁止一切形式的强迫劳动，包括监狱劳动、契约劳动、抵债劳动、奴役劳动、以惩罚为恐吓手段的、被强迫的或者非自愿的劳动。

（三）关于健康安全的规定

公司出于对普遍行业危险和任何具体危险的了解，应提供一个安全、健康的工作环境，并应采取必要的措施，在可能条件下最大限度地降低工作环境中的危害隐患，以避免在工作中或由于工作发生或与工作有关的事故对健康的危害。公司应指定一名高层管理代表为全体员工的健康与安全负责，并且负责落实本标准有关健康与安全的各项规定。公司应保证所有员工经常接受健康与安全培训，并应记录在案，还应给新进及调职员工重新进行培训。公司应该建立起一种机制来检测、防范及应付可能危害任何员工健康与安全的潜在威胁。公司应给所有员工提供干净的厕所、可饮用的水，在可能情况下为员工提供储藏食品的卫生设施。公司如果提供员工宿舍，应保证宿舍设施干净、安全且能满足员工基本需要。

（四）关于联合的自由和集体谈判权的规定

公司应尊重所有员工自由组建和参加工会以及集体谈判之权利。在结社自由和集体谈判权利受法律限制时，公司应协助所有员工通过类似渠道获取独立、自由结社以及谈判的权利。公司应保证此类员工代表不受歧视并可在工作地点与其所代表的员工保持接触。

（五）关于歧视的规定

在涉及聘用、报酬、培训机会、升迁、解职或退休等事项上，公司不得从事或支持基于种族、社会等级、国籍、宗教、身体残疾、性别、性取向、工会会员、政治归属或年龄之上的歧视。公司要满足涉及种族、社会阶层、国籍、宗教、残疾、性别、性取向、工会会员和政治从属需要的权利，不能干涉员工行使遵奉信仰和风俗的权利，公司不能允许性强迫、威胁、虐待或剥削的侵扰行为，包括姿势、语言和身体的接触。

（六）关于惩罚措施的规定

公司不得从事或支持体罚、精神或肉体胁迫以及言语侮辱。

（七）关于工作时间的规定

（1）公司应遵守适用法律及行业标准有关工作时间的规定。标准工作周应根据法律规定，不得经常超过48小时。同时，员工每7天至少有一天休息时间。所有加班工作应支付额外津贴，任何情况下每个员工每周加班时间不得超过12小时。

（2）除非如以下第3条许可，所有加班工作必须是自愿的。

（3）如果公司作为谈判一方，与具有相当代表性的工人组织(根据国际劳工组织的定义)自由谈判并达成集体谈判协议，根据协议可能要求加班工作以达到短期的商业要求。任何这类协议必须符合以上第1条的规定。

（八）关于报酬的规定

公司应保证在一个标准工作周内所付工资至少达到法定或行业最低工资标准并能满足员工基本需要，以及提供一些可随意支配的收入。公司应保证不因惩戒目的而扣减工资，并应保证定期向员工清楚详细地列明工资、待遇构成；公司还应保证工资、待遇与所有适用法律完全相符。工资、待遇应用现金或支票，以方便员工的形式支付。公司应保证不采取纯劳务性质的和约安排或虚假的学徒工制度以规避涉及劳动和社会保障条例的适用法律所规定的对员工应尽的义务。

（九）关于管理体系的规定

公司需制定一个对外公开的政策，承诺遵守相关法律和其他规定；保证进行管理的总结回顾，选定企业代表监督实行计划和实施控制，选择同样满足 SA8000 的供应商，确定表达意见的途径并采取纠正措施，公开与审查员的联系，提供应用的检验方法，并出示支持的证明文件和记录。

SA8000 作为社会责任方面的一个认证体系，不仅明确了社会责任规范，而且也提出了相应的管理体系要求。将社会责任和企业管理结合起来，在一定程度上可以规范组织尤其是企业的道德行为，有助于改善劳动条件，保障劳工权益。尽管 SA8000 的宗旨是好的，但是在关税和一般非关税壁垒不断被削减的今天，非常容易被贸易保护主义者所利用，成为限制发展中国家劳动密集型产品出口的有力工具。实际上，某些贸易保护主义者已与人权组织联手，以 SA8000 的名义，对发展中国家的纺织品服装、鞋类、玩具、皮制品、小家电等行业的出口进行全方位的限制。

资料来源:

[1] 张慧玲. SA8000 社会责任标准[J]. 中外企业文化，2004(7).

[2] 舒予. SA8000 社会责任国际标准简介及意义[J]. 牙膏工业，2004(3).

[3] 吴琪. SA8000 简介[J]. 中国国门时报. 2003-11-26.

第九章

个体私营经济的自我管理

❈❈❈❈❈❈❈❈❈❈❈❈❈❈❈❈❈❈❈❈❈❈❈❈❈❈❈❈❈❈❈❈❈❈❈❈❈❈❈

本章首先介绍了个体私营经济自我管理的意义和作用，个体私营企业协会的产生和发展，以及个体私营企业协会的性质、会员构成、组织机构、业务范围；其次介绍了个体私营经济的其他自我管理组织，包括中国乡镇企业协会、中国中小商业企业协会、中国中小企业协会。

>>>>>>>>>>>>>>>>>>>>>>>>>>>>

第一节　个体劳动者协会和私营企业协会

一、个体私营经济自我管理的意义和作用

个体私营经济的自我管理是个体工商户和私营企业通过个体劳动者协会、私营企业协会或个体私营企业协会实行的自我教育、自我管理、自我服务。这是我国个体私营经济管理体制中的重要组成部分，对于实现个体私营经济管理目标、促进个体私营经济的健康顺利发展发挥着十分重要的作用。

(一) 个体私营经济自我管理的意义

改革开放以来，我国坚持实行以公有制为主体、多种经济成份并存的方针。随着个体私营经济蓬勃发展，我国个体工商户、私营企业的数量迅速增加，在我国社会经济生活中的地位和作用日益显著，全国各地陆续成立了个体劳动者协会和私营企业协会。个体私营经济通过这些组织进行自我管理，对于加强对个体私营经济的管理、维护个体私营经济的合法权益、调动个体劳动者和私营企业主的积极性具有重要意义。

1. 有利于加强对个体私营经济的管理

个体私营经济具有人数众多、经营分散、成分复杂、流动性强的特点，这给国家有关部门的管理工作带来了一定的难度，而通过个私协会的宣传教育，可建立政府与个体私营经济经营者之间的沟通和联系，协助有关部门及时将国家的各项方针、政策、法律、法规传达给广大的个体劳动者和私营企业，督促其自觉执行有关政策和法规，以及将执行情况反馈给有关部门，使得有关部门能够及时发现问题，并有针对性地解决问题。

2. 有利于维护个体私营经济的合法权益

个体私营经济的经营者具有自身的权利和利益，保障其合法权益不受侵犯是实现个体私营经济正常发展不可缺少的条件，但现实生活中，由于人们思想认识上的偏差和国家管理工作存在薄弱环节等原因，侵犯个体私营经济合法权益的事件时有发生。个私协会的建立和发展，使得个体劳动者和私营企业主得以联合起来，并通过这些组织可以反映自身的意志和要求，表达和维护自己的切身利益，以及解决生产经营过程中的各种问题和困难，从而更好地在社会上确立自己的应有地位。

3. 有利于调动个体劳动者、私营企业主的积极性

个私协会不仅可以通过教育、培训、咨询等形式为广大会员提供多方面服务，而且还可引导会员积极参与各种社会活动，参与国家管理，通过一定的渠道向国家有关部门提出发展个体私营经济的政策和立法建议，反映自身的合理意见和要求。这有利于更好地调动广大投资者、经营者的积极性，激发他们踊跃投身社会主义现代化建设，为发展社会主义市场经济发挥更大的作用。

(二) 个体私营经济自我管理的作用

个体私营经济的自我管理，在工商部门的领导下，通过个私协会，始终坚持政治建会，以服务政府、服务社会、服务会员为基本方针，以参加社会管理和公共服务为主要职能，在规范自律、提供服务、反映诉求、引导发展等方面做出了积极贡献。

(1) 建立党和政府与广大个体私营经营者之间的联系。通过协会系统向个体私营企业传达、宣传、学习党和国家的各项方针政策，并组织会员企业贯彻落实；开展多种形式的精神文明创建活动，引导个体私营企业的从业人员树立社会主义核心价值观和思想道德体系；配合推进非公有制企业中党的组织建设，发挥共产党员的先进带头作用，巩固党的执政基础。

(2) 进行经营自律，维护市场公平竞争秩序。开展普法学习宣传，提高个体私营企业守法经营的自律意识；组织开展职业技能培训及职业技能鉴定，提高从业人员素质；落实社会保险政策等。

(3) 服务会员生产经营活动。维护会员合法权益，反映个体私营企业诉求，提高会员企业生产经营能力，促进经济发展和社会和谐稳定。组织会员企业参加地方政府主办的经济贸易洽谈会和展会；开展招商引资工作；举办各种形式的创业、就业和再就业活动，组织会员企业招聘用人、扩大就业；调查统计分析个体私营企业发展状况，反映问题，提出建议；通过学习培训、商务考察、管理咨询、融资贷款、法律维权、信息化等建立会员服务体系；组织会员开展各种文化娱乐活动。

(4) 带领个体私营企业积极奉献、回报社会。协助落实国家计划生育政策，配合做好禁毒、防艾、劳教人员安置等社会工作；指导各地协会组织会员开展教育助学、扶贫助困慈善项目和募捐活动；组织会员企业开展拥军爱民、义务服务等活动。

二、 个体私营企业协会的产生和发展

(一) 个体劳动者协会的产生

党的十一届三中全会以来，我国实行了对外开放、对内搞活的方针，使得我国个体私

营经济得到了恢复和发展。作为我国社会中的私有制经济成分，它们有着自身的利益需求。为了在政治上把广大个体工商户、私营企业团结起来，经济上支持、帮助个体工商户、私营企业恢复发展，为国家经济发展贡献力量，国家需要将大量的、分散的、没有组织的个体私营经营者组织起来、加强管理，而这个任务最好是由非政府性质的社会组织承担较为合适。

1980 年 9 月，哈尔滨市南岗区的个体劳动者顺应这一要求，建立了全国第一个区县级个体劳动者协会。为加强规范和管理，1981 年 7 月，国务院发布了《关于城镇非农业个体经济若干政策性规定》并指出，个体经营者可以在自愿的原则下，按行业成立个体经营者协会或联合会，第一次正式提到个体劳动者协会。1983 年，国务院发布《〈关于城镇非农业个体经济若干政策性规定〉的补充规定》中进一步指出，个体劳动者协会的性质是个体劳动者自己管理自己的群众组织；个体劳动者协会接受同级工商行政管理机关的指导，各级人民政府要积极支持它的工作；按行政区划成立，按行业分组活动；常设机构中的工作人员，应本着精干的原则自行解决，所需经费从收取管理费中开支。这为个体劳动者协会的建立和开展工作提供了政策依据和保证。在得到政策保证后，各地个体劳动者协会陆续开始建立。在地方各级个体劳动者协会成立的基础上，1986 年 12 月，全国个体劳动者第一次代表大会在北京召开，正式成立了中国个体劳动者协会。会上 550 名代表经过认真讨论和民主协商，选举产生了中国个体劳动者协会理事会和常务理事会。理事会有理事 116 名，其中个体户理事 91 名。经中央批准并经代表大会一致通过，老一辈革命家薄一波同志担任了理事会的名誉会长，著名的经济学家、原中央工商行政管理局局长薛暮桥、许涤新同志，原国家经委副主任、中顾委委员王磊同志，原中央组织部副部长、全国政协常委乔明甫同志等担任了中国个体劳动者协会的顾问。大会选举了国家工商行政管理局局长任中林同志为会长。

随着中国个体劳动者协会的正式成立，各地又陆续建立起私营企业协会或个体私营企业协会，个体私营企业协会的组织建设不断加强，很快在全国范围内形成了一个从上到下、遍布城乡各地的完整体系。截至 1988 年底，全国除西藏、海南外，共有 28 个省、自治区、直辖市成立了省级个协；312 个地、市成立协会或工作委员会，占全国地市应成立数的 96%；2644 个县市区成立了协会，占全国县市区应成立数的 93%，还有 25926 基层分会和 6066 个行业分会。

(二) 个体私营企业协会的发展

经过 20 多年的发展，个体私营企业协会(简称个私协会)拥有近 3000 万个私企业会员和超过 1 亿多的从业人员，已经成为在政府领导下、工商部门具体指导下，工作网络体系最为完善、组织个体私营企业户数量最多的联合性社团组织，成为国家和政府部门落实各项促进非公有制经济发展方针政策的强大组织网络资源。

据中国个体劳动者协会统计，截止 2009 年底，全国县级以上个私协会总计有 4137 个，其中，省(自治区、直辖市)级 32 个，地(市)级 459 个，县(区)级 3646 个，基层协会(分会)总计有 23082 个。全国加入各级个体劳动者协会的个体工商户共有 2529.83 万户，加入各级私营企业协会的私营企业共有 433.93 万户，个私协会会员企业中的从业人员共有 1.08 亿人。

个私协会的工作得到了党和政府的肯定、社会的认可、会员的欢迎，在促进个体私营经济发展的同时，自身也形成了一些优势，具体如下：

(1) 具有完整的组织网络。个私协会组织实现了各省、市、县全部覆盖，县以下建立基层协会，基层协会以下成立会员大、小组，实现了纵向到底、横向到边的组织体系，各级协会的工作人员有 4 万多人，为直接、快速地将党和政府的工作落实到基层奠定了组织基础。

(2) 具有庞大的会员队伍。个私协会把 1 亿多个私企业从业人员有效组织起来，团结在党和政府周围，引导这一人数众多的群体为经济社会发展贡献力量，这是其他社团难以做到的。

(3) 具有较强的社会公信力。个私协会在工商部门的指导下协助政府开展工作，会员愿意参加协会、跟着协会，容易对协会产生认同感和归属感。这是个私协会最为宝贵的无形资产。

(4) 具有丰富的工作内容和特定的服务项目。个私协会是联合性社团，会员从事的行业广泛，协会的服务范围可以包括生产、经营、管理、生活等诸多方面，特别是有依托工商职能的优势，将工商部门的市场监管与协会组织会员自律结合，将工商法规咨询、反不正当竞争、维护消费者权益与提高会员依法经营意识、维护各方合法权益结合，将工商业务与会员需求结合，能够更好地为会员服务、促进市场秩序的规范。

(三) 个体私营企业协会迅速发展的原因

1. 顺应了个体劳动者和私营企业经营者自身的要求

个体私营经济的经营者具有自身的经济利益和政治要求，希望能够建立一个能够代表和维护自身利益，反映自身要求的组织。个私协会正是顺应了它们的这一要求而建立起来的。因此，这个组织一经建立，便得到广大个体劳动者的支持和欢迎，从而得以迅速发展。

2. 得到国家有关部门的支持

个体私营经济由于具有人数众多、经营分散、成分复杂、流动性强的特点，给有关部门的管理工作带来了一定的困难。个私协会的建立，为政府有关部门的管理提供了便利的条件和组织网络，同时还沟通了党和政府与个体劳动者和私营企业主之间的联系，使党的方针政策能够及时得到贯彻，还能够把个体劳动者和私营企业主的愿望和要求反映给有关部门。因此，个协的建立自然得到了国家有关部门的支持。

3. 有利于个体私营经济的健康发展

个私协会成立后，以"自我教育、自我服务、自我管理"为宗旨，始终坚持政治建会，以服务政府、服务社会、服务会员为基本方针，以参加社会管理和公共服务为主要职能，在提供服务、反映诉求、引导发展、规范自律等方面做了大量的工作，促进了个体经济的健康发展，深受社会各方面以及广大个体劳动者和私营企业主的欢迎和爱护。

三、个体私营企业协会的性质

全国各地的个体私营企业协会虽然有着不同的名称，如"个体劳动者协会"、"私营企业协会"、"个体私营企业协会"、"私营个体经济协会"等，但无论使用哪个名称，它们都是由个体工商户、个人独资企业、合伙企业等组织和个人自愿组成的联合性非营利的社会团体。理解个私协会的性质需要注意以下几个问题：

(1) 个私协会是一个非营利的组织。个体劳动者和私营企业通过个私协会进行自我服务、自我教育、自我管理、自我发展。个私协会是一个法人，具有民事权利能力和民事行为能力，依法独立享有民事权利和承担民事义务。

(2) 个私协会与行业协会有所不同。诸如电子协会、食品协会等，是由从事同一行业的企业团体成员所组成的行业组织，以振兴本行业的发展为宗旨，从行业内部协调各企业之间的关系，从外部协调解决行业之间、地区之间的矛盾冲突；它的会员一般是企业法人。而个私协会的宗旨是团结、教育、服务、引导全市个体私营企业合法经营，优质服务，促进个体私营经济健康发展，为建设社会主义物质文明和精神文明服务；其会员一般由城乡从事个体工业、商业、饮食业、服务业、运输业、修理业等各行各业的个体工商户、个人独资企业、合伙企业等组织和个人组成；其人员组成、文化程度、年龄结构等方面呈现多样化、多层次性，其收益来源、获取方式、利益结构等也存在着各种差异。较行业协会，个私协会有着更为广泛的群众性。

(3) 个私协会的业务主管单位是国家工商行政管理总局，登记管理机关是国家民政部。个私协会接受业务主管单位、登记管理机关的业务指导和监督管理，独立自主地开展工作。工商行政管理机关对个私协会工作的指导，主要是方针政策的指导，为其开展活动创造各种条件以及积极帮助其解决工作中的困难和问题，来支持个私协会独立自主地开展工作，从而充分发挥个私协会的作用。

四、个体私营企业协会的会员

(一) 会员的构成

1. 全国性个私协会的会员构成

中国个体劳动者协会是全国性的个私协会，是由全国个体工商户、个人独资企业、合伙企业等组织和个人自愿组成的全国联合性非营利的社会团体。中国个体劳动者协会章程规定，经申请可以加入中国个体劳动者协会。中国个体劳动者协会会员分为团体(单位)会员和个人会员。

(1) 团体(单位)会员：各省、自治区、直辖市及计划单列市个私协会；相关理论研究、专业或行业团体组织；与本会建立工作联系与合作的单位；其他拥护本会章程，申请加入本会的组织。

(2) 个人会员：个体工商户、个人独资企业、合伙企业的从业者；非公有制经济领域的人士；本会团体会员的领导机构成员；其他拥护本会章程，申请加入本会的人员。

2. 地方个私协会的会员构成

个私协会的地方组织包括省、自治区、直辖市个体劳动者协会或私营企业协会；市、州个体私营企业协会；县、市、旗、区个体劳动者协会或私营企业协会。地方个体私营企业协会是由各地个体工商户、个人独资企业、合伙企业等组织和个人自愿组成的本地区联合性非营利的社会团体。按规定，经申请可加入本地区个体劳动者协会。地方个体劳动者协会会员分为团体(单位)会员和个人会员，其中，经工商行政管理部门核准登记注册的各类私营企业(包括个人独资企业、合伙企业、公司制以及其他组织形式的私营企业)为团体会员；经工商行政管理部门核准登记注册的个体工商户为个人会员。

(二) 会员入会的程序

会员入会的程序是：① 填写入会申请书；② 经理事会讨论通过或理事会授权的机构批准；③ 发给会员证。

(三) 会员的权利

会员享有下列权利：

(1) 本会的选举权、被选举权和表决权；

(2) 参加本会组织的活动；

(3) 获得本会服务的优先权；

(4) 对本会工作的批评建议权和监督权；

(5) 反映生产经营中存在的问题，提出建议和合理要求；

(6) 自主决定加入或退出社团组织。

(四) 会员的义务

会员履行下列义务：

(1) 遵守本会章程，执行本会决议；

(2) 维护本会声誉和合法权益；

(3) 参加本会组织的活动，完成本会交办的工作；

(4) 向本会反映情况，提供有关资料；

(5) 遵守职业道德和社会秩序，维护公共利益；

(6) 按规定交纳会费。

五、个体私营企业协会的组织机构

个私协会的组织原则是民主集中制，其领导机构是各级会员代表大会和它所选举产生的理事会。代表大会的代表，由会员民主选举产生；政府有关部门和群众团体的负责人可以被推选为代表，但个体工商户和私营企业的代表应占多数。

中国个体劳动者协会的主要组织机构包括会员代表大会、理事会、常务理事会、会长和秘书长。

(一) 会员代表大会

中国个体劳动者协会是全国性组织，其最高权力机构是会员代表大会。代表大会的职权包括：

(1) 制定和修改章程；

(2) 选举产生理事会；

(3) 审议理事会的工作报告和财务报告；

(4) 聘请名誉会长和顾问；

(5) 决定其他重大事项。

代表大会须有三分之二以上的代表出席方能召开，其决议须经到会代表半数以上表决通过方能生效。代表大会每五年召开一次，因特殊情况提前或延期召开的，须由理事会表决通过，报业务主管机关审查并经社团登记管理机关批准同意。但延期换届最长不超过一年。

(二) 理事会

理事会是代表大会的执行机构，在代表大会闭会期间领导本会开展日常工作，对代表大会负责。理事会每年至少召开一次会议，须有三分之二以上理事出席方能召开，其决议须经到会理事三分之二以上表决通过方能生效；情况特殊的，可采用通讯形式召开。

理事会的职权包括：

(1) 执行会员代表大会的决议；

(2) 选举和罢免会长、副会长、秘书长、常务理事；

(3) 筹备召开会员代表大会；

(4) 向会员代表大会报告工作情况和财务状况；

(5) 决定设立办事机构、分支机构、代表机构和实体机构；

(6) 决定副秘书长、各机构主要负责人的聘任；

(7) 决定会员的吸收或除名；

(8) 领导本会各机构开展工作；

(9) 制定内部管理制度；

(10) 决定其他重大事项。

(三) 常务理事会

理事会通过选举产生常务理事会。在理事会闭会期间，常务理事会行使理事会的部分职权，并对理事会负责。常务理事会每年至少召开一次会议，须有三分之二以上常务理事出席方能召开，其决议须经到会常务理事三分之二以上表决通过方能生效；情况特殊的，可采用通讯形式召开。

常务理事会的职权包括：

(1) 执行会员代表大会的决议；

(2) 筹备召开会员代表大会；

(3) 决定设立办事机构、分支机构、代表机构和实体机构；

(4) 决定副秘书长、各机构主要负责人的聘任；

(5) 决定会员的吸收或除名；

(6) 领导本会各机构开展工作；

(7) 制定内部管理制度；

(8) 决定其他重大事项。

(四) 会长、秘书长

会长、秘书长必须具备下列条件：

(1) 坚持党的路线、方针、政策，政治素质好；

(2) 在本会业务领域内有较大影响；

(3) 会长、副会长最高任职年龄一般不超过 65 周岁；秘书长为专职，最高任职年龄不超过 60 周岁；

(4) 身体健康，能坚持正常工作；

(5) 未受过剥夺政治权利的刑事处罚。

会长、秘书长任期为五年，任期最长不得超过两届。因特殊情况需延长任期的，须经会员代表大会三分之二以上会员代表表决通过，报业务主管单位审查并经社团登记管理机关批准同意后方可任职。

会长为本会法定代表人。本会会长不得兼任其他团体的法定代表人。会长行使下列职权：

(1) 召集和主持理事会和常务理事会；

(2) 检查代表大会、理事会或常务理事会决议的落实情况；

(3) 代表本会出席有关会议和参加有关活动；

(4) 代表本会签署有关重要文件。

秘书长行使下列职权：

(1) 主持办事机构日常工作，组织实施年度工作计划；

(2) 协调办事机构各部门，各分支机构、代表机构、实体机构开展工作；

(3) 提名各办事机构、分支机构、代表机构和实体机构主要负责人，交理事会或常务理事会决定；

(4) 决定办事机构、代表机构、实体机构专职工作人员的聘用；

(5) 处理其他日常事务。

地方各级个私协会的组织机构与中国个体劳动者协会基本一致。地方个私协会接受上级个私协会的指导。

六、个体私营企业协会的业务范围

我国个私协会的业务范围主要包括：

(1) 开展调查研究，探讨非公有制经济的发展理论与实践。组织理论研讨和高层论坛，进行数据统计分析，了解并反映会员的意见和要求，为国家制定相关法律、法规和政策提供咨询建议，配合政府做好促进非公有制经济发展工作。

(2) 宣传贯彻《中华人民共和国中小企业促进法》、《国务院关于鼓励支持和引导个体私营等非公有制经济发展的若干意见》等法律、法规和政策，优化个体私营经济发展环境。

(3) 宣传推广先进经验、先进人物、先进事迹，经相关政府部门批准开展评选、表彰优秀会员活动，推荐先进人物参加相关组织或获得相关荣誉；对会员开展道德和法制教育，引导会员守法诚信，提升职业道德，开展公益活动，承担社会责任。

(4) 协助党的组织部门开展个体私营企业党建工作，发挥个体私营企业党组织的战斗堡垒作用和党员的先锋模范带头作用。

(5) 发挥非公有制经济在促进地方经济、农村经济和区域经济发展中的作用。经政府有关部门同意，组织招商引资、商务考察、人才技术交流、资源优势互补等活动，推动循环经济建设和社会经济协调发展。

(6) 调解会员经营纠纷，维护会员合法权益和公平竞争秩序；反映会员诉求，为会员提供政策、法律、法规咨询与服务。

（7）为会员提供创业辅导、企业咨询、投资融资、技术支持、企业信息化、人才引进、岗位培训、对外合作、展览展销等服务。

（8）兴办福利事业和经济实体，建设会员之家，关心会员生活，组织健康有益的文化体育活动，编辑出版刊物和书籍，提高会员素质，丰富会员生活。

（9）发挥非公有制经济在创业、就业、再就业工作中的重要作用，支持企业建立和谐劳动关系，维护社会稳定，促进平安建设。

（10）加强协会自身建设，建立行业组织、分支机构，优化组织结构，健全规章制度，进行规范管理，开展自律活动。

（11）指导团体(单位)会员开展工作，开展与团体(单位)会员的互助、合作。

（12）承办政府和有关部门委托的各项社会工作。

（13）开展国际交流与合作，加强与台湾、香港、澳门地区有关组织和社团的联系与合作。

无锡个私协会与民生银行合作开展会员融资服务

自 2009 年以来，无锡市个私协会与民生银行无锡支行经过多次协商，专门为无锡规模型专业市场经营户会员设计了一款"商贷通"授信项目，针对个体工商户会员开发了"个私助业卡"项目，为市场商户会员提供便捷的贷款服务。

一、针对专业批发市场的"商贷通"授信项目

2009 年初，无锡市个私协会通过走访、座谈了解到招商城会员面临融资困难的原因主要有三：一是银行对个私业主信贷管理的要求和门槛高，能符合条件、具有合格资信等级的个私业主数量较少。二是融资中介机构不多。个私业主的资本金少、固定资产少，肯为个私业主做融资服务的机构太少。三是民间融资不合法、不安全。不少个私业主由于借贷无门，不得不从非正式的金融市场上寻找融资渠道，从而增加了经营风险和成本。

为此，无锡市个私协会根据调研走访的情况，多次与民生银行协商。在融资担保方式中，突破了以房产抵押为主，用三人以上联保、信用担保、协会证明其信用等级等九种灵活方式，使信用程度高的个体户和私营企业自愿结合，组成"联保小组"，大大提高了融资成功率。同时，为提高贷款审核效率，民生银行采纳无锡市个私协会招商城分会对商户的星级评定结果，将市场内"信用星级"分类作为重要的参考依据，并对个私协会推荐的贷款企业提供"优先审批、优惠费用、产品增值"等服务。首批由招商城分会推荐的 10 多家联保贷款商户，从提出申请到发放贷款仅用了 7 天时间。

目前，"商贷通"授信项目已扩展到崇安、北塘区协会下属的各类规模型专业市场，据初步统计放款额度已近 10 亿元(其中，天鹏食品市场 1 亿元，锡沪路建材市场 2 亿元，机电市场 5 千万元，招商城 8 千万元)。

二、针对个体工商户会员的"个私助业卡"项目

无锡市个私协会与民生银行无锡支行在 10 年"商贷通"项目取得良好进展的基础上，又合作开发了"个私助业卡"项目。

个私助业卡是民生银行为无锡个私会员专门设计的，面向优质中小企业主发行的授信合作凭证，具有手续简便、审批快捷、产品灵活的优点。在无锡经营满 3 年，按时缴纳会费的个私协会正式会员都可获得个私助业卡。

只要手续齐备，民生银行将优先审批，为个私协会会员提供快速通道，在 2 个工作日内就能获得信用贷款，最高信用贷款额度可达 30 万元。同时，还向个私会员优先提供短信通、信付通、代发工资、网上银行和电话银行等增值类产品，提供财务顾问服务和理财服务。目前，民生银行承诺为全市个私协会会员提供 5 亿元意向性授信额度，已发放 2 万 5 千余张民生个私助业卡。

资料来源：中国光彩网，无锡个私协会 [OL]. http://124.17.10.13/content/2011-08/05/ff80808 13097844001309 be645370839.html. [2011-8-5].

第二节　个体私营经济的其他自我管理组织

对个体私营经济进行自我管理的组织还包括中国乡镇企业协会、中国中小商业企业协会、中国中小企业协会等。

一、中国乡镇企业协会

乡镇企业是指以农村集体经济组织或者农民投资为主，在乡镇(包括所辖村)举办的承担支援农业义务的各类企业。乡镇企业包括集体企业、股份合作企业、个体民营企业以及各种形式的合资、合作企业，涉及工业、农业、建筑业、交通运输业和商业饮食服务业等多种行业的生产经营活动，是中国中小企业的主体。改革开放 30 年来，乡镇企业得到蓬勃发展并取得了巨大成就。我国乡镇企业增加值约占国内生产总值的 30%，出口商品交货值略高于全国出口总额的 1/3，上交国家税金约占全国税收总额的 1/5。30 年用于支农、补农、建农资金 4012 亿元，大大改善了农业生产条件，并安排了 1.5 亿农村劳动力，农民从乡镇企业获得的收入已占农村人均可支配收入的 1/3 以上。乡镇企业已成为我国农村经济的重要支柱和国民经济的重要组成部分。

中国乡镇企业协会成立于 1990 年 1 月，是经国家民政部批准登记注册的，由乡镇企业家、乡镇企业及企业集团的法人代表、乡镇企业事业单位的负责人及乡镇企业界知名人士组成的全国性民间社会团体。中国乡镇企业协会现有理事单位 372 家，团体会员单位 3000 多家，并与各省、自治区、直辖市、计划单列市的乡镇企业协会有密切的联系，形成覆盖全国乡镇企业的协作服务网络。

中国乡镇企业协会的宗旨是：按照有关法律和政府对乡镇企业的指导方针、政策和法规，发挥政府与乡镇企业、地方乡镇企业协会、乡镇企业研究机构的桥梁、纽带作用，积极为本会会员和乡镇企业服务，维护他们的合法权益，为促进乡镇企业物质文明和精神文明建设，建设社会主义新农村和小康社会做贡献。

中国乡镇企业协会的主要职责包括：① 积极贯彻执行党和国家的方针、政策、法律和法规，促进乡镇企业健康发展，为我国经济发展做出贡献；② 向政府和有关部门反映会员的要求和意愿，向会员贯彻政府和有关部门对企业的要求和意见；③ 开展行业自律，引导企业依法规范自身行为，维护会员的合法权益；④ 开展乡镇企业理论研究和学术交流；⑤ 为乡镇企业提供培训、信息和咨询等服务；⑥ 组织调查研究，提出推进乡镇企业调整、改革、发展和提高的政策建议，总结宣传推广乡镇企业先进经验；⑦ 促进产学研结合，推动企业科技进步、技术创新；⑧ 组织会员开展国内外经济、技术交流与合作，协助企业解决国际贸易争端；⑨ 经主管部门同意或授权对乡镇企业行业发展情况、企业发展水平等进行评价。

二、中国中小商业企业协会

2006 年 1 月 9 日，经国务院批准，中华集体商业企业联合会正式更名为中国中小商业企业协会，并报民政部备案。中国中小商业企业协会是由中小商业企业(包括商品零售业、商品批发代理业、商品制造业、生活服务业、现代服务业等企业)和从事商品流通活动的个人自愿参加的、非营利性的、全国性社会团体法人。它由从事商品流通活动的中小企业 (包括商品制造业、商品批发流通业、生活服务业、现代服务业)以及围绕中小企业开展相关服务的专业机构自愿组成。协会由国务院国资委主管，业务上接受商务部、工信部中小企业司指导和监督。

中国中小商业企业协会的宗旨是：遵守宪法和国家法律、法规，贯彻党和国家关于中小企业的方针、政策，遵守社会道德风尚；团结中小商业企业，积极参加国家经济建设，促进我国社会主义市场经济繁荣；立足商业服务，开展相关商业经济活动，协助中小企业加强对外经济合作与发展；沟通企业和政府之间的联系，坚持为企业整体利益服务，维护会员合法权益；承办政府委托的各项工作，承担行业自律性管理，充分发挥桥梁纽带作用。

按照政府有关部门委托及协会章程规定，中国中小商业企业协会的业务范围主要包括：① 向政府部门反映中小商业企业行业改革与发展的重大问题和政策性建议，参与制定中小商业企业整体发 展战略和区域性发展规划，完成政府委托、交办的各项任务。② 协调中小商业企业合作，建立企业与政府部门的关系；开展行业自律，维护会员合法权益。③ 根据政府要求推荐中小商业企业先进典型并组织表彰活动，促进和谐发展。④ 组织全国性商品交易、展示活动，帮助中小商业企业开拓市场，建立新的经营方式和流通渠道。⑤ 接受政府委托，参与组织国家有关标准和行业标准的制定、修订与实施，开展企业评选活动。⑥ 协调提供信用担保服务，缓解中小企业融资困难问题。⑦ 组织国际合作与交流，协助中小企业引进国外先进技术、经营管理方法和资金项目，引导中小企业由小到大、由弱到强、由分散到联合的健康发展。⑧ 接受政府委托，开展中小企业的统计分析工作，为国家制定中小企业发展决策提供依据。⑨ 建立中国中小商业企业信息网站，为中小企业搭建交流互动的信息平台。⑩ 组织开展管理、技术、进出口业务和成长性工程培训，全面提高中小企业素质，促进中小企业向现代化迈进。

中国中小商业企业协会面向全国会员企业提供如下具体服务：中小企业融资及指导服务；中小企业行业发展的指导服务；帮助中小企业开拓市场；开展中小企业领域商业信用评价(全国国整规办联合国务院国资委开展的信用评价)；组织各种展览、展会、洽谈会等活动；开展政府项目资金的申请指导服务；围绕企业开展管理等相关行业的培训；为中小企业提供信息化更新和升级服务；协助会员开展对外联合与合作；为中小企业提供法律维权服务；协助企业开展人才招聘；引导中小企业创业；辅导企业参与政府采购；推动企业科技成果转化与推广；帮助中小企业打造品牌；带动、指引企业和政府建立中小企业产业集群；协助企业完成商品质量安全管理；帮助政府和中小企业做好市场调查和行业统计；开展中小企业电子商务；开办中小企业商学院，培养成功中小企业家；开办中小企业家电视频道，推广宣传中小企业。

三、中国中小企业协会

中国中小企业协会成立于 2006 年 12 月 10 日，是全国中小企业、企业经营者自愿组成的全国性、综合性、非营利性的社会团体。会员由来自不同行业、不同地区的中小企业，关注、支持中小企业发展的大企业，中小企业服务机构和中小企业社会团体等组成。协会接受业务主管单位国家发展和改革委员会、社团登记管理机关中华人民共和国民政部的业务指导和监督管理。

中国中小企业协会的宗旨是：① 以邓小平理论和"三个代表"重要思想为指导，全面贯彻落实科学发展观，全心全意为会员服务；② 发挥协会的促进、服务、维权、自律作用，围绕提升中小企业自主创新能力、市场竞争能力，提高企业管理水平和中小企业家素质、维护中小企业和企业家合法权益而开展各项活动；③ 宣传贯彻国家关于支持鼓励中小企业健康发展的法律法规，及时反映中小企业的建议和要求，研究中小企业发展的体制和机制，为政府制定政策措施提供建议，在政府与中小企业之间发挥桥梁和纽带作用；④ 引导中小企业诚信守法、积极承担社会义务。

中国中小企业协会将围绕推动中国中小企业健康、快速发展为总体目标，其业务范围主要包括：① 协助政府宣传贯彻《中华人民共和国中小企业促进法》、《国务院关于鼓励支持和引导个体私营等非公有制经济发展的若干意见》等相关法律、法规和政策；② 为中小企业提供创业辅导、管理咨询、投资融资、技术支持、企业信息化、人员培训、人才引进、对外合作、展览展销和法律咨询等服务；③ 为中小企业建立信息平台，收集和发布中小企业所需要的各种信息，为中小企业开发新品、开拓市场、引进智力与技术、参与政府采购与国际采购提供服务；④ 维护中小企业和企业家的合法权益；⑤ 受政府委托研究与制定企业培训与职业认证制度，建立企业培训与职业资格认证评价体系，加快中小企业经营管理者人才职业化、市场化进程；⑥ 受政府有关部门委托，开展资质与资格认证，开展中小企业管理升级等业务；⑦ 开展与外国中小企业协会和经济组织的联系，组织会员参与国际经济技术交流与合作；⑧ 组织各类培训，开展理论研讨和高层论坛，不断提高中小企业家的综合素质；⑨ 研究和探讨中小企业的发展方向、目标、体制、政策、管理等理论和实际问题，调查了解并及时反映中小企业的建议和要求，为政府决策和制定政策提供建议和依据；⑩ 组织推广先进经验，开展评选、表彰、宣传优秀中小企业与企业家活动，促进中小企业品牌建设与自主创新工作；⑪ 引导中小企业守法诚信，遵守国家法律法规，提升职业道德，加强行业自律，积极承担社会责任；⑫ 编辑、出版、发行会刊和年鉴等出版物。

名词解释

个体私营经济的自我管理　中国个体劳动者协会　地方个体私营企业协会
中国乡镇企业协会　中国中小商业企业协会　中国中小企业协会

复 习 题

1. 个体私营经济自我管理的意义是什么?
2. 个体私营经济自我管理的作用有哪些?
3. 个私协会迅速发展的原因是什么?
4. 理解个私协会的性质需要注意什么?
5. 简要说明个私协会的会员构成。
6. 简要说明个私协会会员的权利和义务。
7. 简要说明个私协会的组织机构。
8. 个私协会的业务范围有哪些?
9. 中国乡镇企业协会的主要职责包括哪些?
10. 中国中小商业企业协会的业务范围主要包括哪些?
11. 中国中小企业协会的业务范围主要包括哪些?

扩展阅读

全国个私协会的会员服务

为充分发挥协会的职能作用, 促进个体私营经济发展, 全国个私协会为其会员提供经营、信息、融资、培训、法律、生活、中介、宣传等服务, 大力推进现代服务型协会建设。

一、经营服务

(1) 为会员和政府部门搭建协调沟通平台, 通过组织召开座谈会、研讨会或职能部门见面会等形式, 为会员提供直接或间接向有关单位和部门反映会员诉求的机会, 帮助会员解决生产经营中的困难。

(2) 组织会员参加国内外商务考察、招商引资、会议展览活动, 为会员寻找项目、推广产品、引进技术、产权交易等生产经营活动提供服务。

(3) 组织各种形式的招工招聘和人才转移对接活动, 为会员企业提供人力资源、档案保存、社会保险、纠纷调解、员工培训等用工服务, 努力为会员营造和谐的劳动关系。

(4) 指导和协助行业组织(工作委员会、专业委员会、行业委员会)工作, 为会员生产经营提供专业化服务。

二、信息服务

(1) 编制会员信息册或创建会员信息库, 促进会员信息交流, 拓展会员合作渠道。

(2) 创办会员之家或会员阅览室, 购置《光彩》杂志等期刊报纸, 为会员提供经营信息、政策信息、生活信息。

(3) 利用网站、手机短信等为会员提供产品技术、招商引资、企业用工、对外经贸合作等信息发布与查询服务。

(4) 为会员及时传递劳动就业补贴、税收优惠及减免、食品生产和流通安全等相关政策法规信息，保障会员生产经营的良性发展。

三、融资服务

(1) 为会员搭建银企合作平台，做好会员融资需求信息的收集和贷款产品的推荐工作，帮助会员解决融资贷款难的问题。

(2) 提供融资贷款咨询服务，对会员利用股权出资、商标权质押、动产抵押等给予指导咨询服务。

(3) 搭建信用服务平台，为会员企业融资贷款提供信用记录、信用积累、信用评价、信用咨询等服务。

四、培训服务

(1) 提供国家和有关部门最新发布的有关企业经营的重要法律法规和政策措施培训。

(2) 提供商标、企业注册、税务、劳动、质检、卫生、贸易、标准等方面的法规培训与咨询服务。

(3) 提供高级经济管理培训和"个体经营管理师"、"私营企业经营管理师"的岗位培训。

五、法律服务

(1) 建立协会的律师服务队伍，为会员提供法律咨询服务。

(2) 通过协助调查、专家分析、舆论呼吁等形式，帮助会员解决法律纠纷和侵权案件，努力维护会员企业的合法权益。

(3) 组织开展普法学习和法规培训活动，帮助会员企业提高法律意识，及时了解和掌握国家及有关部门颁布的、有关生产经营活动的重要法律法规和政策措施。

六、生活服务

(1) 为丰富会员生活，增进会员间友谊，结合重大节日举办丰富多彩、形式多样的文体活动，活跃会员的业余文化生活，陶冶情操。

(2) 通过捐助捐赠等方式，帮扶救济在生产经营或生活上遇到困难的会员。

(3) 为会员提供代办医保社保服务。

(4) 为会员子女参军、入学、入托等提供证明服务。

(5) 组织会员企业之间进行业务经营链接，提供生活消费互惠服务，使会员在定点商店、娱乐场所、餐馆酒店等享有消费优惠价格。

(6) 为会员提供优惠的医疗体检、电信网络、邮运购销以及电信社会公共服务机构等服务。

七、中介服务

提供各类企业注册、税务登记、商标申请、专利申请、财务记帐、档案保管、产权评估、产品发布会等代理代办中介服务。

八、宣传服务

(1) 组织会员开展各种形式的精神文明创建活动和职业道德宣传教育活动，提升会员的企业文化素质和企业员工的文明诚信意识，促进会员企业的健康发展。

(2) 推荐会员参加国家和地方正规的评优评先活动，积极为会员争取各种荣誉，为提升会员企业地位、树立会员企业的社会形象服务。

(3) 宣传会员中先进个人和优秀企业。对获得"文明诚信个体工商户"、"文明诚信私营企业"、"青年文明号"、"光彩之星"等荣誉称号的会员，通过会议、媒体、通报等形式进行宣传。

资料来源： 中国光彩网. 全国个私协会[OL]. http://124.17.10.13/content/2011-08/10/8f80808131b2a7ba0131b2b38ea80030.html. [2011-8-10].

参 考 文 献

一、出版文献

[1] 曹英耀，曹毅. 工商行政管理教程[M]. 2 版. 广州：中山大学出版社，2011.

[2] 胡开俊，赵常林. 西充工商分局识破一合同诈骗案[N]. 市场报，2000-11-13(6).

[3] 李援. 食品安全监管体制运行中应注意的问题[J]. 中国工商管理研究，2011(9).

[4] 连相义. 个体私营经济管理[M]. 长春：吉林大学出版社，1990.

[5] 刘景瑞. 个体私营经济管理[M]. 南京：河海大学出版社，1997.

[6] 施旼. 上海破 2.88 亿出口骗税案[N]. 人民日报海外版，2012-5-8.

[7] 舒予. SA8000 社会责任国际标准简介及意义[J]. 牙膏工业，2004(3).

[8] 陶俊英. 如何通过马德里体系进行国际商标注册[J]. 时代经贸，2010(10).

[9] 王昌林. 非公有制经济管理/个体私营经济管理概论[M]. 武汉：武汉大学出版社，1998.

[10] 王雨沐. 浅谈吊销未年检企业营业执照的四次公告[N]. 中国工商报，2011-9-21.

[11] 吴琪. SA8000 简介[N]. 中国国门时报，2003-11-26.

[12] 襄阳市工商局. 襄阳市广告违法典型案例(2010－2011)[N]. 襄阳日报，2011-11-8.

[13] 许多奇. 我国分税制改革之宪政反思与前瞻[J]. 法商研究，2011(5).

[14] 杨力军. 对《个体工商户条例》的理解、认识与思考[J]. 工商行政管理，2011(21).

[15] 杨力军. 对《个体工商户条例》的理解、认识与思考(续)[J]. 工商行政管理，2011(22).

[16] 杨力军. 对《个体工商户条例》的理解、认识与思考(续)[J]. 工商行政管理，2011(23).

[17] 张慧玲. SA8000 社会责任标准. 中外企业文化[J]. 2004(7).

[18] 浙江省工商行政管理学校，上海市工商行政管理局电大干部学校. 个体私营经济管理[M]. 北京：气象出版社，1993.

二、电子文献

[1] 百度百科

[2] 练海林，王磊. 一条短信引起装饰界轩然大波，苦于无人监管[OL]. [2011-8-23]. http://www.meizhou.cn/news/1108/23/11082300018.html.

[3] 王磊. 重点打击使用赌博机具行为[OL]. [2009-2-13]. http://wgj.sh.gov.cn/node2/node741/node742/node755/userob ject1ai36246.html.

[4] 王苇航. 国外如何监管食品安全[OL]. [2012-5-10]. http：//www.cfen.cn/web/meyw/2012 -05/10/content_865182.html.

[5] 九年之争尘埃落定，解百纳商标终归张裕[OL]. [2011-1-18]. http://shipin.people.com.cn/ GB/107080/13757889.html.

[6] 反不正当竞争法案例[OL]. [2012-4-27]. http://www.66law.cn/topic2010/fbzdjzfal/18793.shtml.

[7] 可口可乐子公司全资收购汇源果汁[OL]. http://finance.sina.com.cn/focus1/klgqzhy/.

[8] 酒瓶爆炸伤害消费者　产品存缺陷厂家赔偿[OL]. [2010-2-6]. http://bj.9ask.cn/xiaofeiweiquan /xiaofeiz hebaohuanli/201002/239081.html.

[9] 安徽省个体民营企业协会. 文件个民协字〔2009〕16 号, 转发中个协答复记者采访有关问题的参考意见函的通知[OL]. [2009-9-29]. http://www.lagsj.com/typenews.asp?id=436.

[10] 中国个体劳动者协会. 全国个私协会简介[OL]. [2011-3-30]. http://124.17.10.13/content/2011-03/30/10000000000000000000000004888588.html.

[11] 中国个体劳动者协会. 中国个体劳动者协会章程[OL].[2011-3-24]. http://124.17.10.13/ content/2011-03/24/10000000000000000000000000000584645.html.

[12] 无锡个私协会[OL]. [2011-8-5]. http://124.17.10.13/content/2011-08/05/ff808081309784400 1309be645370839.html.

[13] 全国个私协会的会员服务[OL]. http://124.17.10.13/content/2011-08/10/8f80808131b2a7ba0131b 2b38ea80030.html.

[14] 中国乡镇企业协会. 协会简介[OL]. http://www.crr.gov.cn/Sites/xzqyxh/ List 8630_8792.html.

[15] 访中国乡镇企业协会乡镇企业家委员会副会长兼秘书长杜兴华教授[OL]. [2009-7-14]. http://www.tese.me/ html/shijianluntan/meitibaodao/2009/0714/17457.html.

[16] 中国中小商业企业协会. 中国中小商业企业协会章程[OL]. http:// www.zxsx.org/zhengcheng.html.

[17] 中国中小企业协会. 中国中小企业协会章程[OL]. http://www.ca -sme.org/Constitution.asp.

三、法律法规

[1] 《个体工商户名称登记管理办法》(2008 年 12 月 31 日中华人民共和国国家工商行政管理总局令第 38 号发布).

[2] 《个体工商户验照办法》(2008 年 9 月 1 日国家工商总局令第 33 号发布).

[3] 《个体工商户登记管理办法》(2011 年 9 月 30 日中华人民共和国国家工商行政管理总局令第 56 号发布).

[4] 《中华人民共和国个人独资企业法》(1999 年 8 月 30 日中华人民共和国主席令第 20 号发布).

[5] 《中华人民共和国合伙企业法》(1997 年 2 月 23 日第八届全国人民代表大会常务委员会第二十四次会议通过, 2006 年 8 月 27 日第十届全国人民代表大会常务委员会第二十三次会议修订, 中华人民共和国主席令第 55 号发布).

[6] 《企业名称登记管理实施办法》(2004 年 6 月 14 日中华人民共和国国家工商行政管理总局令第 10 号发布).

[7] 《个人独资企业登记管理办法》(2000 年 1 月 13 日国家工商行政管理局令第 94 号发布).

[8] 《中华人民共和国合伙企业登记管理办法》(1997 年 11 月 19 日中华人民共和国国务院令第 236 号发布, 根据 2007 年 5 月 9 日《国务院关于修改〈中华人民共和国合伙企业登记管理办法〉的决定》修订).

[9] 《企业年度检验办法》(2006 年 2 月 24 日国家工商总局令第 23 号).

[10] 《合同违法行为监督处理办法》(2010 年 10 月 13 日国家工商行政管理总局令第 51 号).

[11] 《中华人民共和国反不正当竞争法》(1993 年 9 月 2 日中华人民共和国主席令第 10 号).

[12] 《中华人民共和国反垄断法》(2007 年 8 月 30 日中华人民共和国主席令第 68 号).

[13] 《国务院反垄断委员会关于相关市场界定的指南》(2009 年 5 月 24 日).

[14] 《中华人民共和国劳动法》(1994 年 7 月 5 日中华人民共和国主席令第 28 号).

[15] 《中华人民共和国劳动合同法》(2007 年 6 月 29 日中华人民共和国主席令第 65 号).

[16] 《中华人民共和国劳动合同法实施条例》(2008 年 9 月 18 日中华人民共和国国务院令第 535 号).

[17] 《劳动保障监察条例》(2004 年 11 月 1 日中华人民共和国国务院令第 423 号).